ZHONGGUO WEICHENGNIANRENJIANCHA
SHILU

中国未成年人检察
实 录

(2014-2019)

最高人民检察院第九检察厅◎编

中国检察出版社

图书在版编目（CIP）数据

中国未成年人检察实录．2014-2019／最高人民检察院第九检察厅编．
—北京：中国检察出版社，2020.1

ISBN 978-7-5102-2358-7

Ⅰ.①中… Ⅱ.①最… Ⅲ.①青少年犯罪—概况—中国—2014-2019
②检察机关—工作概况—中国—2014-2019 Ⅳ.①D669.5②D926.3

中国版本图书馆 CIP 数据核字（2019）第 270869 号

中国未成年人检察实录（2014-2019）
最高人民检察院第九检察厅　编

出版发行：	中国检察出版社
社　　址：	北京市石景山区香山南路 109 号（100144）
网　　址：	中国检察出版社（www.zgjccbs.com）
编辑电话：	（010）86423750
发行电话：	（010）86423726　86423727　86423728
	（010）86423730　68650016
经　　销：	新华书店
印　　刷：	北京宝昌彩色印刷有限公司
开　　本：	710 mm×960mm　16 开
印　　张：	19　插页 4
字　　数：	272 千字
版　　次：	2020 年 1 月第一版　2020 年 1 月第一次印刷
书　　号：	ISBN 978-7-5102-2358-7
定　　价：	78.00 元

检察版图书，版权所有，侵权必究
如遇图书印装质量问题本社负责调换

前 言
崇高的事业　珍贵的记录

未成年人是祖国的未来，民族的希望。加强未成年人保护工作，事关未成年人健康成长和亿万家庭幸福安宁，事关社会大局稳定和国家长治久安。党的十八大以来，以习近平同志为核心的党中央高度重视未成年人健康成长，并强调"孩子成长得更好，是我们最大的心愿"。党和国家持续加强未成年人保护工作，先后在《刑事诉讼法》《民法总则》《反家庭暴力法》等法律法规中完善未成年人保护规定，制定下发《关于进一步深化预防青少年违法犯罪工作的意见》等规范性文件，部署开展加强农村留守儿童和困境儿童关爱保护等专项活动，全面维护未成年人合法权益。检察机关作为法律监督机关，处于承上启下的诉讼地位，参与未成年人司法保护全过程，在未成年人保护工作中承担着重要责任，发挥了重要作用。广大未检人肩负党和国家、各级检察院党组的重托，兢兢业业，锐意创新，努力进取，用爱和专业为我们的孩子提供越来越有力，越来越全面的司法保护。

这一时期是未检工作加速发展、加速深化的时期。自1986年上海市长宁区人民检察院设立全国第一个"少年刑事案件起诉组"以来，未检经过30多年的发展，从无到有，从小到大，逐步发展，日趋专业和规范。尤其是最近的五六年间，在习近平新时代中国特色社会主义思想指引下，未检工作加速了六个转变，中国特色社会主义未成年人检察制度框架基本初步形成：一是从只办理未成年人犯罪案件，教育、挽救涉罪未成年人，向同时打击侵害未成年人犯罪、保护救助未成年被害人转变，双向保护原则得到更好体现。二是对未成年人犯罪从强调宽缓化处理，逐渐转变到精准帮教和依法惩治并重，教育挽救效果进一步提升。三是从传统的未成年人刑事检察逐步向全面综合司法保护转变，努力在刑事、民事、行政各领域保护未成年人权益。四是从各地检察机关积极探索自下而上推动，向最高人民检察院加强顶层设计转变，未检专业化、规范化、社会化建设取得长足进展。五是从注重围绕"人"开展犯罪预防，向更加积极发挥职能、促进社会治理创新转变，把个案的"点"扩展到治理的"面"，推动从源头上做好未成年人保护工作。六是从强调检察机关法律监督，向同时注重沟通配合、凝聚各方力量转变，努力实现双赢多赢共赢，做到齐抓共管。2018年12月，在中央和有关部门的大力支持下，最高人民检察院在内设机构改革中，正式成立了专门负责未检工作的第九检察厅，这是中央政法机关成立的第一个专司未成年人保护的厅级部门，标志着未成年人检察又步入了一个新的发展阶段。

总结过去是为了砥砺前行。这几年未成年人检察工作发展，是各级检察机关弥足珍贵的创新实践，也是广大未检人锐意进取、大爱无言、砥砺歌行的缩影，是国家全面推进依法治国的具体体现。在这几年间，为了回应社会对未成年人保护工作的关注和呼声，弘扬未成年人保护理念，让社会了解未检工作的最新举措和发展，从而支持未检工作，最高人民检察院先后组织了10次不同主题的未成年人检察新闻发布会。这些新闻发布会，每次发布主题都不相同，但都是立足法律监督职能，紧紧围绕未成年人司法保护这个主旨展开，都汇聚了各地未检司法办案的最新成果，集聚了各地保护未成年人健康成长的实践智慧，凝聚了全国未检人的心血与汗水。每次新闻发布会都通报了未成年人检察相关重点工作情况，发布了一批典型案（事）例，回答媒体提出的未成年人保护热点难点问题，成为这一时期未成年人司法保护工作尤其是未成年人检察工作重要举措、最新发展的真实见证者、全面记录者、有力传播者，弥足珍贵。

——2014年5月，"为孩子撑起一片蓝天"。此时，修改后的刑事诉讼法规定的未成年人刑事案件特别程序已经实施一年多，最高人民检察院也先后制定了《关于进一步加强未成年人刑事检察工作的决定》

《人民检察院办理未成年人刑事案件的规定》等司法解释和规范性文件，有力加强了未成年人刑事检察工作。最高人民检察院院举行这次新闻发布会，向全社会通报了未成年人刑事检察工作的发展和成效。

——2015年5月，"推动实现未成年人司法保护的全覆盖"。针对当时侵害未成年人合法权益案件不断发生的紧迫现实，最高人民检察院印发了《检察机关加强未成年人司法保护八项措施》，要求充分发挥各项检察职能，全方位加强未成年人检察工作，保护未成年人合法权益，首次以规范性文件的形式突出强调要把侵害未成年被害人案件纳入未检工作范围，严厉惩处各类侵害未成年人的犯罪，努力保护救助未成年被害人。这次新闻发布会发布上述八项措施，通报了一个时期检察机关未成年人司法保护工作情况。

——2016年5月，"未检工作30年"。2016年是全国未检工作30周年。为对未检30年发展历程进行系统总结梳理，研究提出今后一个时期的未检工作，最高人民检察院举行了一系列纪念和研讨活动。除了在6月2日举行的全国未成年人检察30周年座谈会外，还举行了新闻发布会，把过去30年未检工作划分为萌芽、探索、发展、深化四个阶段，向社会系统地通报了未检工作光辉发展历程和所取得的巨大成绩，并向社会推出了一批优秀未检工作品牌、未检人员。

——2016年12月，"依法履行检察职能，积极参与防治中小学生欺凌和暴力"。当时中小学生欺凌和暴力现象时有发生，全社会反应强烈，党和国家高度重视，最高人民检察院组织召开新闻发布会，通报检察机关办理校园欺凌和暴力犯罪案件，保护、救助被害学生，教育、感化、挽救涉罪学生，开展中小学生法治教育，积极参与防治中小学生欺凌和暴力社会化体系建设等方面的情况，主动回应社会关注。

——2017年5月，"法治进校园全国巡讲"。为落实中央提出的"谁执法谁普法"的普法责任制，强化未成年人法治教育和自护教育，提高广大未成年人的法治意识自护意识，预防和减少涉未成年人违法犯罪，2016年6月，最高人民检察院、教育部联合部署了为期三年的"法治进校园"全国巡讲活动。除各地检察机关组织巡讲活动外，最高人民检察院、教育部还从全国抽调优秀检察官组成全国巡讲团,研发了一批精品法治课程,分赴各地巡讲,到2017年5月实现了各省、自治区、直辖市和新疆生产建设兵团的全覆盖,创新未成年人法治教育和宣传模式,受到广大师生家长的欢迎。2017年,最高人民检察院还联合中央电视台,以巡讲活动为基础,组织全国巡讲团讲师制作了未成年人法治教育节目《守护明天》第一季,采取检察官说案、情景再现、专家讨论、现场互动等形式,讨论未成年人保护和犯罪预防热点话题,打造了一档未成年人法治教育品牌节目,播出后引起巨大社会影响,广受好评,至今已经连续制作播出了三季。2017年儿童节前夕,最高人民检察院邀请教育部、中央电视台一起举行新闻发布会,通报"法治进校园"全国巡讲活动的阶段性成果。

——2017年12月,"检察机关未成年人全面综合司法保护"。2016年到2017年间,最高人民检察院对各地未检工作逐步显现的全面保护、综合保护趋势和做法进行总结、梳理,将未成年人全面综合司法保护确定为未检工作的工作目标、发展方向,要求一方面综合运用惩治、预防、监督、教育等方式,将保护的触角延伸到刑事、民事、行政等各个方面,最大限度维护未成年人合法权益;另一方面,主动协调家庭、学校、社会、政府和其他司法机关力量,共同构建社会化综合保护体系,凝聚全社会力量保护未成年人。最高人民检察院下发了《关于依法惩治侵害幼儿园儿童犯罪全面维护儿童权益的通知》,在办理侵害未成年人犯罪案件中推行一站式询问救助机制,加强对未成年被害人的保护;总结各地未检部门在未成年人刑事执行检察、民事行政检察方面的探索创新,下发了《关于开展未成年人刑事执行检察、民事行政检察业务统一集中办理试点工作的通知》,在13个省份部署试点工作。最高人民检察院及时举行新闻发布会,通报了检察机关在这方面的做法、成效和下一步工作部署。

——2018年5月,"依法惩治侵害未成年人犯罪,加强未成年人司法保护"。针对一个时期内侵害未成年人权益案件时有发生,陕西米脂砍杀学生案、上海携程亲子园虐童案等案件引起社会高度关注等情况，最高人民检察院组织新闻发布会，介绍了检察机关加大惩治和预防侵害未成年人犯罪力度，强化未成年被害人关爱、救助等方面的工作，展示检察机关对侵害未成年人犯罪零容忍态度和保护未成年人权益的坚定决心。

——2019年4月，"未成年人检察社会支持体系建设试点工作"。检察机关在司法实践中，认识到未成年人司法的任务是帮助那些受到犯罪侵害或者涉嫌犯罪的未成年人顺利回归社会，需要给他们提供心理辅导、行为矫正、技能培训等方面的支持，这离不开社会力量的参与。拥有健全的社会支持体系，是成熟未成年人司法制度的特殊内容和重要标志。因此，最高人民检察院一直在着力推进未成年人检察社会支持体系建设，在2016年全国未检工作30年座谈会上就把加强未检社会化建设作为和专业化、规范化建设同等重要的内容进行部署，在2018年2月又和共青团中央共同签署了《关于构建未成年人检察工作社会支持体系合作框架协议》。2019年4月，最高人民检察院和共青团中央按照合作框架协议，确定了北京市海淀区人民检察院、共青团海淀区委等40个地方开展未成年人检察社会支持体系建设试点，以进一步推进这项工作。于是最高人民检察院联合共青团中央举办新闻发布会，向社会通报了检察机关社会支持体系建设、未成年人司法社工队伍建设等方面已经取得的进展和下一步的工作打算。

——2019年5月，"充分发挥未检职能，推动加强和创新未成年人保护社会治理"。党的十九大对加强和创新社会治理作出部署，提出要求。而未成年人涉嫌犯罪或者权益受到侵害，往往与其所处的不良社会环境有关。因此，加强未成年人保护，解决未成年人问题及其背后的深层次社会问题，是加强和创新社会治理体系的重要内容。工作中，检察机关深入贯彻落实党的十九大精神，注重积极延伸职能，依靠各级党委领导，与民政、教育、共青团、妇联等密切配合，齐抓共管，共同维护未成年人成长成才，推动建立了一大批惩防涉未成年人违法犯罪、强化未成年人权益保护机制制度，在加强和创新社会治理方面取得明显成效。因此，最高人民检察院联合共青团中央、全国妇联举办了相关主题新闻发布会。

——2019年12月,"依法严惩侵害未成年人犯罪,保护未成年人健康成长"。全国检察机关依法充分履行职能,与公安、审判等机关密切沟通配合,严厉打击侵害未成年人犯罪,推动健全完善惩防机制,加强未成年人司法保护,取得了一定成效。在全国各界深入贯彻落实党的十九届四中全会精神,推动社会治理体系和治理能力现代化建设,全国人大常委会修订《未成年人保护法》《预防未成年人犯罪法》之际,最高人民检察院联合公安部向社会通报了打击预防侵害未成年人犯罪工作情况。

上述未检新闻发布会,都引起了社会高度关注和肯定,反应良好,达到了预期效果。这让我们深刻认识到,宣传对未成年人检察具有特殊而重要的意义。未成年人检察与每个家庭都息息相关,未成年人保护受到全社会的支持,做好未检工作的宣传,很容易得到关注和认同,能够更好地展示检察机关执法为民,心系国家民族、未来的担当,展现检察机关富有温度和人情的一面。另外,未检工作是个相对年轻的业务,需要更多的人了解未检工作的目标任务、工作理念、工作内容、工作成效,从而关注未检、支持未检,做好宣传对未检工作的发展也十分必要。总结回顾最高人民检察院未检主题新闻发布会的成功经验,主要有三点:一是要坚持想群众之所想,坚持问题为导向,关注和回应人民群众的呼声,才能引起社会的关注,得到肯定。二是要准确把握未检工作的基本规律和职能,尤其注意坚持教育挽救涉罪未成年人与关爱救助未成年人并重,科学、全面、依法介绍、展示未检工作。三是要坚持未成年人利益最大化,切忌功利性宣传,过度消费涉案未成年人。要客观报道未成年人检察在保护未成年人方面的扎实举措,用真实案事例和办案数字来说话。

鉴于此,我们收集了相关新闻发布会的资料,编辑成本书,既给研究梳理这一时期未检工作、探究未检发展思路乃至方向提供翔实的资料,也为各地检察机关做好新时代未检工作宣传提供借鉴和参考。特别是其中发布有益经验和近100个案(事)例对当前和今后一个时期未检工作发展仍然具有重要的指导意义。

  回顾过去是为了展望未来。当前未成年人检察正在大步走进新时代，路漫漫其修远兮，让我们牢记初心，为建立成熟定型的中国特色社会主义未成年人检察制度上下求索，继续前行！

编 者

2019 年 12 月

目录 Contents

1. "为孩子撑起一片蓝天"新闻发布会 // 001
2. 加强未成年人司法保护新闻发布会 // 031
3. 未成年人检察工作30年新闻发布会 // 062
4. 依法履行检察职能　积极参与防治中小学生欺凌和暴力新闻发布会 // 096
5. "法治进校园"全国巡讲活动新闻发布会 // 120
6. 加强全面综合司法保护　全心关爱未成年人健康成长新闻发布会 // 155
7. 依法惩治侵害未成年人犯罪　加强未成年人司法保护新闻发布会 // 179
8. 未成年人检察社会支持体系建设试点工作新闻发布会 // 204
9. 充分发挥未检职能　推动加强和创新未成年人保护社会治理新闻发布会 // 233
10. 依法严惩侵害未成年人犯罪　保护未成年人健康成长新闻发布会 // 258

1. "为孩子撑起一片蓝天"新闻发布会

> 时　　间：2014年5月29日9：00
> 地　　点：最高人民检察院
> 出席人员：陈国庆，时任最高人民检察院公诉厅厅长，现任最高人民检察院党组成员、副检察长
> 　　　　　史卫忠，时任最高人民检察院公诉厅副厅长，现任最高人民检察院第九检察厅厅长
> 主 持 人：肖玮，最高人民检察院新闻办副主任、新闻发言人
> 议　　程：1. 通报检察机关开展未成年人刑事检察工作有关情况
> 　　　　　2. 通报检察机关创新未成年刑事检察工作典型事例
> 　　　　　3. 答记者问

未成年人刑事检察工作有关情况通报

>> 肖 玮

记者朋友：

大家好！

全国有未成年人3亿多人。近年来，在全社会的共同努力下，防治未成年人犯罪工作取得了明显成绩，未成年人犯罪总体呈下降趋势。另外，目前以各种方式侵害未成年人权益的现象大量存在，加大对未成年人司法保护已刻不容缓。检察机关作为国家法律监督机关，执法办案工作领域涉及未成年人刑事案件诉讼的全过程。基于对孩子的爱，检察机关充分履行检察职能，预防和减少未成年人犯罪，挽救涉罪未成年人。基于责任，在执法办案过程中更加注重保护未成年人的合法权益，推动司法制度和社会保障体系的不断健全完善，保障未成年人健康成长。近年来我们主要做了以下几个方面工作。

一、坚持少捕慎诉，注重感化帮教，对涉罪未成年人教育挽救的效果逐步显现

2012年修改后刑事诉讼法设专章规定了"未成年人刑事案件诉讼程序"，对办理未成年人刑事案件的一系列特殊方针、原则、制度和程序作出明确规定。最高人民检察院先后制定修订了《人民检察院刑事诉讼规则（试行）》《关于进一步加强未成年人刑事检察工作的决定》《人民检察院办理未成年人刑事案件的规定》等规范性文件，对未成年人刑事诉讼程序进行了规范和细化，特别强调"特别保护"原则，办理未成年人刑事案件要"按照最有利于未成年人和适合未成年人身心特点的方式进行"。各地检察机关全面贯彻修改后刑事诉讼法要求，牢固树立对涉罪未成年人"特殊保护"的刑事司法理念，坚持教育为主、惩罚为辅，依法对涉罪未成年人少捕、慎诉、少监禁，落实适合未成年人身心特点的讯问、亲情会见、分案起诉等制度，积极开展诉前引导、庭审感化、案后帮教工作，把教育、感化、挽救贯穿于执法办案始终，有效实现了政治效果、法律效果、社会效果"三个效果"有机统一。据统计，近年来检察机关批准逮捕、提起公诉的未成年人数量以及占全部犯罪的比例明显下降，2012年全国检察机关对涉罪未成年人的批捕率和起诉率较2008年分别下降了5.31个百分点和1.73个百分点，2013年较2012年又分别下降了7.72个百分点和1.42个百分点。未成年重新犯罪人数也在逐年递减，2013年较2008年下降了29.6%，许多涉罪未成年人因得到及时帮教重新回归社会。

二、着力加强专业化建设，未成年人刑事检察工作制度机制不断完善

为保证对涉罪未成年人的权益保护和教育挽救落到实处，各地检察机关不断加强专门机构和专业化队伍建设。2011年11月，最高人民检察院设立未成年人犯罪检察工作指导处，专门负责指导全国未成年人刑事检察工作。部分省、地市检察院和未成年人刑事案件较多的基层检察院设立独立未成年人刑事检察机构。截至目前，全国共成立有独立编制的未成年人刑事检察机构807个，占总数的22.5%。安徽、河南、辽宁等地的一些市级检察院，将辖区内的未成年人刑事案件统一指定一个基层检察院办理，促进了专业化建设。加强对办案人员的培训和指导，提升专业素养，一批熟悉未成年人的身心特点、善于做未成年人教育工作、具有一定专业性的检察人员充实到办案岗位上。同时，各地结合本地实际，加强工作机制创新，细化修改后刑事诉讼法关于未成年人刑事案件社会调查、讯问时合适成年人到场、法律援助和听取律师意见、羁押必要性审查、刑事和解、附条件不起诉、犯罪记录封存等制度的具体操作程序，探索建立涉罪未成年人捕、诉、监（诉讼监督）、防（预防）一体化工作机制。目前，最高人民检察院正在着手制定以办案质量和帮教效果为核心，涵盖少捕慎诉、落实特殊制度、帮教挽救、开展犯罪预防等内容的符合未检工作特点的考评机制，未成年人刑事检察制度不断发展和完善。

三、促进政法机关办理未成年人刑事案件配套工作体系建设和未成年人犯罪社会化帮教预防体系建设取得新进展

预防和减少未成年人犯罪是一项系统工程,需要全社会和各部门的共同努力。各地检察机关以执法办案为依托,主动加强与其他政法机关和有关社会力量的联系配合,推动建立"政府主导、司法保障、家庭、学校、社会三位一体"未成年人保护机制,形成预防和减少未成年人犯罪的合力。一是加强与侦查、审判、司法行政机关之间的协调配合,完善配套诉讼衔接机制和工作体系,如建立未成年人刑事司法联席会议制度、逮捕必要性证明制度、分案起诉制度、法律援助制度等。二是深入开展创新"优秀青少年维权岗"活动,积极推进对未成年人的法治宣传教育活动,主动走入学校、社区、农村和家庭,采取担任法治副校长、举办法律讲座、以案释法等形式,开展对未成年人的法律宣传教育。三是在各级党委政府的领导、协调下,积极提出促进社会治理创新的建议,加强与综治、教育、关工委、共青团、社会工作管理等相关职能部门和社会组织的联系和衔接,共同构筑未成年人犯罪的综合防控和教育挽救体系,为未成年人健康成长营造良好环境。

四、打防并举,加强对被侵害未成年人合法权益的保障,为未成年人健康成长营造良好的社会环境

针对近年来不断发生的侵害未成年人合法权益,特别是性侵害未成年人等恶性案件,2013年10月,最高人民检察院会同最高人民法院、公安部、司法部联合发布《关于依法惩治性侵害未成年人犯罪的意见》,明确规定依法严惩性侵害犯罪、加大对未成年被害人的保护力度。各地检察机关充分发挥职能作用,坚持依法从重从快打击性侵未成年人,拐卖、虐待儿童,教唆、引诱、组织、胁迫未成年人进行违法犯罪等侵害未成年人身心健康与合法权益的各类刑事犯罪活动。2010—2013年,全国检察机关起诉猥亵儿童罪7963件8069人;起诉拐骗儿童罪681件892人;起诉嫖宿幼女罪150件255人;起诉引诱幼女卖淫罪68件121人;起诉拐卖妇女、儿童罪6597件13831人;起诉组织残疾人、儿童乞讨罪15件32人。针对执法办案中发现的突出问题及薄弱环节,及时提出检察建议，以堵塞漏洞，严密未成年人保护网。广泛开展法治宣传教育，提高未成年人预防犯罪和自我保护的意识，为未成年人提供最大限度的司法关怀和呵护。注重对未成年被害人的保护工作，及时告知未成年被害人及其法定代理人相关诉讼权利和案件进展情况；积极开展心理安抚、疏导工作，帮助未成年被害人走出心理阴影；对经济困难的未成年被害人进行法律援助；对于不能及时获得有效赔偿的被害人，进行司法救助等措施，取得了良好的效果。孩子代表着一个国家的未来。加强对未成年人的司法保护，是检察机关义不容辞的重要职责。下一步，我们将以强烈的使命感和责任感，进一步加强和改进未成年人刑事检察工作，不断发展和完善中国特色社会主义未成年人检察制度和司法制度，最大限度保护未成年人合法权益，最大限度预防未成年人犯罪，最大限度挽救涉罪未成年人，努力为未成年人健康成长创造良好环境，用爱和责任为孩子们撑起一片蓝天。

检察机关未成年人刑事检察工作创新事例

一、未成年人检察工作的先行者

上海市人民检察院

基本情况： 从1986年上海市长宁区人民检察院率先在起诉科内设立了"少年起诉组"，承担未成年人刑事案件的审查起诉、出庭公诉、犯罪预防等职责，到2009年上海市人民检察院成立未成年人刑事检察处，上海市检察机关在全国率先建立起完备的未成年人刑事检察机关工作机构和体系。28年来，上海市检察机关立足检察职能，针对未成年人身心特点，探索和实践了一系列未成年人刑事检察工作制度和机制，包括创建了非羁押措施可行性评估、法定代理人到场、合适成年人参与刑事诉讼、法律援助等制度，以及社会调查、心理测试、诉前考察、分案起诉、简案快审、量刑建议、庭审教育等工作机制，工作模式也从最初的"捕诉合一"发展为现有的"捕诉监防"一体化工作模式。上海市检察机关不断深化改革，协调发展，建立起全面、完善的特殊办理机制，如通过经济补偿、心理救助、法律援助等方式，开展对未成年人被害人救助；深化刑事和解、羁押必要性评估、品格证据收集和运用、犯罪记录封存等制度，促进执法办案规范化；深化未成年人观护体系建设、社会化矫正功能等制度，实现对涉罪未成年人的全程观护。上海市检察机关还注重加强与侦查、审判、司法行政机关之间的协调配合，完善配套衔接机制，创设了各相关单位配合、社会力量共同参与的非羁押和全程考察帮教等司法保护、社会衔接机制。与社区、学校、企业等联手建立"青少年阳光教育基地"、"未成年犯假释辅导站"等各类基地70余个。

典型意义： 上海市检察机关是我国最先开展未成年人刑事检察工作

探索的司法机关之一。自 1986 年，上海市长宁区人民检察院在全国率先成立"少年起诉组"，28 年来，上海市检察机关始终坚持全面保护、优先保护、平等保护的理念，立足检察职能，围绕执法办案，针对未成年人身心特点，不断探索和实践，开拓了一系列维护未成年人权益的工作制度和机制，同时注重完善配套衔接机制，成功构筑起未成年人检察"司法保护一条龙"和"社会保护一条龙"的工作体系，实现了工作模式专业化、帮教力量社会化和观护体系全覆盖。上海市检察机关通过这种不断自下而上的创新和自上而下的总结规范，形成整体推进效应，对全国的未检工作起到了引领作用。2012 年《最高人民检察院关于进一步加强未成年人刑事检察工作的决定》明确了未成年人检察专门机构实行捕、诉、监（法律监督）、防（犯罪预防）一体化工作模式，以及将未检办案与社会化帮教挽救工作相结合，促进未成年人权益保护和犯罪预防帮教社会化体系建设的要求。

二、4+1+N 模式和"四叶草计划"

北京市海淀区人民检察院

基本情况：2010 年海淀区人民检察院成立了北京市第一个独立建制的未成年人案件检察机构——未成年人案件检察处，确立了 4+1+N 的未检工作模式。4 是指涉及未成年人案件检察工作的捕（审查批捕）、诉（审查起诉）、监（监所检察）、防（犯罪预防）等四项检察职能，由过去分属于四个不同职能部门，统归为未检处行使，明确提出办理未成年人犯罪案件实行捕诉合一；1 是指依托司法社会工作者这样一支专业社会力量，和首都师范大学少年司法社会工作研究与服务中心合作，委托专业、专职的司法社工介入到未成年人犯罪案件中，对未成年人开展社会调查与帮教矫治工作；N 是指整合政府和社会多方资源力量，构筑教育、挽救和保护未成年人的社会网络。在 4+1+N 未检模式下，海淀区人民检察院近四年来办理未成年人犯罪案件、未成年人为被害人的案件共千余件，委托司法社工对1000余名未成年人和在校学生及其家庭提供社会调查和专业帮教服务。开展了未成年被害人救助"四叶草计划"，从检察机关的法律援助、专业社工的社会救助、心理专家的心理辅导、民政等社会机关的经济补偿等四方面，为未成年人被害人编织了多方位、立体式的救护之网，真正实现了"双向保护"。同时开展心理疏导、家长教育、附条件不起诉、刑事和解等工作，和海淀区政法委、公安、法院、司法局、教委、团委等部门联合签署了《海淀区办理未成年人刑事案件若干问题的意见》，在专门机构建设、未成年人年龄查证、合适成年人到场、法律援助、心理疏导、犯罪记录封存等十多个方面达成共识，推动了海淀区未成年人工作政法衔接、社会力量介入机制的建立。

典型意义：未成年人司法关注的不仅仅是行为，更重要的是行为背后的人，是原因、是成长的需要。办理未成年人犯罪案件的重心应当放在教育、感化、挽救上，放在落实刑事诉讼法等相关法律、司法解释规定的一系列亲情式、感召式、宽缓化的程序和制度上。适用于办理成年人犯罪案件的捕诉分离式工作模式，虽然有利于内部制约，但不利于教育、感化、挽救工作的连续性，以及协调一致地落实各项工作制度和要求。北京市海淀区人民检察院未检工作4+1+N模式中提出的捕诉监防一体化，契合未成年人司法理念，有利于全面掌握未成年人案件情况和思想状况，有针对性地开展教育、感化、挽救工作；提出的委托司法社工等专业社会力量开展着重于了解犯罪原因和背景的社会调查以及协助进行帮教工作，有助于取得实效。由于这些工作专业性很强、极具难度，对调查人员素质、能力的要求非常高，需要具有相关专业如社会学、心理学、犯罪学、教育学等背景、接受过专业方法训练、具有广阔社会视角的人员来进行；提出联合政府、社会多方力量开展对未成年人救助、安置等工作，构建了一个涵盖司法、专业力量、社会资源共同参与的综合性未成年人保护工作模式，探索并形成了未成年人司法理论界长期以来一直倡导的政法衔接、社会联动两条龙体系，推动了北京市未检工作的整体发展，并为未成年人司法工作积累了宝贵经验。

三、社会观护体系确保对涉罪未成年人的帮教效果

上海市闵行区人民检察院

基本情况： 上海市闵行区人民检察院以政府购买社会服务，在各区县设立社工总站、在街镇设立社工点为契机，积极争取党委和政府支持，先后与区政法委、区综治办、团区委等有关部门沟通联系，提出了探索建立覆盖全区的观护体系的设想，得到了各级领导的大力支持。2004年在区综治办的牵头下，"闵行区未成年人社会观护体系工作总站"正式揭牌成立，从而形成了一个由相关职能部门共同参与，依托1个观护总站，以遍布全区9个镇、3个街道、1个市级工业区的13个社工点为工作载体；以居住地在本区的违法犯罪未成年人为主要工作对象、特别是以违法犯罪的来沪未成年人为工作重点，以93名青少年事务社工为主要力量的维权帮教网络。在观护体系的运作过程中，该院立足检察职能、积极协调，与各司法部门共同建立健全观护衔接机制，将全面保护、优先保护、平等保护理念落实到每一个诉讼环节。在审查批捕阶段，建立了羁押措施必要性评估制度，并通过委托社会调查员开展社会调查、落实法律援助听取律师意见，切实降低对未成年人的逮捕率，减少交叉感染；审查起诉阶段，对符合一定条件的观护对象适用刑事和解、附条件不起诉、刑事犯罪记录封存、法定代理人或合适成年人参与刑事诉讼等特殊检察制度；出庭公诉阶段，通过向区法院随案移送社会调查报告及《量刑建议书》，将观护帮教考察结果作为量刑的重要依据。与区法院、司法局等建立矫正帮教衔接制度，通过拟建议适用缓刑前征求相关部门意见并落实帮教措施，宣判时通知罪犯列管地派出所、司法所到庭交接，以青少年事务社工担任帮教老师、矫正社工担任陪审员等形式，促使观护帮教与矫正帮教在审判阶段实现全面衔接。对有监护条件的本市籍及来沪未成年人，根据其居住地，就近安排在各镇、街道的社区观护点进行帮教；对在校未成年人则由联校社工及学校青保老师共同开展帮教；对在沪无监护条件、无固定住所、无经济来源的未成年人，则安排至特殊观护基地——由该区十余家具有社会责任感

和观护能力的企业共同组成的闵行区司法社会工作促进会成员单位进行帮教。

典型意义：我国对未成年人犯罪实行与成年人不同的刑事政策，强调要坚持"教育、感化、挽救"方针和"教育为主、惩罚为辅"原则。这项基本的法律原则具体到检察工作中，就是要"少捕慎诉少监禁"，即对涉嫌犯罪的未成年人尽可能的不批准逮捕、不提起公诉，能够判处非监禁刑的，尽可能向法院提出适用非监禁刑的量刑建议。对于不进入看守所、少管所的涉罪未成年人就需要建立观护体系。上海市闵行区人民检察院以政府购买社会服务，在各区县设立社工总站、在街镇设立社工点为契机，积极争取党委和政府支持，将不捕、不诉未成年人的观护帮教工作纳入政府保障体系，促进建立了覆盖全区的社会观护体系。并立足检察职能，将社会观护工作向前、向后延伸到侦查和判后矫正阶段，与公安、法院、司法局等建立矫正帮教衔接机制。全程开展羁押措施必要性评估，全面开展分类帮教，丰富帮教方式，规范帮教程序，实行科学帮教，取得了良好的效果。基于闵行区的成功经验，上海市人民检察院在全市逐步推开观护工作，目前已建成了覆盖全市的社会化帮教观护体系，包括18个区级社会观护站、240个社会观护点和68个"三无"即在沪无监护条件、无固定住所、无经济来源的涉罪未成年人特殊观护基地和1个市级观护基地。

四、管护教育基地接纳百名涉罪外来未成年人

江苏省江阴市人民检察院

基本情况：刑事诉讼过程中，一些犯罪情节轻微无须逮捕的外来未成年人，往往由于不具备本地人那样的有保证人、固定住所等取保候审条件，只能在看守所候审。为平等保护涉案未成年人合法权益，自2008年起，江苏省江阴市人民检察院牵头关工委等单位，选取部分优秀民营企业建立"涉罪外来未成年人管护教育基地"，由企业担任取保候审保

证人，免费提供食宿、配合帮教活动等，对未成年人在管护教育期间从事企业适当工作的，给予同工同酬的待遇。在此基础上，江阴市人民检察院多方协调，与江阴市商业学校、职业高中、澄西船厂技校等单位签署协议，免费为学员提供学习烹饪、美发、机床、油漆、电焊、蔬菜种植等短期技能培训，人社局劳动技能培训中心为学员的考试、发证提供最大便利；与医疗机构协商开通就医绿色通道，突发情况下可先救治后付费；与江阴市司法局社区矫正中心建立了心理疏导联动机制，确保在第一时间给予专业心理辅导，及时解除心理隐患；聘请聋哑老师作为兼职翻译人员，并向管护基地辅导员传授简单手语，加强交流和心理抚慰。在江阴市检察院积极争取下，2010年开始，江阴市财政专门拨付30万元作为建设专项经费，缓解企业管护教育的经济压力，保障了长效运行。截至目前，管护基地已接纳106名涉罪外来未成年人，其中98%以上被适用不起诉、缓刑等非监禁处置，无一重新犯罪。2012年江阴市涉罪外来未成年人批捕率较2007年下降了15%。随着管护基地示范效应的扩大，强化了外来务工人员对"人民司法为人民"的认同感，受到社会各界的赞同和支持，有效提升了司法公信力。

典型意义：对未成年人犯罪坚持"教育、感化、挽救"方针和"教育为主、惩罚为辅"原则，尽可能地"少捕慎诉少监禁"已成为共识，但是对于外来未成年人，由于监管、帮教措施很难落实，往往不得不捕、不得不用监禁刑。这不但使得外来未成年人羁押率居高不下，而且使法律政策规定落空，宪法面前人人平等原则难以兑现，法律权威受损。江阴市人民检察院依托苏南民营经济发达、企业家社会责任感强的地区优势，率先探索建立"外来未成年人管护教育基地"，为涉罪外来未成年人的取保候审化解了保证人、帮教平台、心理矫正、技能培训等一系列制约因素，较好解决了外来未成年人平等适用取保候审这一难题。尤其是通过充分发挥检察职能作用，把政府、企业和民间力量引至短缺的司法资源中来，共同关注并有效保护涉罪外来未成年人的合法权益，达到了协作配合、资源整合的目的。

五、"女检察官春蕾团队"关爱农村留守儿童

山东省兰陵县人民检察院

基本情况：山东省兰陵县是人口和农业大县，近年来，随着农村多达 30 万外出务工人员而来的，是 16 万农村留守儿童。兰陵县检察院在办案中发现，农村留守儿童犯罪和留守儿童受侵害的案件比率都很高，且发案率不断攀升。针对这一突出问题，2010 年 12 月，兰陵县人民检察院专门成立了未检科，积极构建"司法保护、合力帮教、抚慰救助、有效防范"的未检工作体系，并发动全院 35 名女干警组成了"检察官春蕾团队"，开展"春蕾行动"，形成了"检察机关主动、职能部门联动、社会各界互动"的关爱农村留守儿童机制。其中，"检察机关主动"指"检察官春蕾团队"以未检科为依托，对困难未成年被害人实行心理抚慰和经济救助，开通全国首个"司法保护留守儿童"官方微博和"留守儿童求助热线"，创办全国首个"留守儿童家长夜校"；"职能部门联动"指检察机关就侵害留守儿童权益问题与公安、法院达成共识，联合开展关爱行动，并得到教育、纪委、民政、财政、慈善总会等部门支持与响应，目前已吸收 210 余名机关单位女同志为团队成员并作为"爱心妈妈"开展工作，在派驻检察室设立了春蕾团队联系点、阳光工作室、心理疏导室等，形成了"办案、预防、观护"一体化未检工作平台；"社会各界互动"是指加强与爱心企业、组织和人士的互动，先后有 13 家爱心企业出资 110 余万元对困难留守儿童进行救助，先后与华东政法大学、山东理工大学等建立长期合作关系，研究保护留守儿童的相关法律政策问题，在 32 个村庄设立"亲情联系点"，聘请老党员、老模范、老教师担任联络员，帮助留守儿童与外地的家长进行亲情沟通。

典型意义：1991 年全国人大常务委员会批准加入的《儿童权利公约》在序言中指出，世界各国都有生活在极端困难情况下的儿童，对这些儿童需要给予特别的照顾。在我国现代化进程中产生的农村留守儿童就是这样一个特殊的群体。一方面，由于他们在成长发育的关键时期父

母一方或双方不在身边,家庭不完整,缺少父母情感上的关心呵护以及思想认识及价值观上的引导帮助,从而极易产生认识偏差和个性、心理发展上的异常,一些人甚至因此走上犯罪道路。另一方面,由于缺少父母监护,留守儿童的人身权利也极易遭受侵害,近年来频发的性侵害未成年人案件中留守儿童所占比率较大就说明了这个问题。山东省兰陵县人民检察院在办案中发现农村留守儿童犯罪和留守儿童受侵害的案件比率"双高"问题后,勇于承担起社会责任,先内部挖潜,发动全院女干警组成"检察官春蕾团队";再外部拓展,吸收 210 余名其他机关单位的女同志作"爱心妈妈",并加强与爱心企业、组织和人士的互动,团结社会力量共同关爱留守儿童,践行了"人民检察为人民"的宗旨,探索出一条未成年人检察工作专业化与未成年人权益保护和犯罪预防帮教社会化相结合的清晰路径。

六、"蓓蕾 580"救助涉罪人员未成年子女

河南省郑州市中原区人民检察院

基本情况:郑州市中原区人民检察院在办理未成年人案件中发现有这样一个群体值得关注——涉罪人员的未成年子女。这些孩子由于父母涉罪被关押而面临生活、教育、心理健康等失管危机,形同孤儿却不仅不能像孤儿那样易于从社会获得关爱和救济,反而还会因父母涉罪而遭到社会歧视。受到歧视、缺乏关爱的孩子容易诱发仇恨心理和反叛情绪,以及沾染不良习性,进而违法犯罪。对这一特殊群体的救助还存在法律和制度上的空白,民政部门的主要救助对象是孤残儿童、弃婴,这些失管孩子难以进入儿童福利机构得到有效管护,其他政府机构也没有救助这部分孩子的明确责任。虽然国家曾经开展过针对服刑人员子女救助活动,但是这类救助存在三个问题:一是救助滞后。服刑人员从涉罪被采取强制措施到被判有罪服刑,要经历一定司法周期,这期间,其监护的未成年人骤经变故,生活、教育、心理上更容易出现问题,如果不

能得到及时救济,到监护人服刑阶段,有些早已陷入困境,甚至滑向堕落的深渊;二是没有建立发现机制,往往是碰见一个救助一个,不能及时发现需要救助的对象,无法实现平等、全面救助;三是没有建立联动机制,往往是有关部门各自为政,缺乏联动配合,无法充分利用社会资源实现个性化救助,救助效果得不到保障,无法实现救助工作长期化、常态化。针对这一问题,河南省郑州市中原区人民检察院充分发挥检察职能作用和执法办案中易于发现这类困境未成年人的优势,经多方调研出台了《郑州市中原区人民检察院刑事诉讼中失管未成年人救助工作暂行规定》,并在区综治办的协调下,会同辖区相关单位、部门会签了《郑州市中原区刑事诉讼中失管未成年人救助工作实施方案(试行)》,探索试行旨在发现、救助因监护人涉罪失管未成年人的"蓓蕾580"救助模式。即由该院反贪、反渎、侦监、公诉、未检5个业务部门负责在日常办案中排查发现有失管风险的未成年人,全区8家单位,包括区检察院、区团委、区妇联、教体局、民政局、卫生局、人力资源及社会保障局等,充分利用各职能资源,并动员社会力量,在司法、生活、教育、医疗、心理、就业等六方面提供救助,以实现涉罪人员未成年子女"零"失管。目前,"蓓蕾580"救助模式已经初见成效,形成了区检察院牵头、区综治办协调、区各职能部门分工负责、社会组织协同、公众参与的救助工作体系。今年以来,区检察院共排查出14名失管未成年人,全部落实了单项或复合救助,其中司法救助9人,生活救助3人,教育救助3人,心理救助4人,就业救助2人,切实保障这一群体享有的基本生存权和平等的受教育权,初步在本辖区实现所办案件犯罪嫌疑人未成年子女"零"失管。

典型意义:《未成年人保护法》第3条明确了国家对未成年人生存权、受保护权、发展权(基于阶段的特点,将受教育权单独作了强调)和参与权这四大权利的特殊、优先保障义务和非歧视性义务。河南省郑州市中原区人民检察院敏锐关注到:因监护人涉罪而失管的未成年人在生活、教育、心理健康等方面状况堪忧,而对这一特殊群体的救助还存在法律和制度上的空白。为解决这一问题,该院充分发挥检察职能,率先探索试行动态监控机制,确保因监护人涉罪失管的未成年人能够被及时发现,并推动建立以政府职能部门为主体、未成年人权益保护组织协同、社会公众参与的救助工作体系,从而进一步严密了对未成年人的保护网。

七、"向阳花"援助被害女童

江苏省新沂市人民检察院

基本情况:为充分调动社会力量有效保护和关爱遭受性侵害女童这一弱势群体,2013年以来,江苏省新沂市人民检察院牵头启动了"向阳花"援助女童工程,旨在通过援助女童行动,让遭受性侵害的女童能像向阳花一样顽强、勇敢、幸福地成长。2013年初,新沂市人民检察院调研发现遭受性侵女童的生活、心理现状堪忧,亟须社会关爱。为此,联合团委、妇联、法院、公安、司法、教育、民政等部门会签了《关于开展"向阳花"援助女童项目联合行动的实施意见》,确立了以检察机关为主导,以部门联动为基础,充分运用社会力量构建预防、打击、救助为一体的专业运行机制。新沂市人民检察院在未检科设立"援助女童工程"办公室,配强心理学专业人员,建立了从个案开启、援助落实、事后评估、建档封存的工作流程;八部门通过定期召开联席会议、不定期召开个案分析会等形式,实施法律援助、医疗救助、心理帮助、资金救助、社会扶助等五项措施,对被性侵的女童及其家庭提供全方位支持,并因人而异制定不同救助方案、在实施救助后进行综合性评估,确保救助取得实效。目前已援助了近20名女童恢复正常学习生活,发放救助金2万余元。新沂市人民检察院还根据真实案例拍摄了微电影《向阳花》,组建了"预防性侵害"流动宣讲团,深入学校、农村、社区开展性安全预警教育和心理调适讲座,制作并发放校园法制联络卡、青少年维权直通卡等。该工程实施后,新沂市强奸、猥亵等案件数同比下降17%。

典型意义：近年来，全国性侵女童案件频发，引发社会广泛关注。作为司法机关，虽然打击惩治犯罪分子很重要，但救助未成年被害人、预防性侵害未成年人犯罪更重要，因此我们的目标不能仅是对犯罪分子起诉定罪，而应将保护受害儿童，全面控制、预防此类犯罪作为更为重要的工作来抓。而保护受害儿童和预防犯罪的工作仅靠司法机关是远远不够的，这就要求司法机关在办案同时，根据受害儿童的需求，与政府各部门及相关组织合作，为受害儿童提供专业、综合的服务，并深入查找在预防性侵害未成年人犯罪方面存在的漏洞和隐患，共同修补和完善。为此，2013年10月，最高人民法院、最高人民检察院、公安部、司法部四部门联合发布的《关于依法惩治性侵害未成年人犯罪的意见》，确立了"儿童权利保障优先"的执法模式，强调在打击此类犯罪的同时，更加注重对受害儿童的保护和救助，以及预防此类犯罪的发生。江苏省新沂市人民检察院敏锐意识到了这一点，在四部门《意见》出台之前即牵头启动"向阳花"援助女童工程，联合团委、妇联、法院、公安、司法、教育、民政等部门共同构建集预防、打击、救助为一体的运行机制，为惩治和预防性侵害未成年人犯罪的立法、司法提供了宝贵的实践经验。

八、未成年人犯罪预防帮教构建"三大基地"

四川省广元市利州区人民检察院

基本情况：近年来，四川省广元市利州区人民检察院充分发挥检察职能，通过加强与其他政法机关以及团委、关工、教育、卫生、民政等联系配合，整合社会资源，共建未成年人犯罪预防帮教"三大基地"：一是在市委政法委支持下，在广元市正德中学建立了"未成年人观护帮教基地"，并与区教育局会签了《关于涉案未成年人接受特殊教育的实施意见》，对不批捕、不起诉、附条件不起诉的涉案未成年人，经监护人同意，送广元市正德中学接受观护教育，通过法制教育、心理辅导、亲情感化等方式促进从认知到情感的社会化。二是在广元外国语学校建立了"未成年人普法示范基地",通过举办模拟法庭、法律知识竞赛、法制夏令营,开设法制专栏等形式,整体提升校园法制氛围。三是与民政局在福利院、养老院等建立了"未成年人公益劳动基地",为附条件不起诉帮教考察提供平台,通过开展不拘形式、内容多元的公益劳动和"尊老爱幼"活动,如辅导福利院孤儿作业,照顾养老院老人起居等,培养未成年人社会责任感,以达到矫正不良心理、预防犯罪的目的,取得了良好的法律效果和社会效果。

典型意义:检察机关办理未成年人犯罪个案的重心是预防再犯,通过"教育、感化、挽救"使未成年人重新回归社会和健康成长;同时作为国家犯罪预防综合治理工作的一个重要组成部分,充分发挥自身优势,通过以案释法、法制宣传等工作,参与一般预防工作。四川省广元市利州区人民检察院通过与相关部门的沟通联系,共建未成年人犯罪预防帮教"三大基地"的做法,将特殊预防与一般预防有机结合,使二者相辅相成,有利于促进未成年人权益保护和犯罪预防帮教社会化体系建设。尤其是这一做法为检察机关落实附条件不起诉制度创造了有利条件。修改后刑事诉讼法增设了专门适用于未成年人犯罪的附条件不起诉制度,检察机关对部分符合起诉条件但犯罪较轻的未成年犯罪嫌疑人作出附条件不起诉的决定,通过监督其在 6 个月到 1 年的时限内履行适当义务的方式,达到教育挽救的目的,因此附条件不起诉制度的核心是监督考察工作。而作为一种考察性观护措施的落实,仅凭检察机关一家之力作用有限。四川省广元市利州区人民检察院的做法为解决上述问题提供了可借鉴的范本。

九、"王英工作室"播撒阳光心理

浙江省宁波市海曙区人民检察院

基本情况:针对涉案未成年人普遍存在心理问题的现实,浙江省宁波市海曙区人民检察院未检科成立之时，任命具有国家二级心理咨询师资格的王英作为科长，充分发挥其心理学专业优势，把心理疏导引入未成年人刑事案件办理全过程，使每一名有心理问题的涉案未成年人都能获得心理矫正机会。仅 2013 年，就对涉案的 100 多名未成年犯罪嫌疑人、被害人以及法定代理人进行了有效的心理疏导和干预。针对本辖区未成年人刑事案件中有 80% 是留守儿童，而留守儿童犯罪背后都有呼唤爱和沟通的心理动机和原因，2012 年 6 月，海曙区人民检察院在宁波市唯一一所留守儿童学校——余姚大岚中心小学建立"王英阳光心理咨询室"，组建"太阳花"心理志愿者团队，通过进行个别心理疏导和团队辅导、举办模拟法庭、开设法制讲堂等方式，使孩子们变得自信活泼。针对职业高中学生普遍存在的青春期易冲动、控制情绪和行动能力较差等特点，2013 年 12 月，海曙区人民检察院又在宁波市最大的职业高中——甬江职业高中设立"王英未成年人刑事检察工作室"，开展以培养青少年抗挫力为主要目的的个体心理辅导、团体咨询和危机干预，目前已为 500 多名学生开展了心理疏导。

典型意义：俗话说"浇花浇根，育人育心"，要从源头上有效预防和减少未成年人犯罪，必须从"心"抓起。大多数犯罪的未成年人都存在不同程度的心理问题，为此，该院成立了青少年心理矫正室，聘请国家心理咨询师担任心理矫正顾问。在办案中对有明显心理偏差迹象的未成年人由心理咨询师对其进行测试，以测验结果为基础进行心理辅导和治疗，帮助其健康回归社会和家庭。浙江省宁波市海曙区人民检察院高度关注涉案未成年人心理健康，在未成年人刑事案件办理过程中全程引入心理疏导，使未成年犯罪嫌疑人及其法定代理人、被害人及其亲属等同时接受心理疏导，并以两个工作室为平台，针对不同类群未成年人特点，依托检察官的法律业务、心理专家队伍对青少年犯罪心理行为研究等优势，前移预防未成年人犯罪的阵线，使学校的法制教育与心理健康教育有机结合起来，探索出检校合作教育新模式，真正实现了未成年人刑事检察工作的轻打击、重预防，教育、感化和挽救的理念，有效维护了社会和谐。

十、派驻检察室协助开展未检工作

山东省临沂市罗庄区人民检察院

基本情况：2012年以来，山东省临沂市罗庄区人民检察院将未检部门的专业优势与派驻检察室的区位优势相结合，出台《公诉、未检与派驻检察室工作衔接实施细则》，在各派驻检察室设立未检基层工作区，建立了"未检办案大厅""心理疏导室""未成年人帮教考察点""青少年法制基地""失依儿童之家""亲子约谈室""家长学校"等功能区，形成未检"办案、预防、观护"一体化的工作平台，并注重发挥检察室贴近基层一线的优势，由各检察室指定1名干警专门负责与未检部门工作对接，与未检干警联合开展远程讯（询）问、社会调查、帮教考察、封存宣告、不诉宣告、释法说理、心理疏导等工作，通过"走出去""请进来""点对点"的方式开展犯罪预防。如在"未成年人帮教考察点"内，联合街道、村委、司法、公安、学校等共同组成帮教考察小组，建立跟踪帮教档案，通过心理辅导、法制教育、参加公益劳动等形式进行帮教。与团区委联合为服刑人员的未成年子女、孤困留守儿童、流浪儿童建立了"失依儿童之家""亲子约谈室""家长学校"等"温馨家园"，受到孩子们的欢迎。各派驻检察室还开通了未成年人求助热线与视频接访系统，提供法律咨询，解答法律疑问，取得了良好成效。

典型意义：未检工作主要是做人的工作。由于很多基层检察院的管辖范围较大，未成年人住处又比较分散，在目前司法资源配置中，检察机关又不像派出所、社区组织等能够深入各个乡村街道，因此具体帮助、教育未成年人的工作存在相当的困难。山东省临沂市罗庄区人民检察院探索的派驻检察室参与未检工作机制，是将未检部门的专业优势与派驻检察室的区位优势相结合，实际上是挖掘内部潜力、整合内部资源的有效举措，探索出一条解决当前司法资源紧缺的新途径。

十一、社会调查员出庭

北京市朝阳区人民检察院

基本情况：根据修改后的《刑事诉讼法》第268条规定，"公安机关、人民检察院、人民法院办理未成年人刑事案件，根据情况可以对未成年犯罪嫌疑人、被告人的成长经历、犯罪原因、监护教育等情况进行调查"，以及《人民检察院刑事诉讼规则（试行）》第486条规定，"人民检察院开展社会调查，可以委托有关组织和机构进行"，北京市朝阳区人民检察院探索引入社会力量参与社会调查模式，与北京政法职业学院会签《社会调查工作合作协议》，推动北京政法职业学院成立了"心声社会工作事务所"，由司法社工参与社会调查，与朝阳公安分局达成社会调查员凭工作证进入监区的协议等，建立了社会调查员出庭、参与帮教机制，将社会调查报告关于量刑部分提交法庭，经公诉人申请并获法庭许可后，社会调查员出庭对社会调查情况向法庭阐述，经举证质证和法庭辩论，为法庭教育、准确量刑以及更好帮教涉案未成年人提供重要参考，从而充分发挥社会调查报告在未成年刑事案件中的功能。司法社工以其科学、严谨、专业的方法开展社会调查，积极参与后续帮教工作，得到了业界普遍好评和当事人肯定。

典型意义：修改后的刑事诉讼法建立了社会调查制度，规定对未成年人刑事案件不仅要查明案件的事实情况，还要对未成年人的成长经历、犯罪原因、监护教育等情况进行社会调查，以查明未成年人犯罪的原因，并根据调查的结果选择最恰当的处理方法。北京市朝阳区人民检察院积极探索引入社会力量参与社会调查工作、建立社会调查员出庭宣读社会调查报告、参与法庭教育等工作机制，有利于充分落实社会调查制度和进一步完善社会制度，对推进未成年人庭审制度改革具有积极作用。这种让司法社工介入社会调查、参与帮教的模式，还有利于建立社会专业力量辅助司法的长效机制，并缓解当前司法机关案多人少的突出矛盾。

十二、"彩虹计划"助失足未成年人回归

广东省佛山市禅城区人民检察院

基本情况：自 2009 年以来，广东省佛山市禅城区人民检察院紧密围绕涉案未成年人的教育感化，以"强人文关怀，留悔罪机会，易犯罪性格，强辅导帮教，给出路舞台"为指导思想，创建并推行涉案未成年人帮教新模式——"彩虹计划"，与团委、专业社工机构、心理咨询公司、职业技能培训机构等签订帮教协议，创建"彩虹青年"志愿队、"彩虹之家"关护教育基地、便民服务站、未成年人矫治中心、"彩虹劳作园地"等，实行"心理辅导、公益劳动、技能培训、法制教育、劳动实践、亲子关系修复"六位一体的帮教转化工作模式。"彩虹计划"成功转化了一大批涉案未成年人，截至今年 2 月，"彩虹计划"共吸收涉案未成年人 84 人，经过帮教考察，已作不起诉 47 人，其中 22 人重返学校，7 人考上大学，多人被评为市级、区级优秀志愿者，获得普遍认可。2012 年，该计划被广东省社工委确定为"社会创新观察项目"。

典型意义：未成年人在刑事诉讼中是一个需要格外关注和保护的特殊群体，预防和减少未成年人犯罪不仅是"捕诉监防"一体化未检工作模式的重要内容之一，更是少年司法的要求。检察机关办理未成年人刑事案件，其最终目的在于帮助涉案未成年人重塑健康人格、顺利回归社会、恢复社会秩序。因此，检察机关应将教育、感化、挽救的理念贯穿于审查逮捕、审查起诉、支持公诉、考察帮教等每一个执法办案环节，并将帮教成效作为评价工作的根本标准。广东省佛山市禅城区人民检察院深刻把握未检工作宗旨，依托个案开展特殊预防，成功探索了必要而又有针对性的"六位一体"的帮教新模式，依靠未保组织和专业社工、心理、技能培训等机构，设立不同针对性的帮教点，使涉案未成年人不仅通过刑事诉讼承担应尽责任、接受一对一的教育感化，最终使得近百人顺利回归社会，给予了失足未成年人真诚的关怀与温暖，更体现司法机关的人文关怀，顺应了少年司法的基本要求。

十三、"冬梅姐姐"进校园预防未成年人犯罪

黑龙江省牡丹江市东安区人民检察院

基本情况：早在1998年，黑龙江省牡丹江市东安区人民检察院统一办理全市四区的未成年人犯罪案件，在办理未成年人刑事检察案件配套工作体系和未成年人犯罪社会化帮教预防体系建设方面进行多方探索。尤其针对辖区内在校未成年人犯罪率居高不下的问题，根据未成年人心理特点，设计了未检科的专门标识和代表未成年人办案检察官的卡通形象"冬梅姐姐"，通过这一形象生动、亲和温情的平台，积极开展"检徽闪耀在校园"行动。实施督导制、通报制、谏职制"三制工程"，将学校预防犯罪工作纳入教育督导内容，每半年对犯罪情况进行通报，对发生重大刑事案件和连续发生刑事案件的学校，以检察建议谏职。与市教育局联合到12所学校督导，3次联合发文通报在校生犯罪问题，3名有责校领导受到处分。通过担任学校的法制副校长和法制辅导员、制作"冬梅姐姐"法制海报、开通"冬梅姐姐"热线和"维权东安"微博、举办法制讲座、法制图片展、提供法律咨询、创建"警示预防教育基地"和"挽救帮教基地"等形式，强化校园未成年人犯罪预防力度。"冬梅姐姐"共为在校未成年人进行法制宣传20余次，受益学生达2万余人，接受电话咨询100余人次，两个基地先后组织500余名学生参观，先后有7名涉罪未成年人在基地接受学习、教育，在校未成年人犯罪率同比下降49%。

典型意义：未成年人刑事检察实行"捕诉监防"一体化工作模式，并非审查逮捕、审查起诉工作的简单叠加，作为未检工作的重要组成部分，如何有针对性、有成效地开展预防、减少未成年人犯罪工作具有重大的社会意义。东安区人民检察院能够从青春期的未成年人的心理特点出发，深入剖析辖区内在校未成年人犯罪率居高不下问题，通过生动、亲和的未检干警卡通形象，开展针对性强、覆盖面广、收效显著的"检徽闪耀在校园"行动，拓深了检察建议效果，延伸了检察触角，大大降低在校未成年人犯罪率，取得了维护未成年人合法权益和预防、减少未

成年人犯罪的"双实效"。

十四、"心灯"照亮回归之途

河南省郑州市管城回族区人民检察院

基本情况：根据未成年人心智发展尚未成熟、可塑性强的显著特点，2011年，河南省郑州市管城回族区人民检察院将心理学技术融入办案流程，探索并建立旨为失足未成年人重新点亮希望的明灯的"心灯"办案模式，是指以失足未成年人的心理健康为切入点，在三个办案环节中各贯穿两项心理学措施，促其心理健康，助其回归社会。案件受理环节，第一时间开展心理初诊、心理调查深入分析犯罪原因；审查起诉环节，运用心理测量技术明确心理帮扶对象，继而采取针对性心理矫治技术培养健康心理；审查终结环节，将心理评估报告运用于庭审程序和不起诉程序，创设心理咨询师出庭机制，为适用刑罚提供量刑参考。实施过程中，还整合社会资源，与青少年关爱组织、区慈善总会、区工商联等共建贫困失足未成年人应急救助机制和观护基地以强化帮扶效果。至今，已有30余名失足未成年人接受观护，126名得以重塑健康心理，顺利回归社会，再犯罪率为零。

典型意义：管城回族区人民检察院高度重视未成年人心理健康，并以此为切入点，将心理学技术融入到未检工作执法办案的全过程，根据不同的办案环节采取不同的心理学措施，因人因案因时而异，不仅能够深入剖析未成年人犯罪的主客观全因，并通过专业的心理干预技术筛选疏导对象、量身打造心理矫治方案，尤其探索了心理咨询师出庭机制，全面、客观呈现失足未成年人的主观心理轨迹，为处理决定提供参考，并辅以应急救助机制和观护基地强化帮扶效果，创造了"失足未成年人重新犯罪率为零、不起诉案件复议率为零、申诉率为零、共建学校在校生犯罪率为零"的四个零记录，不仅体现了检察机关对失足未成年人的司法关爱和呵护，更有效促进恢复心理健康、重塑完整人格、修复破损的社会关系，实现了法律效果、社会效果的有机统一。

十五、"小橘灯"护航

江苏省常州市新北区人民检察院

基本情况：2013年，江苏省常州市新北区人民检察院吸收高校学生、律师、心理咨询师、教师等社会志愿者，在常州市新北区民政局注册登记成立了社会团体"小橘灯公益法律服务汇"，将传统的个体志愿者服务向规范的公益服务类社会组织成功转型，并不断补充志愿者队伍新鲜血液，现有志愿者68名。服务汇在社区设立服务点，开设青少年周末公益法制课堂；通过走访掌握辖区留守儿童、外来未成年人等重点青少年信息，及时开展行为干预矫治；为家长、教师以及社区从事青少年维权工作者重点推出"小橘灯公益法律服务汇"公众微信号，集法制宣传、法律咨询、申诉举报等为一体，全面覆盖维权网络；加强与其他社会组织合作，举办大型广场法制宣传、公益服务嘉年华等活动。成立至今，共接受法律咨询50人次，向在校生提供法律普及教育45场次，对27名重点青少年开展行为矫治。

典型意义：青少年维权工作是一项社会化系统工程，牵动着社会神经，也凝聚着社会力量。江苏省常州市新北区人民检察院创造性地将社会组织形式与未成年人检察工作有效结合并开展双向互动，一方面将高校学生、心理咨询师、教师等社会优质资源"引进来"，对涉案未成年人开展更为专业的心理服务、教育培训等工作；另一方面主动将公益法律服务"送出去"，为留守儿童、外来未成年人启迪法制思维、普及法律知识、维护合法权益的同时，也提升了检察机关在社会治理中的参与度，传递了"民生未检"的正能量。

答记者问

🎤 新华社记者： 从检察机关的办案实践分析，未成年人犯罪的主要原因是什么？

史卫忠： 谢谢记者提问！你提到未成年人犯罪的原因，这与成年人犯罪原因有明显不同。从办案情况来看，有几方面原因：

一是未成年人自身原因。生理学、心理学、社会学等研究表明，未成年人的心理有两个特性：一是易感性。未成年人尚在人生起步阶段，他们十分敏感而又非常脆弱，对环境充满好奇与渴望，但没有足够的理智去甄别，是非标准模糊，容易受到家庭、社会等客观环境中不良因素的影响、诱惑而走上违法犯罪道路。二是易变性。未成年人处于逐步社会化的过程中，生理、心理尚未成熟，可塑性强，容易发生变化，即使在违法犯罪后，也易于接受教育感化，重归正途。

二是家庭原因。家庭环境和教育状况对一个孩子的健康成长非常重要，如果家庭出现问题，对孩子影响将是致命的。实践中，涉罪未成年人多来源于残缺家庭或者留守、流动、闲散、流浪儿童群体，就充分说明了这一点。

三是社会原因。从未成年人犯罪的产生原因上看，往往是社会上各种不良因素、制度缺陷、恶劣环境等交互作用的结果，他们既是社会的危害者，也是不良环境的受害者，如网络、影视作品传播暴力、色情等不良文化，也会对未成年人走上违法犯罪道路起到推波助澜的作用。我记得鲁迅先生曾说过："孩子小的时候不把他当人，长大以后，也就成不了人。"

在此，我们呼吁父母和社会给予更多的爱，更宽松的环境，尽最大的可能让自己的孩子在爱和规矩中成长，因为这样孩子才能学会谦卑和自信，才能真正预防和减少犯罪。我们今天的主题是"为孩子撑起一片蓝天"，但愿我们把最好的留给孩子，好的空气、好的水、好的习惯、

《人民日报》记者： 最近我们看到有些未成年人的案件造成后果十分严重，比如前段时间在北京三个打一个的恶性案件，按照检察机关出发点是少捕慎诉，但是社会上对他们严惩的呼声还是非常强烈的，这两种声音检察机关是如何协调的？

史卫忠： 您提的问题在社会上确实非常普遍，大家也有不同的认识，他们提出未成年人虽然年轻，但是他造成的后果非常严重，对他们从轻处罚是不是合适。我是这么看待这个问题的，有两个方面：

首先，我们要正确看待对涉罪未成年人实行特殊刑事政策的根据。有关刑法学理论研究表明，未成年人犯罪人的人格特点具有假象性，进行了同样的行为，其主观认识上与成年人相比往往存在一定的差距，即使实施了客观上严重危害社会的行为，也并不表明其已形成真正的犯罪人格，而仅仅是一种假象的"不法人格"。如前述未成年人犯罪原因的分析，未成年人犯罪特点决定了单纯的严厉打击和从重处罚对未成年人犯罪的特殊预防和一般预防作用十分有限，而消极作用却十分明显，容易造成交叉感染，给未成年人打上犯罪的标签，进而导致重新犯罪。而依法原谅他们的冲动，保护他们的权益，感化他们的心灵，则有利于对他们的教育挽救，防止他们在犯罪的道路上越走越远，这既是预防未成年人犯罪的需要，也是社会应尽的责任。这正是实行特殊政策的原因所在。

当然，我们也需要坚持"双向保护"，重视对被害人权益的保护，积极化解矛盾，促进社会和谐。需要指出的是，坚持依法少捕、慎诉、少监禁，应当做到宽容而不纵容，不是简单的不捕不诉，而是要把教育、感化、挽救贯穿办案的始终，既不能不教而罚，也不能不教而宽。对于一些涉嫌严重犯罪的未成年人，基于其人身危险性大、矫正难度大，仍应依法批捕、起诉，该依法判监禁刑乃至重刑的仍应依法建议判监禁刑和重刑。但这也是为了教育、挽救而不是单纯的打击。希望大家对这个问题有一个正确的认识和看法。

《中国妇女报》记者： 刚才发布的内容已谈到未成年人犯罪情

况，请详细介绍一下当前我国未成年人犯罪的基本情况是怎样的。

史卫忠：在这里，我想结合办案的具体情况，从检察机关提出公诉的角度，介绍一下当前全国未成年人犯罪案件情况的基本特点。从总体上来讲，在全社会共同努力下，未成年人犯罪总体数量呈下降趋势。但是从个案分析上来看，未成年人犯罪案件目前有几个特点值得大家关注。从犯罪特点上看：一是犯罪年龄趋于低龄化。进入检察环节的未成年人犯罪嫌疑人虽仍以16至18周岁的为主，但受理的14至16周岁的呈逐年上升趋势。二是文化程度较低，初中以下文化程度占绝大多数。仅以2013年为例，初中以下文化程度占全国各级检察机关审查起诉未成年犯罪嫌疑人的90.24%，而且很多是没有完成初中教育的。三是外来未成年人所占比重较高。近五年，全国各级检察机关审查起诉的未成年人犯罪案件中非户籍地人员均占受理审查起诉总人数的四分之一左右，一些经济较发达地区，如上海、浙江、北京、广东等省比率更高。四是所犯罪名比较集中。从近五年的数据来看，未成年人涉嫌最多的罪名分别是盗窃罪、抢劫罪、故意伤害罪、寻衅滋事罪、聚众斗殴罪，这五种犯罪占全部受理案件人数的81%。五是犯罪手段呈成人化、暴力化倾向。犯罪作案手段残忍、犯罪后果严重的恶性极端案件时有发生。六是共同犯罪居多兼具偶合性。我们通过对近五年来的数据分析，未成年人共同犯罪的案件数占总案件数的一半左右，而且需要指出，这些共同犯罪里有很多是带偶合性的，就是临时聚集到一块实施犯罪，这可能与未成年人思维及心理成熟度有一定的关系，容易在人多势众心理的影响下，聚合到一块实施犯罪，这也是需要注意的一个特点。

法制网记者：针对如何维护未成年人合法权益，预防和减少未成年人犯罪，想请问检察机关对相关部门以及社会有哪些建议？

史卫忠：谢谢记者的提问，这个问题非常好。多年来，检察机关一直在尽职履行检察职能，保证关于未成年人的一些特殊制度有效落实，但预防和减少未成年人犯罪，仅仅靠检察机关一家单打独斗是不可能完成的，需要全社会的参与，特别是需要党委、政府的支持，所以在这方面，我再从我们工作角度提一些工作建议：一是强化对未成年人刑事检察专业机构建设的支持力度。因机构、人员的制约，导致一些地方未成年人案件办理与成年人案件无太大区别，许多应该开展的未成年人刑事检察工作难以有效开展。建议各级党委、政府高度重视，给予政策上的支持，促进检察机关未成年人刑事检察专门机构建设的逐步完善。二是完善政法机关办理未成年人刑事案件配套工作体系。虽然刑事诉讼法作出了规定，但相关内容仍比较原则，建议团中央或综治委牵头，加强与公、检、法和司法行政机关的联系沟通，争取在评价工作标准、社会调查、逮捕必要性证据收集与移送、法律援助、分案起诉等需要配合的制度上达成一致意见，联合制定下发实施细则，促进衔接配合，确保把规定落到实处，形成工作体系和合力，共同做好对涉罪未成年人的教育、感化、挽救工作。三是完善未成年人犯罪社会化帮教预防体系建设。建议综治委牵头，加强政法机关与综治、共青团、关工委、妇联、民政、社工管理、学校、社区、企业等有关方面的联系与配合，促进党委领导、政府支持、社会协同、公众参与的未成年人犯罪预防帮教社会化体系建设。特别是社会调查、担任合适成年人、附条件不起诉考察帮教等工作，要积极引入专业社会力量的参与，为未成年人刑事检察专门化与帮教预防体系社会化的衔接配合探索有效的途径和方式。

《新京报》记者：刚才提到附条件不起诉制度，我的问题与这个制度有关，我们知道，这个制度是修改后刑事诉讼法新增的制度，对于检察机关办理未成年人犯罪来说，相对有更大的自由裁量权，来确定什么样的条件起诉，面对这样一个自由裁量权，检察机关如何保证权力不被滥用？

史卫忠：附条件不起诉是刑事诉讼法新增加的一个适用于未成年人的检察制度，是由检察机关负责实施的。确实像记者所言，社会上有这种担心。我们对此非常重视，也采取了很多措施保证这项制度得到有效贯彻落实。我们从以下几方面采取措施，确保权力不被滥用：

首先，要严格把握适用条件。一是根据刑事诉讼法的规定，附条件不起诉的适用范围限于未成年人涉嫌刑法分则第四章、第五章和第六章规定的侵犯公民人身权利、民主权利犯罪，侵犯财产犯罪和妨害社会管理秩序的犯罪案件；二是根据未成年人的犯罪性质、情节等，可能判处一年有期徒刑以下刑罚，这是作出附条件不起诉决定的主要条件；三是未成年犯罪嫌疑人有悔罪表现，这是作出附条件不起诉决定的必要条件。

其次，要严格依照法定程序。必须经检察长或检察委员会研究决定才能作出。同时，为加强上级人民检察院对附条件不起诉决定的监督，《人民检察院办理未成年人刑事案件的规定》还增加规定了附条件不起诉的备案审查程序，即"人民检察院在作出附条件不起诉决定后，应当在十日内将附条件不起诉决定书报上级人民检察院主管部门备案。上级人民检察院认为下级人民检察院作出的附条件不起诉决定不适当的，应当及时撤销下级人民检察院作出的附条件不起诉决定，下级人民检察院应当执行"。

再次，强化外部监督制约。对检察机关的附条件不起诉决定，公安机关可以要求复议、提请复核，被害人可以申诉。有关社区、单位、学校、企业等社会力量也可以在参与该项工作中提出监督意见。一些检察机关还对此试行了附条件不起诉的不公开听证制度，充分听取各方面的意见。检察机关会虚心接纳。我要特别强调一下，检察机关为了更好地实现外部监督制约，我们有很多检察机关在试行对附条件不起诉公开听证制度，邀请依法可以参与的相关单位、人员参与监督，确保附条件不起诉决定合理、合法和有效。

《中国青年报》记者：我的问题是关于刚才主要讲到的校园犯罪，在刚才的数据里也提到，包括近年来有些案件是与校园犯罪有关的。目前我国校园犯罪率较高，请问检察机关会采取哪些措施以预防和减少校园犯罪？

史卫忠：目前校园犯罪率偏高，这个问题社会各界很关注。检察机关也一直通过履行检察职能，来降低校园的犯罪率。比如刚才公布的创新事例，有些就是针对校园犯罪讲的，也起到了很好的效果，如果记者感兴趣的话，可以实地采访一下他们的做法。检察机关今后在预防、减少校园犯罪方面会进一步努力，具体有以下工作可以开展：一是及时依法查办各类校园犯罪案件，切实维护在校学生合法权益，树立良好的校园风气。二是立足检察职能，坚持打防并举，通过分析类案，深入查找校园安全漏洞，剖析犯罪原因，研究预防对策，在此基础上，制发检察建议，督促建章立制。三是积极参加社会治安综合治理，严厉打击成年人引诱、胁迫、欺骗、组织未成年人等侵犯学生利益以及扰乱教学环境秩序等犯罪活动。配合相关职能部门对学校周边的网吧、游戏厅等开展经常性的监督检查，进一步净化学校周边环境。四是积极推进对未成年人的法治宣传教育活动，主动走入学校，采取担任法治副校长和法治辅导员、举办法治讲座、组织观摩庭、发放法制图书、以案释法等形式，开展对未成年人的法治宣传教育。五是积极构筑校园犯罪社会化防控体系。加强与综治、教育、民政、共青团、关工委等部门沟通联系，充分发挥各自职能作用，促进在校生犯罪防控社会一体化格局的形成。

2. 加强未成年人司法保护新闻发布会

时　　间：2015年5月27日 10：00

地　　点：最高人民检察院

出席人员：张相军，时任最高人民检察院公诉厅副厅长，现任最高人民检察院第七检察厅厅长

主 持 人：肖玮，最高人民检察院新闻办副主任、新闻发言人

议　　程：1. 通报2014年全国未成年人检察工作主要情况
2. 发布《检察机关加强未成年人司法保护八项措施》
3. 发布检察机关加强未成年人司法保护的典型案（事）例
4. 答记者问

检察机关加强未成年人司法保护情况通报

>> 肖 玮

各位记者朋友们：

  大家上午好！

  欢迎参加最高人民检察院的新闻发布会。六一国际儿童节即将到来，今天的新闻发布会与儿童有关，主题是"推动实现未成年人司法保护的全覆盖"，主要有两项内容：一是发布《检察机关加强未成年人司法保护八项措施》，二是发布检察机关加强未成年人司法保护的典型案（事）例。在发布前，我先介绍下去年全国未成年人检察工作主要情况。

一、2014年度全国未成年人检察工作主要情况

  近年来，在全社会的共同努力下，未成年人保护工作取得了长足进步。2014年，最高人民检察院抓住全国人大常委会开展对未成年人保护法及相关法律规定实施情况进行执法检查的有利契机，制定下发《关于进一步加强未成年人刑事检察工作的通知》，全面加强检察环节对未成年人的司法保护，取得了良好的法律效果和社会效果。

  （一）以零容忍态度严厉打击侵害未成年人犯罪，保护救助未成年被害人

  检察机关加大对侵害未成年人犯罪的打击力度，坚持零容忍态度，依法从严从快批捕、起诉。依法办理了浙江温州摔婴案、广西"9·26"小学生被砍杀案等具有广泛社会影响的重大案件，切实维护未成年人的合法权利，充分发挥法律的威慑和震慑作用。注重做好未成年被害人的身体康复、心理疏导、法律援助、司法救助等工作，其中为未成年被害人提供法律援助5548人，比2013年增加1210人；请专业人员为未成年被害人进行心理疏导4471人4681次，并探索开展对未成年被害人父母的亲职教育辅导，努力帮助未成年被害人恢复健康正常的生活。对在

办案中发现的对未成年人管理服务方面的薄弱环节,如未成年人因上网引发犯罪问题、未成年人进酒吧滋生犯罪问题、未成年人遭受校园性侵害问题等,向相关职能部门发出检察建议,立足职能参与社会治理。结合执法办案,采取担任法治副校长、举办法治讲座、以案释法等形式,加强对未成年人的法治宣传教育,提高预防犯罪和自我保护意识。

(二)坚持对未成年人犯罪少捕慎诉,提高办理未成年人刑事案件的质量和效果

检察机关认真落实"教育、感化、挽救"方针和"教育为主,惩罚为辅"原则,在办理未成年人刑事案件中依法严格把握批捕、起诉条件,坚持对未成年人犯罪少捕慎诉,确保案件质量和效果,并努力为涉罪未成年人改过自新、重返社会创造条件。2014年,全国检察机关共受理审查批捕未成年人犯罪案件32838件56276人,其中,不批准逮捕未成年犯罪嫌疑人14892人,不捕率为26.66%,比全国整体不捕率高7.26个百分点。共受理审查起诉未成年人犯罪案件45169件77405人,其中,不起诉未成年犯罪嫌疑人5269人,不诉率为7.34%,比全国刑事案件总不诉率高2.2个百分点。全国共有1463个检察机关对未成年犯罪嫌疑人开展附条件不起诉,占检察机关总数的40.96%,共决定附条件不起诉3948人,比2013年上升了17.08个百分点。一定程度上反映了涉罪未成年人的少捕慎诉少监禁政策得到了较好落实。

(三)认真执行修改后刑事诉讼法规定,实现对涉罪未成年人的特殊保护

检察机关按照修改后刑事诉讼法关于未成年人刑事诉讼特别程序的有关规定,对未成年人犯罪案件进一步落实各项特殊检察制度。2014年,全国检察机关为犯罪嫌疑人申请法律援助的人数占受案人数的比例,比2013年上升10.78个百分点;合适成年人到场案件的人数占受案人数的比例,比2013年上升5.84个百分点;开展社会调查人数占受案人数的比例,比2013年上升10.5个百分点;开展犯罪记录封存占所判决人数的比例,比2013年上升了24.33个百分点。通过落实这些制度,进一步加强了对未成年人的特殊保护。

（四）进一步促进办理未成年人案件制度机制建设和社会化帮教预防体系建设

最高人民检察院与最高人民法院、公安部、民政部联合出台了《关于依法处理监护侵害行为若干问题的意见》（以下简称《意见》），建立了公、检、法、司与相关组织联系协作、报告处置、临时监护、判后安置等多项制度机制，明确了检察机关承担的提起公诉、法律监督、检察建议等职责。江苏省徐州市铜山区检察院办理了全国首例依据该《意见》，建议民政部门向法院提起撤销未成年人父母监护资格诉讼案。指导和推动地方检察机关根据办案需求，建立适合未成年人身心特点的未检工作室，规范讯问（询问）未成年人和不起诉训诫、宣布、不公开听证等特殊程序，建立讯问（询问）未成年人的录音、录像制度等。探索建立了未检工作异地协助机制，有效解决了社会调查、附条件不起诉、犯罪记录封存等特殊制度在外来未成年人适用上的难题。进一步加强检察机关未检队伍专业化建设，稳步推进地市级和基层检察院专门机构建设，一批富有爱心、耐心细致、具有一定专业性的检察人员充实到未检工作岗位。

二、《检察机关加强未成年人司法保护八项措施》

针对当前侵害未成年人合法权益案件不断发生的紧迫现实，以及未成年人犯罪案件的特点，为更好地加强对未成年人的司法保护，最高人民检察院近日制定印发了《检察机关加强未成年人司法保护八项措施》（以下简称《八项措施》），突出强调检察机关在保护未成年人合法权益方面要切实履行好五项职责，建立完善好三项制度机制，充分发挥各项检察职能，利用各检察工作环节和诉讼阶段，全方位加强未成年人检察工作，保护未成年人合法权益。《八项措施》已印发大家。我突出强调以下几点。

一是强调检察机关对未成年人司法保护对象范围的全覆盖。《八项措施》将检察机关的司法保护对象，从以前的刑事检察工作中的涉罪未成年人，进一步扩大范围到未成年被害人以及检察机关办理所有案件过程中涉及到的未成年人。第1条规定，要严厉惩处性侵害、拐卖、绑架、遗弃、伤害、虐待未成年人等各类侵害未成年人的犯罪。第6条规定，检察机关"在审查逮捕、审查起诉、职务犯罪侦查等工作中，发现犯罪嫌疑人、被告人家中有无人照料的未成年人，或者发现未成年人合法权益保护方面存在漏洞和隐患的，应当及时通知并协助未检部门介入干预"。目的就是要实现检察机关在执法办案过程中，只要涉及到未成年人，不论是未成年人犯罪嫌疑人、被告人、未成年人被害人，还是其他未成年人，都要加强对未成年人的司法保护，切实防止在检察环节出现保护真空。

二是强调检察机关保护未成年人职能作用的全发挥。《八项措施》第1条提出，要"加大对侵害未成年人权益、怠于落实未成年人保护制度方面职务犯罪的查处力度，依法严惩侵吞、挪用、违法发放未成年人专项救助、救济资金等贪污犯罪，对国家工作人员发现或者应当发现未成年人权益受到侵害或可能受到侵害，应当采取措施而未采取措施，导致未成年人重伤或者死亡等严重后果的，应当依法及时查办"。第4条提出"充分发挥法律监督职能优势"，第5条提出"积极参与犯罪预防和普法宣传工作"等。目的在于发挥全部检察职能，无论是审查批捕、起诉，还是职务犯罪侦查、诉讼活动监督等，检察机关都要注重加强对未成年人的司法保护，促进国家对未成年人保护的法律规定、福利政策落实到位。

三是强调各种特殊保护制度和保护手段的全运用。《八项措施》第3条规定，要最大限度教育挽救涉罪未成年人，依法落实专业化办理、法律援助、合适成年人到场、社会调查、亲情会见、附条件不起诉、社会观护、帮扶教育、犯罪记录封存等特殊保护制度。第2条规定，要依法保障未成年被害人各项诉讼权利，保护名誉权、隐私权等合法权利。就是要运用各种法律手段，实现对未成年人的特殊保护，最大限度地促进涉罪未成年人悔过自新、回归社会，最大限度地保护帮助未成年人被害人恢复正常的学习生活。

四是强调在检察机关内外推动形成未成年人司法保护力量的全整合。《八项措施》第6条规定，要建立检察机关内部保护未成年人联动机制，在侦查监督、公诉、职务犯罪侦查、刑事执行监督、民事行政监督、控告、申诉、死刑复核监督等部门，形成未成年人保护合力。第7条提出，要推动完善政法机关衔接配合以及与政府部门、未成年人保护组织等跨部门合作机制，形成公、检、法、司保护未成年人合法权益的工作体系以及司法保护与家庭保护、学校保护、社会保护紧密衔接机制。第8条强调，要推动建立未成年人司法借助社会专业力量的长效机制。目的在于推动全社会整合各种资源力量，实现对未成年人的司法保护和犯罪预防。

检察机关作为国家法律监督机关，对于倡导推动全社会加强未成年人保护具有重大责任。下一步，我们将充分履行检察职能作用，为加强未成年人司法保护作出应有的贡献。同时，也呼吁全社会都来关心爱护未成年人，各部门各司其职，全社会携手努力，共同把家庭保护、学校保护、社会保护和司法保护的各项要求落到实处，为未成年人的健康成长营造良好的社会环境。

检察机关加强未成年人司法保护八项措施

>> 高检发诉字〔2015〕3号　2015年5月13日

一、严厉惩处各类侵害未成年人的犯罪

对成年人性侵害、拐卖、绑架、遗弃、伤害、虐待未成年人以及教唆、胁迫、诱骗、利用未成年人犯罪等严重侵害未成年人身心健康和合法权益犯罪，坚持零容忍态度，依法从严从快批捕、起诉，加大指控犯罪力度，充分发挥法律威慑和震慑作用，坚决斩断伸向未成年人的黑手。同时，加大对侵害未成年人权益、怠于落实未成年人保护制度方面职务犯罪的查处力度，依法严惩侵吞、挪用、违法发放未成年人专项救助、救济资金等贪污犯罪，对国家工作人员发现或者应当发现未成年人权益受到侵害或可能受到侵害，应当采取措施而未采取措施，导致未成年人重伤或者死亡等严重后果的，应当依法及时查办，保证国家对未成年人保护的法律规定、福利政策落实到位。

二、努力保护救助未成年被害人

依法保障未成年被害人及其法定代理人参与权、知情权等各项诉讼权利，保护未成年被害人的名誉权、隐私权等合法权利，避免在办案中造成"二次伤害"。对于性侵未成年人等刑事案件，有条件的地方检察机关可以会同公安机关建立询问未成年被害人同步录音录像制度。同时，要注重加强与司法、民政、教育、卫生等相关部门和未成年人保护组织的联系和协作，推动落实法律援助、司法救助、身体康复、心理疏导、转移安置、技能培训、经济帮扶等综合救助工作，努力帮助未成年被害人恢复正常的生活和学习。

三、最大限度教育挽救涉罪未成年人

贯彻国家对犯罪未成年人"教育、感化、挽救"方针和"教育为主、惩罚为辅"原则，坚持依法对涉罪未成年人"少捕慎诉少监禁"，

落实专业化办理、法律援助、合适成年人到场、社会调查、亲情会见、附条件不起诉、社会观护、帮扶教育、犯罪记录封存等特殊保护制度，最大限度促进涉罪未成年人悔过自新、回归社会。对于因年龄原因不负刑事责任的未成年人，应当与公安机关以及家庭、学校、社会保护组织等加强协调、配合，通过加强管教、社会观护等措施，预防再犯罪。

四、充分发挥法律监督职能优势

强化对各类侵害未成年人犯罪的立案、侦查和刑事审判、刑事附带民事审判活动的法律监督，坚决监督纠正有罪不究、以罚代刑、漏捕漏诉、重罪轻判等执法不严、司法不公问题，促进有关部门严格执法、公正司法。对公安机关、人民法院处理监护侵害行为的工作加强法律监督，确保未成年人得到妥善监护照料。

五、积极参与犯罪预防和普法宣传工作

结合办案注意查找未成年人权益保护和犯罪预防方面存在的隐患，通过检察建议等形式，督促相关部门建章立制、堵塞漏洞，推动有关部门更加重视对农村留守儿童、城乡流动乞讨儿童、正在服刑人员的子女等重点未成年人群体的保护，努力营造关爱保护未成年人的社会环境；建立"谁执法谁普法"的普法责任制，广泛开展以案释法、法制讲座、法制进社区、进学校、进幼儿园、进农村、进家庭等宣讲活动，培育尊重未成年人权益的文化，提高未成年人明辨是非和自我保护的意识和能力。

六、建立检察机关内部保护未成年人联动机制

未检部门在工作中发现侵害未成年人合法权益的职务犯罪线索时，应当及时移送职务犯罪侦查部门予以查处，并协调相关部门做好保护未成年人善后工作；各部门在审查逮捕、审查起诉、职务犯罪侦查等工作中，发现犯罪嫌疑人、被告人家中有无人照料的未成年人，或者发现未成年人合法权益保护方面存在漏洞和隐患的，应当及时通知并协助未检部门介入干预，防止在检察环节存在保护真空。对于涉及未成年人权益保护的职务犯罪案件、具有重大社会影响案件等，上级检察院要加大对下业务指导和案件督办。

七、推动完善政法机关衔接配合以及与政府部门、未成年人保护组织等跨部门合作机制

进一步加强与公安机关、人民法院、司法行政机关的沟通协调，在工作评价标准、法律援助、社会调查、讯问（询问）未成年人同步录音录像、逮捕必要性证据收集与移送、合适成年人选聘、分案起诉、观护帮教、犯罪记录封存等需要配合的制度机制上相互衔接，形成保护未成年人合法权益的工作体系；积极与政府各部门、未成年人保护组织等加强联系，推动建立跨部门合作的长效机制，促进司法保护与家庭保护、学校保护、社会保护的紧密衔接，形成保护未成年人合法权益、救助困境儿童、挽救失足未成年人以及预防和减少未成年人犯罪的工作合力。

八、推动建立未成年人司法借助社会专业力量的长效机制

大力支持青少年事务社会工作专业人才队伍建设工作，主动与青少年事务社会工作专业机构链接，以政府购买服务等方式，将社会调查、合适成年人参与未成年人刑事诉讼、心理疏导、观护帮教、附条件不起诉监督考察等工作，交由专业社会力量承担，提高未成年人权益保护和犯罪预防的专业水平，逐步建立司法借助社会专业力量的长效机制。

附： 专家评析解读最高人民检察院出台 《检察机关加强未成年人司法保护八项措施》

宋英辉（北京师范大学教授、最高人民检察院专家咨询委员）：近年来，最高人民检察院多次发布司法解释或规范性文件强化对未成年人的保护。《检察机关加强未成年人司法保护八项措施》（以下简称《八项措施》）的出台，再次表明检察机关在保护未成年人合法权益方面的鲜明立场和强化未成年人权益保护的坚定决心，标志着未成年人司法保护向综合保护迈出了重要一步。除了进一步强调对民众关切的性侵害、拐卖、绑架、遗弃、伤害、虐待未成年人等犯罪保持零容忍的打击力度，建立配套机制贯彻教育、感化、挽救方针促使涉罪未成年人回归社会外，与以往规定相比，《八项措施》体现出在保护的对象、内容、方式方法上的全面性、全方位性和综合性，在保护、预防方面检察工作专业化与政府部门、社会组织功能发挥相结合的整体性和有机联动性。有以下亮点：

第一，明确对有关在落实未成年人保护制度方面不作为、玩忽职守等造成严重后果的职务犯罪及时启动职务犯罪追责机制，保证国家对未成年人保护的法律规定、福利政策落实到位。

第二，明确了防止未成年被害人受到二次伤害的具体要求和措施，强调建立各部门的协作机制，通过全方位救助使被害人恢复正常生活。

第三，明确了对于因年龄原因不负刑事责任的未成年人，检察机关应当及时与公安机关以及家庭、学校、社会保护组织等协调、配合，通过加强管教、社会观护等措施，预防再犯罪。

第四，对公安机关、人民法院处理监护侵害行为工作加强法律监督，确保未成年人得到妥善监护照料。

第五，明确检察机关应当推动有关部门更加重视对农村留守儿童、城乡流动乞讨儿童、正在服刑人员的子女等重点未成年人群体的保护，努力营造关爱保护未成年人的社会环境。

第六，明确建立检察机关内部保护未成年人联动机制，整合检察机关内部资源，建立未检独立业务类别和独立评价机制，以保证法律规定的特殊保护制度落实。

第七，推动完善政法机关衔接配合以及与政府部门、未成年人保护组织等跨部门合作机制，共同完善办理未成年人案件配套工作体系建设，实现司法保护与家庭、学校、社会等保护的紧密衔接，形成保护未成年人合法权益、救助困境儿童、挽救失足未成年人以及预防和减少未成年人犯罪的工作合力。

第八，推动建立司法借助社会专业力量的长效机制，提高未成年人权益保护和犯罪预防的专业水平。

林艳琴（北京师范大学教授、博士生导师）：近年来随着时代和社会的发展，对未成年人保护的水平也要求越来越高。我国政府和社会也更加关注未成年人保护。2011年7月，国务院颁布《中国儿童发展纲要

(2011—2020年)》(以下简称《纲要》)。《纲要》在第一部分描述了指导思想和基本原则。确立了"高举中国特色社会主义伟大旗帜,以邓小平理论和'三个代表'重要思想为指导,深入贯彻落实科学发展观,坚持儿童优先原则,保障儿童生存、发展、受保护和参与的权利,缩小儿童发展的城乡区域差距,提升儿童福利水平,提高儿童整体素质,促进儿童健康、全面发展"的指导思想。同时确立了五项基本原则:依法保护原则、儿童优先原则、儿童最大利益原则、儿童平等发展原则、儿童参与原则。2015年5月,最高人民检察院颁布《检察机关加强未成年人司法保护八项措施》(以下简称《八项措施》),这对进一步加强未成年人合法权益的保护具有重要的意义。

首先,我国政府早已于1991年12月批准加入联合国《儿童权利公约》(以下简称《公约》)。《公约》第9条明确规定,法庭、福利机构或行政当局在处理儿童问题时,应将儿童的最大利益作为首要考虑事项。第19条更进一步明确了,各国应保护儿童免受身心摧残、伤害或凌辱、忽视、虐待或剥削,包括性侵犯。《八项措施》的内容紧紧围绕着儿童利益最大化的原则。它的颁布既是我国政府履行《公约》的体现,也是我国政府对未成年人合法权益保护工作重视的又一里程碑。

其次,近年来,实践中出现了不少侵犯未成年人利益的案件,《八项措施》的颁布有助于打击各类侵害未成年人权益的行为,最大化地保护未成年人利益,进一步落实贯彻《中华人民共和国未成年人保护法》的各项规定。

再次,《八项措施》明确了检察机关发挥法律监督的职能。这对落实我国宪法规定的人民检察院有进行法律监督的权力,具有重要的意义。我国现行法律在未成年人监护监督的规定上是空白。实践中出现了一些监护人无力或怠于履行监护职责,侵犯未成年人利益的情形。这与我国监护监督制度缺失有很大的关系。因此,由人民检察院承担监护监督的责任,监督监护人更好地履行监护职责,维护未成年人的合法权益不仅具有法律依据也是非常有必要的。

总之,《八项措施》的颁布有助于进一步提升我国政府保护未成年人合法权益的水平，对未成年人权益保护法律制度的发展具有积极意义。相信我国未成年人权益保护制度的明天会越来越好。

姚建龙（上海市法学会未成年人法研究会会长，上海政法学院刑事司法学院院长、教授）：客观上说，我国未成年人保护的整体状况有很大的进步，但是与公众的要求与期待还有一定的差距。尤其是近些年来，饿童、虐童、性侵等与未成年人有关的恶性事件频发，一些事件的惨烈程度甚至构成对人伦底线的挑战。如何进一步提高我国未成年人保护的整体水平，是社会各界所广泛关注的问题。

国家亲权观念是各国未成年人保护制度的理论基础，它强调国家居于未成年人最终监护人的地位，要求国家应当遵循儿童最大利益原则，积极、主动地履行未成年人保护的职责。遗憾的是，我国仍然有很多部门缺乏基本的未成年人保护意识，更无国家亲权的观念，没有按照法律的要求将未成年人保护的责任与其法定的职责有效地结合起来，这是我国未成年人保护状况还存在诸多需要改进之处的重要原因。在一些惨痛的恶性未成年人事件发生后，一些部门总是"无辜地"表示遗憾或者痛心。我们希望，这种状况能够早日改变。

在我看来，《检察机关加强未成年人司法保护八项措施》（以下简称《八项措施》）为国家机关如何履行未成年人保护职责提供了值得赞赏的范例。

《八项措施》立场鲜明地指出"检察机关作为国家的法律监督机关，做好未成年人司法保护工作，保证国家制定的未成年人保护法规落到实处，是检察机关义不容辞的责任"。我相信，如果每一个国家机关都能有如此的意识与担当，而不是强调所谓职能的特殊性及其与未成年人保护的无关性，我国未成年人保护的总体水平必然会有质的飞跃。

《八项措施》立足于检察职能，强调了检察机关在保护未成年人权利和合法权益方面应当履行的五项职责以及职责履行到位需要建立和完善的三项制度。这八项措施包括：严厉惩处各类侵害未成年人犯罪；努力保护救助未成年被害人；最大限度教育挽救涉罪未成年人；充分发挥法律监督职能优势；积极参与犯罪预防和普法宣传工作；建立检察机关内部保护未成年人联动机制；推动完善政法机关衔接配合以及与政府部门、未成年人保护组织等跨部门合作机制；推动建立司法借助社会专业力量的长效机制。这八项措施的提出具有充分发掘检察职能与未成年人保护相关性，在司法保护环节建立完善、系统的检察保障机制的特点，这种责任与担当令人敬佩，也为其他国家机关如何立足法定职责履行未成年人保护的责任提供了借鉴。

《八项措施》还提出检察机关自侦部门对侵害未成年人合法权益的各类职务犯罪案件进行查处，不仅是检察机关应尽职责，也非常必要和重要，强调要对"怠于履行保护未成年人职责的渎职犯罪加大查处力度，保证国家对未成年人保护的法律规定、福利政策等落实到位"，"对于涉及未成年人权益保护的职务犯罪案件、具有重大社会影响案件等，上级院要加大对下业务指导和案件督办"。

我注意到，近些年来国内发生的诸多未成年人恶性事件中鲜见被追究渎职犯罪责任的案例，《八项措施》对查办涉未成年人职务犯罪的强调释放的是一个积极的信号，必然会产生推动我国未成年人保护机制良性运转的"鲶鱼效应"，推动我国未成年人保护整体状况的进步。

席小华（首都师范大学副教授、北京超越青少年社工事务所主任）：6月1日前夕，最高人民检察院发布《检察机关加强未成年人司法保护八项措施》（以下简称《八项措施》）是我国未成年人司法保护工作中的重要事件。作为最高检察机关，最高人民检察院发布的八条意见必然会对全国检察系统的未成年人保护工作起到重要推动作用。此次最高人民检察院制定的八项措施具有以下几个重要特征：

首先，《八项措施》体现了对未成年人全方位保护原则。《八项措施》不仅提出要严厉惩处针对未成年人的刑事犯罪活动，还强调要加强涉罪未成年人及刑事犯罪被害未成年人的救助工作，同时提出要利用法律监督、普法宣传、犯罪预防等多种途径加强未成年人保护，从而构建立体化全方位未成年人保护体系。

其次，《八项措施》非常注重未成年人保护机制建设。在《八项措施》中，针对未成年人保护，既提出了检察系统内部的机制建设，还对司法部门之间，以及司法部门和社会支持体系之间的衔接机制，健全的机制建设毫无疑问是未成年人保护得以实现的重要保障。

最后，将社会工作服务引入未成年人司法保护的倡导是一大亮点，具有创新性。近年来，我国社会工作的专业化、职业化获得了快速发展，其在未成年人保护中具有不可替代的专业优势。此次《八项措施》中，专门倡导在未成年人保护中引入专业社工服务，这是提升未成年人保护质量的重要途径。这点倡导具有前瞻性和创新性。

希望最高人民检察院的《八项措施》能够在全国检察系统中得到贯彻和落实，真正提升全国未成年人保护工作的质量和水平！

佟丽华（中共十八大代表，北京市致诚律师事务所主任、北京市青少年法律援助与研究中心主任、未成年人保护专业委员会主任、北京市未成年人法学研究会会长）：非常感谢曹建明检察长对我去信的重视（今年3月10日，我就一起性侵幼女案件专门致信曹建明检察长，希望最高人民检察院重点围绕如何更好地发现和解决案件背后的社会管理问题、更好地发挥法律监督职能作用、更好地加强对未成年人合法权益的司法保护，提出有效措施）。最高人民检察院不仅对个案给予了高度关注，而且能够及时完善制度，推动各级检察机关未成年人保护工作更加专业化、制度化，这对下一步更好推动我国未成年人保护事业的全面发展将会起到重要作用。

最高人民检察院发布的这一司法政策对各级检察机关加强未成年人司法保护提出了八项具体措施，都非常必要。其中给我印象最深的是最高人民检察院站在国家最高检察机关的高度，明确向各种侵害未成年人权益的行为"亮剑"！

首先，向传统常见侵害未成年人权益的犯罪行为"亮剑"。近年来，未成年人性侵害案件、儿童拐卖案件、家庭暴力案件等严重侵害孩子权益的案件受到社会广泛关注。为了严厉打击类似犯罪，最高人民检察院这次政策明确规定："对成年人性侵害、拐卖、绑架、遗弃、伤害、虐待未成年人以及教唆、胁迫、诱骗、利用未成年人犯罪等严重侵害未成年人身心健康和合法权益犯罪，坚持零容忍态度，依法从严从快批捕、起诉，加大指控犯罪力度，充分发挥法律威慑和震慑作用，坚决斩断伸向未成年人的黑手。"

其次，在司法实践中，有时面对严重侵害未成年人权益的强奸、伤害等犯罪，受到传统观念以及认识方面的局限，或者受到其他不正常因素的影响，公安机关可能不及时立案，检察机关可能不及时起诉，法院可能重罪轻判，不论何种情况，都会导致未成年人依法维权艰难曲折。最高人民检察院这一司法政策明确要向司法机关履职不到位行为"亮剑"，明确提出要充分发挥检察机关的法律监督职能，以监督司法机关积极履行职责、加强对未成年人司法保护。

最后，最高人民检察院向官员渎职行为"亮剑"！孩子不仅是家庭的，也是国家的。如果家庭不能担负责任，不论是客观原因，还是主管原因，国家有关部门都应积极履行职责，以避免孩子死伤等严重后果出现。但在司法实践中，有些部门的具体责任人员严重不负责任，消极冷漠，敷衍塞责，导致一些未成年人权益受到侵害的恶性案件发生。最高人民检察院这次发布的政策明确规定："加大对侵害未成年人权益、怠于落实未成年人保护制度方面职务犯罪的查处力度，依法严惩侵吞、挪用、违法发放未成年人专项救助、救济资金等贪污犯罪，对国家工作人员发现或者应当发现未成年人权益受到侵害或可能受到侵害，应当采取措施而未采取措施，导致未成年人重伤或者死亡等严重后果的，应当依法及时查办，保证国家对未成年人保护的法律规定、福利政策落实到位。"我相信，最高人民检察院这一鲜明的"亮剑"态度有助于督促政府相关部门工作人员积极履行职责，及时帮助更多处于困境中的孩子。

检察机关加强未成年人司法保护典型案（事）例

一、对未成年人附条件不起诉案

基本案情： 王某某（14 岁）因和父母吵架于凌晨负气出走，在街上闲逛。当发现被害人李某某一人在路边打电话后，便采用捂嘴、用随身携带的折叠刀威胁等方式，抢走李某某价值 4039 元的苹果 5S 手机一部和现金 90 余元。两天后，王某某的父亲发现了来源不明的手机，遂带王某某到派出所投案。该案社会调查显示，王某某因父母不答应其购置手机看科幻小说而离家出走，后临时起意进行抢劫，之前无其他劣迹亦无不良嗜好。心理测试显示王某某存在较严重的情绪不平衡因子，存在中等程度的偏执、强迫、敌对、焦虑心理，有中等程度的适应障碍，人际关系紧张、敏感。鉴于王某某年龄较小、在校学习、有强烈的学习欲望以及在父母陪同下投案自首、认罪态度较好、具备有效家庭监管、教育条件等，重庆市开县人民检察院依法对其作出不批准逮捕决定。公安机关将该案移送审查起诉后，根据王某某及法定代理人与被害人李某某双方自愿达成的赔偿谅解协议，检察机关主持制作了和解协议书，并依法决定对王某某附条件不起诉，考察期 9 个月。在考察期间，检察机关对王某某进行了两次心理疏导，并邀请其旁听庭审两次，目前王某某学习成绩大幅提高，与父母、老师、同学沟通也日益顺畅。

典型意义： 检察机关在本案办理中较好地运用了社会调查、心理疏导、刑事和解、附条件不起诉帮教考察等手段，引导、教育、帮助涉罪未成年人改过自新、重返社会。

二、查办侵吞孤儿救助金案

基本案情： 2012年8月，江苏省徐州市铜山区检察院未检部门在协助涉罪未成年人宋某某（17岁）办理孤儿救助金过程中，发现该资金已被他人领取。未检部门迅速将该线索移送本院自侦部门，并配合开展调查取证工作。经查，2011年至2013年间，原铜山区民政局社会事务科科长吴某与李某等四人交错结伙，在负责审核、申报、发放孤儿救助金过程中，利用职务便利，采取虚报冒领、私自截留等手段，骗取、侵吞孤儿救助金25万余元。后该四名被告人分别被法院判处十一年至一年六个月有期徒刑。针对专项救助金管理、使用存在监管不到位、信息不公开等问题，检察机关依法向民政部门发出检察建议，并督促开展全区"孤儿救助金"专项核查工作。在清理整顿中，清退、撤销了部分不符合条件主体，将192名儿童纳入救助范围。

典型意义： 通过办理未成年人案件发现、查处侵害未成年人合法权益的职务犯罪，并推动解决案件背后社会管理问题，促进国家保护未成年人的福利政策落实到位。

三、整治未成年人不良社团案

基本案情： 2013年8月，山东省邹城市人民检察院未检部门在办理王某某故意伤害一案过程中，发现一个由中学生为主体形成的"红玫瑰"社团，严重危害校园安全和社会秩序。经查，该社团具有独立口号、章程及金字塔式的组织结构。社团成立初衷是几个关系要好的退学学生联系在校生一起吃喝玩乐，随着加入人数的不断增加，社团成员发展至350余人（90%为未成年人），并因"红玫瑰的伙计挨了欺负，是红玫瑰的人就得为他出头做主"的帮规引发数起犯罪及治安案件。对此，检察机关从王某某故意伤害一案着手，抽丝剥茧，深挖细查，会同有关部门成功拔除"红玫瑰"这一影响未成年身心健康的"毒刺"。一是提出检察建议，建议公安机关彻查"红玫瑰"成员情况。用时一个多月将"红玫瑰"社团的组织分布情况彻底摸清，具体核实了每个学校内的参团学生情况。二是针对摸查获取的"红玫瑰"社员信息，主动联系其家长、所在学校等，劝其退出社团，并密切关注其学习生活情况，跟踪、督促其彻底脱离"红玫瑰"。三是针对涉嫌故意伤害、情节轻微的王某某作附条件不起诉处理，给其一个悔过自新的机会。四是联合团委、关工委、教育局等单位启动了"未成年成长环境优化"工程，组织"少年模拟法庭"进校园和以"慎重交友、远离犯罪、健康成长"为主题的法治宣讲活动，传递正能量，净化校园环境。

典型意义：从某种意义上说，未检部门的工作往往功夫在"案外"。通过办理一起故意伤害案件，挖出一个三百余人的未成年人不良社团，并通过充分发挥教育、挽救和预防犯罪职能，拉回误入歧途的失足少年，铲除潜在的犯罪苗头，有利于未成年人成长环境尤其是校园环境的净化。

四、未达刑事责任年龄的未成年人再犯预防案

基本案情：喻某（14岁）、张某（14岁）因琐事纠集马某（15岁）、曹某（16岁）对史某（14岁）拳打脚踢，曹某还用西瓜刀将史某砍伤，经鉴定为轻伤。后曹某主动向公安机关投案，并如实供述了自己的犯罪事实。浙江省宁波市鄞州区人民检察院在对曹某涉嫌故意伤害罪审查起诉期间，努力促成曹某以及三名因年龄原因对轻伤害犯罪不负刑事责任的未成年人与被害方达成和解，由四名未成年人的家长赔偿被害方人民币8万元，并在履行协议时对四人进行训诫教育。在对曹某进行附条件不起诉考察帮教的同时，还会同公安机关对三名因年龄原因不负刑事责任的未成年人进行定期回访帮教，督促家长进行正确管护教育。

典型意义：对于已经涉嫌犯罪但因年龄原因不负刑事责任的未成年人，司法机关不能一放了之，要与家庭、学校、社会等各方面加强协

调、配合,通过加强管教、社会观护等措施,预防其违法犯罪。

五、办理未成年人抚养费申诉案

基本案情:小李(15岁)自记事起就在父母不断的争吵、打斗中生活。父母经过多次诉讼,好不容易达成了离婚协议,不久又为小李的抚养费问题,再次诉诸法院。法院判决生效后,作为小李法定监护人的妈妈仍然不服,以小李名义到上海市长宁区人民检察院申诉。该院经了解相关情况后受理了此案。未检科检察官在送达立案审查告知书时与父母双方进行了沟通,指出双方以往行为对孩子的伤害以及作为父母对孩子应尽的责任,要求双方注意避免因自己的行为对未成年人的身心造成再次伤害。该案经过三次和解、双方终于就抚养费的支付问题达成共识后成功结案。在办案中,检察官发现家庭的破碎和伤害给小李留下了深深的阴影,他平时刻意回避和人交流,一旦觉得别人冒犯了自己,便试图报复对方。为此,请专业的心理咨询师分别对小李及其父母进行心理干预。在心理咨询过程中,小李宣泄了内心压抑已久的情绪,渐渐地能面对生活的挫折,小李父母也有所触动,表示愿意尽自己最大的努力弥补孩子的创伤,让孩子健康成长。

典型意义:家庭破碎及合法权益没有得到保障往往是未成年人犯罪的重要原因。该案的典型意义在于未检部门通过受理涉及未成年人的民事申诉案件,最大限度地保护未成年人合法权益,并对未成年人心理问题进行提前干预。

六、撤销不合格父母监护资格案

基本案情:2014年邵某某因强奸、猥亵自己10岁未成年女儿被判处有期徒刑十一年,剥夺政治权利一年。在办案过程中,江苏省徐州市铜山区人民检察院发现被害女童除了在异省生活、且身患残疾不能履行监护抚养义务的母亲外，没有其他亲友。为此，检察机关根据最高人民法院、最高人民检察院、公安部、民政部于2014年12月出台的《关于依法处理监护人侵害未成年人权益行为若干问题的意见》，向民政部门发出《检察建议书》，建议民政部门依法向人民法院提起申请撤销监护人资格的诉讼。最终，法院判决撤销被害女童父母的监护人资格，并指定民政部门作为被害女童的监护人。

典型意义：该案系由检察机关通过检察建议形式促成的全国首例依据《关于依法处理监护人侵害未成年人权益行为若干问题的意见》处理的撤销监护人资格案件，为此类案件的办理积累了宝贵经验。

七、救助失管未成年人案

基本案情：河南省郑州市中原区人民检察院在审查起诉张某某涉嫌非法行医罪过程中，发现其妻、母患病，无劳动能力和经济来源，其父虽有退休工资但因患糖尿病需长期服药，其三名未成年人子女均主要靠其违法开办的诊所收入抚养，大女儿（16岁）和二女儿（13岁）分别在高、初中住校，上小学的儿子（9岁）因父亲涉案，整天泡在网吧不上学。未检部门经评估认为，三名未成年子女有失管风险，应当确定为救助对象。为此，该院依据《郑州市中原区刑事诉讼中失管未成年人救助工作实施方案（试行）》，由未检科申请从专项救助资金中拨付1万元对张某某的子女进行生活救助，教育部门负责对张某某的小儿子进行心理辅导，在张某某取保候审期间及司法处理完毕后，由民政部门负责对其进行就业培训和工作推荐，防止其再次实施犯罪。

典型意义：该院率先探索试行失管未成年人动态监控机制，并积极搭建联动平台，推动建立以政府职能部门为主体、未成人权益保护组织协同、社会公众参与的救助工作体系。

八、委托公益律师开展社会调查机制

基本情况：为充分发挥社会调查报告在未成年人案件办理及帮教中的重要参考作用，切实解决当前社会调查实践中存在的主体资源短缺、报告内容单一、分析浅显、流于形式等突出问题，2014年初，四川省成都市人民检察院会同成都市律师协会共建委托公益律师开展社会调查机制，制定了《委托公益律师开展涉罪未成年人社会调查暂行规定》（以下简称《暂行规定》）。目前已成立了由200余名公益律师组成的公益律师志愿服务队，依据《暂行规定》开展对涉罪未成年人的社会调查。对于委托公益律师制作的社会调查报告，检察机关在认真审查其客观性、规范性、专业性的基础上将其作为是否适用逮捕强制措施、是否作不起诉或者附条件不起诉处理、提出合理化的量刑建议、开展继续羁押必要性审查以及有针对性地开展跟踪帮教的重要参考。截至2015年4月，全市检察机关委托公益律师对84件120余人开展了社会调查；根据公益律师出具的社会调查报告，检察机关依法不批准逮捕50余人，不起诉60余人；检察机关结合公益律师出具的社会调查报告开展针对性的跟踪帮教，30余名涉罪未成年人被送往帮教（观护）基地参加职业技能培训；法院在判决中越来越多地直接引用社会调查报告的内容；多名涉罪未成年人的家属在参加不公开听证后心悦诚服。

典型意义：该项机制的探索为解决在落实社会调查制度中存在的专业社工力量不足、财政投入有限等实际困难提供了样本，为建立健全未检工作社会化支持体系迈出了重要的一步。

九、司法社工参与未检工作机制

基本情况：为了将"教育、感化、挽救"方针和"教育为主、惩罚为辅"原则真正落到实处，北京市海淀区人民检察院与首都师范大学少年司法社会工作研究与服务中心（2012年该机构在北京市民政局注册登记为北京超越青少年社工事务所，主管单位是共青团北京市委）合作，由区政府出资，购买该中心社工服务，委托专职司法社工介入未成年人案件开展社会调查、担任合适成年人、附条件不起诉考察帮教、被害人救助等多项工作。自2010年9月该院未检处成立始，至2015年5月初，社工帮教未成年人及在校学生1093人。其中2011年至2014年四年间，该院共对131名未成年人作相对不起诉处理。"委托司法社工开展未成年人帮教服务机制"也被辖区内公安、法院所认可、借鉴，目前已形成侦查、起诉、审判阶段全程无缝隙的社会调查、帮教一体机制。

典型意义：司法社工利他、助人的价值观和社会学、教育学、心理学的专业背景与未检工作理念、工作要求相契合。将社会调查、合适成年人参与未成年人刑事诉讼、心理疏导、观护帮教、附条件不起诉监督考察等工作，交由专业社会力量承担，可以保障未成年人案件特殊刑事诉讼制度的全面落实，提升办案效果，形成司法借助社会专业力量的长效机制。

十、建立全方位观护帮教的"扬帆观护基地"

基本情况：为落实附条件不起诉考察帮教工作，对被附条件不起诉的未成年人开展法治教育、行为矫正、公益劳动、技能培训、心理辅导、戒瘾治疗等矫治、教育工作，北京市门头沟区人民检察院以检察机关为主导，依托社会单位，建立了多元化（5家）的"扬帆观护基地"："扬帆义工培育基地"依托区图书馆，培养未成年人从小养成读书的好习惯，塑造心智，并在进行义工劳动时体会劳动和服务他人带来的人生价值；"扬帆军检观护基地"安排附条件不起诉对象到部队接受军训教育，培养观护对象的内在和外在气质以及吃苦耐劳的精神，规范行为；"扬帆公益实践基地"依托区义工联开展社会公益活动，通过安排观护对象参加扶贫救困、助孤安老、急救培训、法治宣传等社会公益活动，增强观护对象的社会责任感和道德修养；"社会调查及心理教育基地"

则由首都师范大学"超越少年司法社工事务所"对未成年犯罪嫌疑人进行社会调查、风险评估、心理疏导和矫治，为案件处理提供参考；"非京籍观护基地"依托区义工联青少年教育活动基地，选择出身农村、有学习农业技能欲望的被附条件不起诉未成年人，进行封闭式农业劳动和学习，促使其远离犯罪，劳动树人。

典型意义：发挥多元化观护基地文化教育、军事训练、社会公益实践、劳动教育、法治教育、心理疏导等功能，对涉罪未成年人的心理和行为进行全方位的观护帮教，"德、智、行、规、劳"五育结合，提升帮教效果。

答记者问

《中国妇女报》记者：检察机关将采取哪些措施减少对涉案未成年人的逮捕、起诉和羁押？

张相军：修改后刑事诉讼法新增了未成年人刑事案件诉讼程序，第266条规定"对犯罪的未成年人实行教育、感化、挽救的方针和教育为主、惩罚为辅的原则"，第269条规定"对未成年犯罪嫌疑人、被告人应当严格限制适用逮捕措施"，并增设了附条件不起诉制度等。在检察工作中，体现为：坚持依法少捕、慎诉、少监禁原则，最大限度地降低对涉罪未成年人的批捕率、起诉率和监禁率。检察机关主要采取了以下措施：

一是严格逮捕、起诉等条件。2012年最高人民检察院《关于进一步加强未成年人刑事检察工作的决定》规定：对于罪行较轻，具备有效监护条件或者社会帮教措施，没有社会危险性或者社会危险性较小的，一律不捕；对于罪行较重，但主观恶性不大，真诚悔罪，具备有效监护条件或者社会帮教措施，并具有一定从轻、减轻情节的，一般也可不捕；对已经批准逮捕的未成年犯罪嫌疑人，经审查没有继续羁押必要的，及时建议释放或者变更强制措施；对于犯罪情节轻微的初犯、过失犯、未遂犯、被诱骗或者被教唆实施犯罪，确有悔罪表现的，可以依法不起诉；对于必须起诉但可以从轻、减轻处理的，依法提出从宽处罚的量刑建议；对于可以不判处监禁刑的，依法提出适用非监禁刑的建议。

二是建立逮捕必要性证明制度和双向说理机制。要求公安机关在提请逮捕书中说明未成年人具有社会危险性的理由和依据，检察机关则从严把握羁押标准，全面审查羁押必要性；同时，检察机关对未成年人作出无社会危险性不捕决定后，书面说明无社会危险性的理由和依据。该制度机制有利于改变侦查人员构罪即捕的观念，统一双方对五种社会危险性情形及证明标准的认识。

三是落实听取辩护律师意见制度。律师作为受过专业训练的人员，律师了解的事实和律师意见对作出逮捕、起诉决定具有重要价值，在审查批捕、审查起诉未成年犯罪嫌疑人时，检察机关均应听取辩护律师的意见。

四是落实捕后继续羁押必要性审查制度。检察机关在捕后侦查阶段要跟踪审查羁押措施，对因取保条件不足而批准逮捕的涉罪未成年人，继续由专人跟进，通过和解促赔等工作，尽可能为其创造非羁押措施适用条件；在审查起诉阶段，听取各方意见，重新评估非羁押风险。

五是对未成年人犯罪的起诉与成年人把握不同的尺度。根据我国刑事诉讼法的规定，检察机关对于有足够证据证明确有犯罪事实且具备起诉条件的案件，应当作出起诉决定；只有对犯罪情节轻微、依照刑法规定不需要判处刑罚或者可以免除刑罚的，才可以裁量决定是否起诉。但对未成年人则采取不同的起诉政策，强调少诉慎诉，可诉可不诉的不诉。因此，检察机关对未成年人犯罪具有更大的裁量权。对于未成年人初犯、过失犯、未遂犯、被诱骗或者被教唆实施犯罪，情节较轻的，可以依法不起诉；对必须起诉但可以不判处监禁刑的，则依法提出适用非监禁刑的量刑建议。修改后的刑事诉讼法还专门规定了附条件不起诉制度，对于未成年人犯罪案件符合起诉条件，但有悔罪表现，且可能判处一年有期徒刑以下刑罚的，检察机关可以附加一定条件，并在六个月以上一年以下设定考验期进行考察，考验期满未成年人表现好的，检察机关作出不起诉的决定。这些附加的条件，如要求未成年人完成戒瘾治疗、心理辅导或者其他适当的处遇措施，向社区或者公益团体提供公益劳动，不得进入特定场所，不与特定的人员会见或者通信，不从事特定的活动，向被害人赔偿损失、赔礼道歉等，如果未成年人在考验期间实施新罪或者违反考察机关有关附条件不起诉的监督管理规定等，则撤销附条件不起诉决定，对其提起公诉。该制度进一步扩大了检察机关对未成年人犯罪的起诉裁量权，有利于更好地教育挽救失足未成年人。

《中国日报》记者：今年开始实施的《关于依法处理监护人侵

害未成年人权益行为若干问题的意见》规定了人民检察院的相关职责，请介绍一下这方面的情况。

张相军： 2014年12月，最高人民法院、最高人民检察院、公安部、民政部制定印发了《关于依法处理监护人侵害未成年人权益行为若干问题的意见》（以下简称《意见》），自今年1月1日起实施。《意见》规定了检察机关负有以下职责：一是法律监督职责。《意见》第3条第5款规定，"人民检察院对公安机关、人民法院处理监护侵害行为的工作依法实行法律监督"。二是起诉职责。《意见》第14条规定，"监护侵害行为可能构成虐待罪的，公安机关应当告知未成年人及其近亲属有权告诉或者代为告诉，并通报所在地同级人民检察院。未成年人及其近亲属没有告诉的，由人民检察院起诉"。三是书面告知和书面建议职责。《意见》第30条规定，"监护人因监护侵害行为被提起公诉的案件，人民检察院应当书面告知未成年人及其临时照料人有权依法申请撤销监护人资格。对于监护侵害行为符合本意见第35条规定情形而相关单位和人员没有提起诉讼的，人民检察院应当书面建议当地民政部门或者未成年人救助保护机构向人民法院申请撤销监护人资格"。四是专门办理职责。《意见》第3条第6款规定，"人民法院、人民检察院、公安机关设有办理未成年人案件专门工作机构的，应当优先由专门工作机构办理监护侵害案件"。五是沟通协作职责。《意见》第4条规定，"人民法院、人民检察院、公安机关、民政部门应当充分履行职责，加强指导和培训，提高保护未成年人的能力和水平；加强沟通协作，建立信息共享机制，实现未成年人行政保护和司法保护的有效衔接"。

为推动这些工作的开展，2014年12月最高人民检察院印发的《关于进一步加强未成年人刑事检察工作的通知》，已将监护侵害案件纳入未检专门机构受案范围，实行专门办理。去年江苏省徐州市铜山区检察院办理了全国首例依据该《意见》支持民政部门提请撤销未成年人父母不合格监护资格案，今年浙江省宁波市鄞州区检察院又办理了一起支持未成年人母亲提请撤销不合格父亲监护资格案，均取得了良好的法律效果和社会效果。

新华社记者：当前检察机关在加强未成年人司法保护方面还面临的主要问题有哪些？

张相军：去年，全国人大常委会关于未成年人保护法的《执法检查报告》和审议意见，对各地各部门为贯彻实施未保法所做的大量工作给予了充分肯定，特别是对检察机关加强未成年人刑事检察队伍专业化、制度化建设，健全未成年人检察工作的特殊制度等工作给予了充分肯定。同时《执法检查报告》也指出，未成年人司法保护措施有待进一步落实：一是对侵害未成年人人身安全的违法犯罪行为打击不力，一些犯罪行为没有及时发现和依法惩处，导致对犯罪分子威慑不足，发案数量居高不下。二是贯彻落实刑事诉讼法对未成年人诉讼程序的规定不够，未成年人轻罪犯罪记录封存执行不严，社会调查、强制辩护存在走形式、走过场现象。三是全面执行未成年人司法保护规定有偏差，过分强调对涉罪未成年人的司法保护，忽视对未成年被害人的保护和救助。四是对附条件不起诉的未成年人缺乏考察和行为矫治措施，个别地方没有执行分别关押和分案处理规定，没有落实办案人员专业化要求。解决这些问题，不仅需要检察机关自身严格落实法律规定，也需要强化诉讼监督和加强与其他部门的工作衔接，加强未成年人司法保护，促进家庭保护、学校保护、社会保护与司法保护紧密衔接。

中央人民广播电台记者：异地嫌疑人同等适用不批捕、不起诉待遇问题有何进展？检察机关在未成年人犯罪记录封存工作上采取了哪些措施？

张相军：刑事诉讼过程中，一些犯罪情节轻微无需逮捕的外来未成年人，往往由于不具备本地人那样的有保证人、固定住所等取保候审条件，只能在看守所羁押候审；由于不具备必要的帮教条件，也难以适用附条件不起诉。为平等保护涉案未成年人合法权益，实现对本地未成年人和外地未成年人"同城待遇"，上海、江苏、浙江、北京、福建等地检察机关先后探索尝试与热心公益的企业建立关爱、观护、帮教基地，为外来涉罪未成年人取保候审、考察帮教提供平台。如江苏省江阴市检察院牵头，会同关工委等单位，选取部分优秀民营企业建立"涉罪外来未成年人管护教育基地",由企业担任取保候审保证人,免费提供食宿、配合帮教活动等,对未成年人在管护教育期间从事企业适当工作的,给予同工同酬的待遇。2014年管护基地接纳近百名涉罪外来未成年人,其中98%以上被适用不起诉、缓刑等非监禁处置,无一重新犯罪。又如上海宝山区院依托宝钢等大型国企和区工读学校,专门设立来沪未成年人观护基地;2011年底,上海市检察院推动建立了全市第一家市级观护基地即"阳光基地",依托大型民营企业集团,为观护资源有限、无法落实来沪未成年人观护的区县提供社会帮教矫正服务,对于无法提供保证人和保证金的外地来沪涉罪未成年人,通过将其纳入特殊观护基地,由基地负责人或帮教人员担任其保证人等形式,解决了对其难以适用取保候审措施的问题,为顺利落实非羁押措施和社会帮教矫正扫清了障碍。此外,观护基地还积极为生活无着、谋生手段欠缺的涉罪外来未成年人提供食宿条件和知识学习、劳动技能培训的机会,为其畅通回归社会的渠道。

近年来,一些地方检察机关积极探索建立未检工作异地协助机制,在外来未成年人的取保候审执行监督、社会调查、附条件不起诉监督考察等方面开展跨区域协作,由办案地检察机关委托涉罪未成年人居住地相关机构进行异地观护,降低了对外来未成年人的起诉率、羁押率。如山东省聊城市东昌府区检察院与天津市河北区检察院对一名在天津涉罪、发案后一直在户籍地聊城市东昌府区学习厨艺的未成年人小徐,共同在聊城举行了附条件不起诉宣告仪式,并会签了《对徐某某实施附条件不起诉异地帮教考察协议》;河南省商丘市梁园区检察院与北京市东城区检察院对一名在北京涉罪、法定代理人均在商丘的未成年人进行附条件不起诉异地监督考察帮教。经协商,梁园区检察院派专人负责对小王每月开展一次"帮教谈心",每月做一次"考察对象生活情况考察记录",并根据小王意愿,将其安排进入梁园区院"三类阳光帮教基地"接受技能培训。东城区检察院对小王的日常生活、学习表现进行不定期抽查监督,两院定期交流考察情况。

刚才记者的第二个问题,关于未成年人犯罪记录封存工作,2013

年最高人民检察院修订了《人民检察院办理未成年人刑事案件的规定》，在修改后刑事诉讼法规定基础上，细化了封存程序：一是关于封存程序的启动，规定人民检察院收到人民法院的生效判决后，只要符合有关条件，即自行启动犯罪记录封存程序；二是关于具体操作要求，规定人民检察院要将拟封存的未成年人犯罪记录、卷宗等相关材料装订成册，加密保存，不予公开，并建立专门的未成年人犯罪档案库，执行严格的保管制度；三是关于封存的效力，规定未成年人的犯罪记录一旦封存，终身有效，除了发现不符合封存条件而解除封存的外，人民检察院不能向任何单位和个人提供，也不得提供未成年人有犯罪记录的证明，除非是司法机关为办案需要或者有关单位根据国家规定进行查询；四是关于查询封存的犯罪记录，司法机关或者有关单位需要查询犯罪记录的，应当向封存犯罪记录的人民检察院提出书面申请，人民检察院应当在七日以内作出是否许可的决定。对符合法定查询条件的，在查询范围内提供犯罪记录，并告知其保密义务；对不符合法定查询条件的，依法出具无犯罪记录证明。2014 年，全国检察机关对未成年犯罪嫌疑人开展犯罪记录封存 46013 人。

检察机关还通过探索建立异地协助机制，有效解决了异地犯罪记录封存问题。如去年被北京市海淀区院依法作出不起诉处理的某未成年人，回原籍山西晋中考上了一所艺术学校，学校要求报到时提交公安机关出具的违法犯罪情况证明。由于其遗失了不起诉决定书，且当地派出所查询到其曾被传唤，拒绝开具无违法犯罪记录证明。经最高人民检察院和山西省院协调，海淀区院将相关材料提供给晋中市院，由晋中市院协调当地公安机关为该未成年人出具了无犯罪记录证明，使其顺利入学就读。

《检察日报》记者：检察机关在被侵害儿童的保护方面有什么新的举措？在未检捕诉监防一体化办案模式下，如何加强内部制约？

张相军：检察机关高度重视保护未成年人合法权益工作，坚持零容忍态度，依法从快从严批捕、起诉侵害未成年人人身安全的犯罪，充分发挥法律的威慑作用。已采取和拟采取的新措施有：

一是扩大未成年人检察部门受案范围，将性侵未成年人，拐卖（绑架）儿童，胁迫、诱骗、利用未成年人犯罪等专门针对未成年人的犯罪案件纳入未检部门受案范围，加大打击力度，强化诉讼监督，保护救助未成年被害人。2014年9月至2015年4月，全国检察机关共批捕猥亵儿童、拐骗儿童、引诱幼女卖淫、雇佣童工从事危重劳动、引诱未成年人聚众淫乱、性侵幼女等侵害未成年人人身权利犯罪案件1683件1727人，起诉2104件2160人。

二是第一时间了解受害儿童需求，并与公安、法院、司法行政、民政、教育、妇联、共青团、学校、社区等部门和组织密切合作，共同做好受害儿童的救护治疗、经济救助、生活安置、心理干预等工作。

三是协助受害儿童获得法律援助和司法救助，对于有需要的未成年人被害人，检察机关将积极帮助未成年被害人及时获得专业法律帮助，获得刑事司法救助。

下面我回答第二个问题。检察机关办理未成年人犯罪案件，实行捕诉监防一体化办案模式，与办理成年人犯罪案件实行捕诉分离模式不同。这是根据未成年人犯罪案件的特点而设置的。一是特殊对象需要特别关注，未成年人犯罪案件大部分属于案情简单、嫌疑人认罪、证据不复杂的案件，因此检察机关办案的精力主要不是用于对事实、证据的审查认定，而是用于教育、感化、挽救上；二是特殊对象需要特殊程序，在未成年人犯罪案件的诉讼程序中，有一系列的亲情式、感召式、宽缓化的特殊程序和制度需要落实。

因此，适用于办理成年人犯罪案件的捕诉分离式工作模式，虽然有利于加强内部制约，防冤防错，防止权力滥用，但不利于教育、感化、挽救工作的连续性，也不利于协调一致地落实各项特殊程序和制度。"捕诉监防一体化"工作模式打破了检察机关内设机构壁垒，以未成年人这一特殊主体为标准，将审查逮捕、审查起诉、诉讼监督和预防帮教四项检察职能统归未检机构，由同一承办人跟进同一案件的全程，符合未成年人检察工作规律，有利于全面掌握涉案未成年人案件情况和思想状况，提高办案专业化、维权全面化、帮教社会化水平，使开展教育、感化和挽救工作更有针对性，最大限度预防、矫治、减少未成年人违法犯罪。

捕诉监防一体化办案模式下，虽然捕、诉之间没有制约了，但其他方面的监督制约仍在发挥作用。2012年出台的最高人民检察院《关于进一步加强未成年人刑事检察工作的决定》要求健全内外部监督制约机制，充分发挥部门负责人、分管检察长和案件管理部门的职能作用，严格案件的流程管理和质量管理，组织开展案件评查、备案审查等业务活动，严格办案纪律，确保依法公正办理好未成年人犯罪案件。

3. 未成年人检察工作 30 年新闻发布会

时　　间：2016 年 5 月 27 日 10：00

地　　点：最高人民检察院

出席人员：张志杰，时任最高人民检察院未成年人检察工作办公室主任，现任最高人民检察院检察委员会副部级专职委员

　　　　　史卫忠，时任最高人民检察院公诉厅副厅长、未成年人检察工作办公室副主任，现任最高人民检察院第九检察厅厅长

主 持 人：王松苗，最高人民检察院办公厅（新闻办）主任、新闻发言人

议　　程：1. 通报未成年人检察工作 30 年的有关情况

　　　　　2. 通报检察机关未成年人检察工作优秀品牌

　　　　　3. 发布检察机关加强未成年人司法保护典型案例

　　　　　4. 答记者问

未成年人检察工作30年

>> 王松苗

记者朋友：

大家好！

从1986年6月上海市长宁区人民检察院成立全国第一个少年起诉组至今，我国未成年人检察工作已经走过了30年发展历程。30年来，未成年人检察工作从无到有、从小到大，日趋专业和规范，初步形成了符合司法规律和未成年人特点的特殊司法理念、工作机制和工作规范，打造出一支政治素质高、业务能力强的未成年人检察队伍，为保护未成年人健康成长做出了积极贡献。

一、未成年人检察工作发展历程

回首尽是不寻常。回顾未成年人检察工作三十年发展历程，可以划分为萌芽、探索、发展、深化四个阶段。

1986年至1992年是萌芽阶段。1986年6月，上海市长宁区人民检察院率先在起诉科内成立了少年起诉组，迈出专业化探索的第一步。同一时期，重庆、福建、北京等地的一些检察院也先后在起诉、批捕部门设立了专门办案组。这些专门办案组改变打击惩治为主的做法，开始注重教育、挽救涉罪未成年人，着手探索有别于成年人案件的办案方式方法。1991年8月22日，最高人民检察院下发了《关于认真开展未成年人犯罪案件检察工作的通知》，提出"可捕可不捕的不捕、可诉可不诉的不诉"的思路和区别对待的要求。

1992年至2002年是探索阶段。这一时期，更多地方开展了未成年人刑事检察工作专业化探索。1992年8月，上海市虹口区人民检察院率先建立了全国首家集未成年人刑事案件审查逮捕、审查起诉于一体的未成年人检察科，天津、辽宁、湖北等地检察机关也进行大胆探索。各地先后形成了寓教于审、诉前考察、跟踪回访、亲情会见、法律援助、心理测试等未成年人刑事检察工作制度，逐步摸索出"（批）捕、（起）诉、（犯罪预）防一体化"工作模式。2002年，最高人民检察院总结各地的做法，下发了《人民检察院办理未成年人刑事案件的规定》，通过司法解释的形式首次对未成年人刑事检察工作作出系统规定。

2002年至2012年是未成年人检察工作的发展阶段。在这一阶段，各地检察机关积极开展未成年人检察工作，探索尝试了社会调查、合适成年人、社会观护、附条件不起诉、心理矫正、法律援助、刑事和解、羁押必要性审查等一系列特殊检察制度，最终建立完善了"（批）捕、（起）诉、监（督）、（犯罪预）防一体化"工作模式，推动建立完善政法机关衔接配合机制和未成年人保护社会化工作体系。其中很多制度被2012年修订后的刑事诉讼法予以吸收确认。

2012年至今是未成年人检察工作的深化阶段。自2012年5月召开全国第一次未成年人刑事检察工作会议以来，最高人民检察院开始在强化未成年人司法保护方面密集"发力"，加强顶层设计和指导力度，陆续下发了《关于进一步加强未成年人刑事检察工作的决定》《人民检察院办理未成年人刑事案件的规定》《检察机关加强未成年人司法保护八项措施》《关于加强未成年人检察工作专业化建设的意见》等一系列司法解释或规范性文件，组织召开专题会议、培训班，对各地的做法进行总结提升，对工作进行部署和推动。全国未成年人检察工作呈现出整体推进、快速发展的良好局面，专门机构和专业化、规范化建设都取得长足进步，迎来了更为广阔的发展前景。2015年12月，最高人民检察院未成年人检察工作办公室成立后，全国基本构建起四级检察机关未成年人检察工作专门机构。这是检察机关加强未成年人司法保护的又一重大举措，对全国未检工作的发展起到了很好的示范和促进作用。

二、未成年人检察工作主要成就

春风化雨总关情。经过30年不懈努力，未成年人检察工作取得了显著成就。

一是有力保障未成年人健康成长，护佑千万家庭幸福安康，促进社会和谐稳定。全国检察机关坚持教育、感化、挽救方针和教育为主、惩罚为辅原则，坚持少捕、慎诉、少监禁，努力教育、感化、挽救每一个未成年犯罪嫌疑人。2003年至2015年，全国检察机关经审查批准逮捕未成年犯罪嫌疑人92万余人，不批准逮捕16万余人，起诉108万人，不起诉5万余人；坚持以零容忍的态度，依法严厉惩治了一大批侵害未成年人犯罪，尽力对未成年被害人进行关爱救助。在检察官的帮助下，一大批因实施犯罪或者受到犯罪侵害而陷入困境的孩子得以回归社会，长大成才，千万个受到伤害的家庭找回幸福安宁。

二是初步形成了未成年人检察专门工作体系、工作模式，丰富完善了中国特色社会主义检察制度和司法制度。检察机关努力推动专门化专业化建设，截至2016年3月，全国共设立有编制的未成年人检察专门机构1027个，在公诉部门下设未成年人检察工作办公室、专业办案组1400多个；不断整合、深化未成年人保护职能，逐步形成了"捕、诉、监、防"一体化工作模式，力求对未成年人进行全程、系统的保护。未成年人检察部门由主要办理未成年人犯罪案件，发展到同时办理侵害未成年人犯罪案件，在此基础上又探索开展涉及未成年人的刑罚执行检察、民事行政检察业务，工作内容日趋丰富多元。

三是探索发展了一系列办理未成年人案件特殊的诉讼程序和诉讼制度，推动了未成年人保护法治体系的丰富完善。各级检察机关立足实际，探索、完善了社会调查、亲情会见、合适成年人到场、强制辩护、附条件不起诉、分案起诉、犯罪记录封存、心理干预等一系列适合未成年人身心特点的办案制度，大大提高了未成年人司法保护效果。2013年至2015年，全国检察机关共开展社会调查6万多人，落实合适成年人到场22万多人，申请法律援助15万多人，开展亲情会见4.8万多人，决定附条件不起诉1.1万多人，进行犯罪记录封存12万多人。许多探索被刑事诉讼法和有关司法解释、规范性文件吸收，为完善我国未成年人保护法治体系作出了贡献。

四是积极推动建立健全未成年人保护执法工作衔接配合机制和社会化工作体系，形成了保护未成年人的合力。一方面通过建立联席会议、重大案件会商制度、联合会签办案帮教制度等，加强与侦查、审判、司法行政机关的沟通协作，推动健全完善各项办案配套工作制度，不断统一办案标准；另一方面积极加强与综治、人大、共青团、关工委、妇联、民政、教育、社区、企业等方面的联系配合，促进党委领导、政府支持、社会协同、公众参与的未成年人保护社会化工作体系建设，共同开展对涉案未成年人的帮教、救助和犯罪预防工作，取得了良好效果。最高人民检察院先后与中央有关部门联合下发了关于建立办理未成年人刑事案件配套体系意见以及办理家庭暴力、监护侵害、性侵未成年人案件等方面的规范性文件，为未成年人提供了有力司法保护。

五是锻造了一支专业化未成年人检察队伍，为工作发展提供了持续动力。经过30年的培养、传承、积累，现在全国有7000多名检察人员奋斗在未检工作一线。实践证明，他们精于办案、长于帮教、善于沟通、敢于创新，一批优秀的、受到社会高度认可的未检团队和未检检察官成为检察工作的品牌。他们日复一日、年复一年地为保护未成年人健康成长奉献着自己的热情、爱心和专业智慧，成为未成年人检察工作的宝贵财富。同时，各地检察机关注意加强与学术界的互动配合，深化未成年人检察和少年司法理论研究，有力推动了工作发展。

当前未成年人检察工作正面临着前所未有的机遇。中央高度重视未成年人权益保护工作，党的十八届三中全会确定的全面深化改革的目标任务，对儿童工作提出了专门要求。习近平总书记对保护儿童权益、坚决防止和依法打击损害儿童权益的行为作出了重要指示。国家出台了一系列保护未成年人的法律法规和政策措施，未成年人权益保护工作取得了积极成效。在未成年人检察工作30周年这个具有历史意义的时刻，最高人民检察院将于6月2日在上海召开全国检察机关未成年检察工作30年座谈会。这次座谈会的主要任务是全面回顾总结全国未检工作30年来取得的成果和经验，研究谋划今后一个时期未检工作的发展方向和发展路径。检察机关将以此为契机不断发展完善中国特色未成年人检察制度，努力开创未成年人检察工作新局面。

检察机关未成年人检察工作优秀品牌通报

>> 张志杰

各位记者朋友：

30年来，在各级检察机关的共同努力下，未成年人检察工作取得了长足发展，专门机构和专业化队伍建设不断加强，形成了一支理想信念坚定、纪律作风扎实、专业能力过硬的未成年人检察队伍。未成年人检察工作发展的30年也是一代代未检人砥砺前行、默默奉献、不断耕耘的历程，先后涌现出许多在社会上有较大影响的未检优秀团队和未检先进个人，成为未成年人的"爱心妈妈""知心姐姐"。今天我们把其中的几个代表介绍给大家。

未检优秀团队代表有：重庆市三级检察机关"莎姐"团队、湖北武汉市江汉区人民检察院"大手拉小手"工作室、江苏常州市新北区人民检察院"小橘灯"团队、四川泸州市纳溪区人民检察院"纳爱"团队、黑龙江牡丹江市东安区人民检察院"冬梅姐姐"团队。

未检先进个人代表有：上海市浦东新区人民检察院未成年人案件刑事检察处处长张宇、北京市海淀区人民检察院未成年人检察处处长杨新娥、广东省佛山市人民检察院未检科科长潘媚、浙江省宁波市海曙区人民检察院未检科科长王英、山东省烟台市芝罘区人民检察院未检科副科长刘力萍。

多年来，这些未检优秀团队和先进个人始终坚持以保护未成年人为使命，以零容忍的态度依法严惩侵害未成年人的犯罪；他们始终坚持"教育、感化、挽救"的工作方针，以春风化雨、润物无声的情怀挽救了一批又一批失足少年，化解了一个又一个社会矛盾；他们始终坚持司法人文关怀，对涉案未成年被害人倾情帮扶，关爱呵护；他们始终坚持立足实践、不断探索创新未检工作模式，为不断完善中国特色未成年人检察制度提供智慧源泉；他们始终坚持围绕检察职能，积极延伸工作触角，加强与政法机关衔接配合，注重与行政机关、群众团体、社会组织密切联系、相互支持，健全了未成年人保护的社会化工作体系，形成了保护未成年人的合力。

随着法治文明的进步和对未成年人司法保护重视程度的提高，全社会寄予未成年人检察工作和未成年人检察队伍更多的期望和要求。少年安则家庭安，少年强则国家强。这些检察官和未检团队的先进事迹是全国7000多名未检检察人员日常工作的一个缩影。全国未检干警将以他们为榜样，立足岗位、求真务实、积极作为、担当奉献，以法治的名义，守护好孩子们的未来，推动未成年人检察事业再续辉煌。

附： 检察机关未成年人检察工作优秀品牌

一、未检优秀团队

1. 以爱心和责任构筑家喻户晓的未检品牌
   ——记重庆市三级检察机关"莎姐"团队
2. 大手拉小手，17年守护孩子的明天
   ——记湖北武汉市江汉区人民检察院"大手拉小手"工作室
3. 指引迷途少年返航的明灯
   ——记江苏常州市新北区人民检察院"小橘灯"团队
4. 以"纳爱"精神助力少年成长
   ——记四川泸州市纳溪区人民检察院"纳爱"团队
5. 走近校园的亲切形象
   ——记黑龙江牡丹江市东安区人民检察院"冬梅姐姐"团队

二、未检先进个人

6. 25年的坚守，只为每一朵鲜花都灿烂开放
   ——记上海市浦东新区人民检察院未成年人案件刑事检察处处长张宇
7. 辛勤耕耘在紫禁城下的未检业务专家
   ——记北京市海淀区人民检察院未成年人检察处处长杨新娥
8. 岭南未检的一面旗帜
   ——记广东省佛山市人民检察院未成年人案件检察科科长潘媚
9. 用爱和专业知识抚慰受伤的幼小心灵
   ——记浙江省宁波市海曙区人民检察院未成年人刑事检察科科长王英
10. 匠心雕琢，护航孩子未来
    ——记山东省烟台市芝罘区人民检察院未成年人刑事检察科副科长刘力萍

1. 以爱心和责任构筑家喻户晓的未检品牌
——记重庆市三级检察机关"莎姐"团队

"莎姐"源于重庆一名基层未检检察官的名字，2012年7月，重庆市三级检察机关全面设立莎姐青少年维权岗，选取有办案经验、充满爱心和责任感的检察官组建莎姐团队，构建"司法保护、犯罪预防、心理矫治、帮教挽救"四位一体的未检工作模式，"莎姐"便成为了全市416名未检检察官的代称。

三年来，重庆"莎姐"

团队立足办案,积极搭建未检工作机制创新平台,为未成年犯罪嫌疑人和被害人提供法律援助5240人(次),开展社会调查4924人(次),建成包括心理咨询专家、教育专家等共计1000余人的合适成年人库,封存犯罪记录4936份,推动全市未检司法办案水平稳步提升;积极担当普法责任,以亲和形象、生动内容、活泼形式面向学生、家长、留守儿童人群进行普法宣传,开展普法活动700余场,覆盖人群近10万人;将涉案未成年人心理疏导、心理矫治贯穿司法办案全过程,组建专业心理咨询师队伍,为1252名嫌疑人和218名被害人提供个性化心理帮助;探索建立社会化帮教矫正机制,以莎姐检察官为主体,招募848名莎姐志愿者,帮助664名未成年人重新回归社会。

经过三年多的不懈努力,重庆市检察机关受理未成年人刑事案件数量逐年下降,广大青少年法治意识和维权能力普遍增强,"莎姐"已成为重庆家喻户晓的未检工作品牌,深受社会群众和广大师生、家长喜爱。

2. 大手拉小手,17年守护孩子的明天

——记湖北武汉市江汉区人民检察院"大手拉小手"工作室

在湖北省武汉市江汉区人民检察院,活跃着一支"检察官妈妈"团队——郭艳萍"大手拉小手"工作室。17年间,为了扶正长歪的小树,"检察官妈妈"夙兴夜寐,风雨兼程。

17年来,从一个人的坚持,到整个团队的耕耘,她们创新凝结出一整套办案程序:案前提供法律援助、社会调查;案中落实

亲情会见，被害人救助；案后采取"五个一"帮教、心理疏导。她们伸出自己的"大手"，希望帮助更多的孩子无痕回归社会。这套办案程序在当地广泛推广，并被新闻媒体多次报道。

17年来，"大手拉小手"工作室的办案模式也由"捕诉一体"升级为"捕、诉、监、防、护"五位一体，有了更专业的团队、设施齐备的活动中心和全省首家青少年维权网站。17年间，共审查逮捕未成年人案件431件732人，审查起诉383件674人。更值得欣慰的是，工作室重点帮教的60余名涉罪未成年人，全部顺利回归社会，无一重新犯罪。

这群"检察官妈妈"们始终坚信，教育挽救才是未检工作的核心，她们所有的努力，都是为了守护好孩子的明天，守护好孩子的人生，也守护好这个社会的希望。在许多涉案未成年人及其家人的心中，"大手拉小手"不仅仅是人民检察院的一个办案团体，更是一个亲切又充满温度的影像——"大手"拉着"小手"，就像母亲一样，为他们抵挡逆境中的风雨，成为他们无遮挡天空下的荫庇。

3. 指引迷途少年返航的明灯

——记江苏常州市新北区人民检察院"小橘灯"团队

近年来，江苏省常州市新北区人民检察院在青少年维权的道路上不断探索，2013年注册成立全国检察系统首家公益法律服务类社会团体"小橘灯公益法律服务汇"，全力打造未成年人权益保护和犯罪预防专业化与社会化体系。

正是这样一盏"小橘灯"，将失足少年带回正途。2008年新北区检察院与辖区爱心企业共建常州市首家

青少年观护矫正工作站。为了失足的孩子们，"小橘灯"团队精准定制四大"帮教菜单"：法律意识强化、生存技能培训、人格自信和社会责任培育，帮助每一位涉罪未成年人改过自新。在这里，一个常人眼中大字不识几个的"盗窃犯"，半年后，会成为一个能够看懂全套技术图纸，同事领导交口称赞的优秀技术员工。

正是这样一盏"橘灯"，为每一个孩子撑起保护伞。2014年，该院成功立案监督一起性侵女童案件。从这起个案出发，他们为更多的孩子撑起一把"大保护伞"。"小橘灯"团队开启了"3+3"的宣传模式：重视基础，夯实学校、社区、公益嘉年华三大预防阵地；丰富形式，推广微信、自护舞蹈、防性侵读本三大宣传媒介。

正是这样一盏"小橘灯"，为困境孩子带来"家"的温暖。父亲入狱，母亲出走，10岁的小刘转眼成了"孤儿"。为了他，未检干警当了七年的"临时家长"。对于像小刘这样的困境儿童，"小橘灯"全面建立涉诉困境儿童档案，开展"心理救助先行、法律服务对接、经济救助解急"的三位一体救助。

4. 以"纳爱"精神助力少年成长

——记四川泸州市纳溪区人民检察院"纳爱"团队

泸州市纳溪区人民检察院未检工作充分运用检察职能整合社会力量，建成了未成年人犯罪预防和观护帮教常态化的"纳爱"模式，形成了一支充满朝气的"纳爱"团队。

2011年，纳溪区检察院成立了该市首个未成年人检察科，提出了"纳百川、爱无疆、扬法治、助

成长"的工作理念,坚持"教育、感化、挽救"方针,专人办理未成年人案件,并开展"互联网+"等多样化跟踪帮教。2013年,纳溪区检察院建成了省内首个集"捕、诉、监、防、教"于一体的青少年阳光成长"纳爱"基地,通过吸纳社会关爱力量,组织搭建覆盖全区三维体系团队:一级团队——以"纳爱"基地为中心;二级团队——以15个镇(街)"纳爱"服务站为分支,由15名青年检察官和62名镇(街)工作员推动未检工作实施;三级团队——以33所学校、47个企业和"纳爱"少年司法社工事务所为载体,由70余名熟悉心理学、教育学、社会学的"纳爱"志愿者协助开展未检工作。

"纳爱"基地自成立以来,共办理未成年人审查逮捕案件52件76人、审查起诉案件72件117人,决定不起诉25人,帮教涉罪未成年人80人,先后让5名涉罪未成年人顺利回归校园,3名涉罪未成年人走入就业岗位,对86名未成年人开展心理疏导,开展犯罪预防宣传活动90余次,发放资料10万余份,使全区6万余名未成年人受益。纳溪区未成年人犯罪率呈下降趋势,2015年,未成年人犯罪率同比下降31%。

5. 走近校园的亲切形象

——记黑龙江牡丹江市东安区人民检察院"冬梅姐姐"团队

早在1998年,针对辖区内在校未成年人犯罪数量居高不下的问题,黑龙江省牡丹江市东安区人民检察院开始集中办理全市未成年人刑事犯罪案件,其中,一位美丽的女检察官,叫付冬梅。2012年,东安区检察院以一直从事未检工作的付冬梅的名字,设计了生动形象的

未检标识和未检检察官的卡通形象——"冬梅姐姐",由此,"冬梅姐姐"不仅是亲和温情的付冬梅个人,更成为东安区检察院未检团队关爱、保护未成年人的形象代言。

为教育、挽救涉罪未成年人,"冬梅姐姐"深入推进听证会制度常态化、不起诉案件增量化、法定代理人到场制度化、预防帮教工作社会化、未成年人维权工作网络化五项措施。多年来,"冬梅姐姐"始终用爱心和温情鼓励、帮助未成年人改过自新,重新步入人生正轨。其中,4名因故意伤害而面临丧失高考机会的高三学生,通过"冬梅姐姐"的心理疏导和帮教,不但顺利参加高考,还全部考上大学,一名考上重点大学。多名涉罪未成年人通过帮教有了一技之长,一名未成年人因为掌握了数控机床专业技能,由一名盗窃犯变成一名在大型企业供职的自力更生、自食其力的技术人员。

十八年来,"冬梅姐姐"坚持不懈的走进校园,开展法律咨询和宣讲,4万多学生受到法制教育,预防犯罪取得明显成效,在校未成年人犯罪率同比下降49%,"冬梅姐姐"已经深入每个在校学生的心中,未检微博的阅读量近6万人。"我是初三的一名学生,过去经常打架,我经常听冬梅姐姐讲法律故事,受了教育,不惹事了。""我和同学们经常听冬梅姐姐讲故事,学习也跟了上来。感谢冬梅姐姐,我会加油!"这些微博跟贴,就是"冬梅姐姐"关心、爱护未成年人的真实写照。

6. 25年的坚守,只为每一朵鲜花都灿烂开放

——记上海市浦东新区人民检察院未成年人案件刑事检察处处长张宇

"我愿为每一朵鲜花的灿烂开放而不懈努力。"这是上海市浦东新区人民检察院未成年人案件刑事检察处处长张宇的愿望。她是这样说的,也是这样做的。自1988年从事检察工作至今,她29年的检龄中,有25

年坚守在基层未检工作的一线。

25年来,为惩治犯罪,她办理、审批了千余件案件,每一起,她都一样细致入微、准确定性、不枉不纵。25年来,为实现对未成年人的特殊司法保护,她将慈母般的爱心倾注在每一个孩子身上,为涉罪的孩子打造个性化的教育矫治方案,为被害的孩子落实"法律、医疗、心理、经济"全方位的保护救助,为回归社会后就业受阻的孩子封存犯罪记录,为未成年人的民事、行政权益奔走呼吁。25年来,为探索具有浦东特色的未检工作机制,她敢为人先,在全市乃至全国率先探索诉前考察、刑事污点限制公开等特殊制度,建立捕诉监防一体化工作模式,实现合适成年人、法律援助工作参与诉讼全程化,建立了全市最大的社会观护体系。25年来,为扩大办案效果,她走进学校、社区,编写法治宣传资料、拍摄法治微电影,开展法治教育,成为孩子们最贴心的编外辅导员。25年来,她荣获了全国"巾帼建功"标兵、全国维护妇女儿童权益先进个人、上海市三八红旗手等荣誉称号,荣立个人二等功一次、三等功二次。

7. 辛勤耕耘在紫禁城下的未检业务专家

——记北京市海淀区人民检察院未成年人检察处处长杨新娥

娃娃脸、梳着齐耳短发的杨新娥,笑起来还有几分孩子气,却早已成为海淀未检"4+1+N"模式的实施者和代表人。作为北京市未成年人检察业务专家、北京青年五四奖章等诸多称号的获得者,她十几年扎根检察基层,不断学习与思考,不断探索与创新。未检工作,已经随着每

次闲聊中灵感的迸发、每个夜晚辗转反侧的思索,成为她人生中时刻无法或忘的重要部分。她曾办理李某涉嫌强奸等疑难复杂案件,也胼手胝足地推动了海淀区检察院未检建设观护基地、开办亲职教育等制度的建立。海淀区检察院未检"4+1+N"模式,已经成为中国少年司法领域颇具影响力的品牌。

而这个模式的背后,是以杨新娥为代表的未检人,在教育、帮助、保护未成年犯罪嫌疑人、被害人方面所作出的努力。他们探索附条件不起诉等未检特殊制度,他们在未检工作中引入社工、心理、教育等专业力量,他们通过设立观护检察官组、创建青少年维权岗等渠道,向社会传播未成年人利益最大化、国家监护等理念。他们积极参与未成年人法治工作经验交流,为推动未检事业的蓬勃发展作出了力所能及的贡献。

为了加强未成年人犯罪预防工作,杨新娥带领海淀区检察院未检处利用新媒体开展宣传,开通官方微博,就法律问题与网友互动交流。2012年3月,她们开办了"守护青春"网站,利用网站宣传未成年人犯罪预防知识,并与辖区30多所学校合作开展"守护青春"网站在线学习计划,宣传法治教育微案例、安全自护知识、提供在线咨询,得到学校和家长的普遍认可。

8. 岭南未检的一面旗帜

——记广东省佛山市人民检察院未成年人案件检察科科长潘媚

潘媚,广东省佛山市人民检察院未检科科长,是"全国模范检察官""全国三八红旗手"获得者。她一手抓司法办案,一手抓教育保护,探索创新办案机制 16 项,挽救迷途少年 215 人,用实力打造了未检工作的"佛山样本"——潘媚团队。

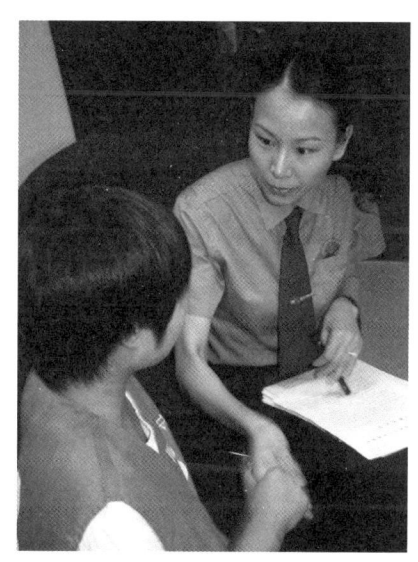

潘媚团队较早建立分案起诉、附条件不起诉、犯罪记录封存和心理辅导等特殊制度,推行批捕、起诉、庭审、判后帮教、案后回访"一条龙"办案体系,年均办案 1100 余件 2020 余人。创新的"彩虹计划"等社会化帮教体系,为各地提供了专业化参考。

专职 8 年未检工作,让潘媚体会很深。一是未检工作必须靠实干。未检工作的特殊性,有很多不同的声音,她用实干战胜了起步的艰难、赢得了各方的信任。二是未检工作必须有规矩。从 2008 年被最高人民检察院转发制度建设经验,到 2011 年完成《办案指引》《业务汇编》《适用手册》三本办案宝典,她坚持用规范保证了专业化成果。三是未检工作必须大家做。她始终注重社会共鸣,创新开展"关爱流动儿童""新生代农民工法治教育"等专题活动,积极争取更多社会力量加入少年保护大家庭,先后推出"阳光维权站""心理咨询热线"等创新举措,帮助迷途少年重获新生。

9. 用爱和专业知识抚慰受伤的幼小心灵

——记浙江省宁波市海曙区人民检察院未成年人刑事检察科

科长王英

"我得能看见案件里所有的孩子,我也要有能力解决孩子的心理和

行为问题。"这是宁波市海曙区人民检察院未检科科长王英经常挂在嘴边的一句话。

她独创"王英工作法"。她2008年取得国家二级心理咨询师资质，又自费20余万元学习国际最先进的心理学方法并运用到办案实践，她办理的近百起案件中都运用了独创的未成年人检察心理疏导机制，对涉案未成年人进行心理测评和人格甄别，从而有的放矢地进行心理疏导和认知矫正，把"教育、感化、挽救"落到实处。

她创建"王英工作室"。针对留守儿童、职业高中学生、涉案未成年人三个群体，她带领同事创建了以其个人名字命名的"王英工作室"，采用团体心理疏导加模拟法庭、法治课等互动式、体验式的方式，有效提升三个群体孩子的心理健康和法制观念。

她是同行眼中的"未检专家"。她总结办案经验，精心制作课件《未检办案实务》《心理学方法在未检工作中的运用》等，分别为全国未检业务培训以及全国10多个省市的未检业务培训授课。她的多篇论文在《青少年犯罪问题》等核心期刊上发表。

10. 匠心雕琢，护航孩子未来

——记山东省烟台市芝罘区人民检察院未成年人刑事检察科副科长刘力萍

她，来自于山东省未检工作的发源地"芝罘未检"，她，根植未检工作15载，匠心于办理的每一起未检案件，帮教的每一名涉罪未成年人，开展的每一次普法活动。她,是全市检察机关首个国家心理咨询师、培训师、山东省优秀检察官、全国青少年普法教育先进个人。

匠心源于爱心。因为对孩子充满爱,她组建了芝罘区检察院青年志愿者服务队,在公益活动中温暖、感化涉罪少年尘封的心,定期向辖区外来务工子女送书籍伸援手,荣获了山东省青年志愿服务先进集体,重新扬起了一张张充满青春活力的笑脸。

匠心推动发展。她开创了本地多项未检工作的实践先河,牵头探索羁押必要性审查"芝罘模式"机制;创新"四测评一访谈"的心理测评疏导模式,获得了多方好评;与职业学校联合成立法制自治社团,引导学生自我教育提升教育效果的模式,深受家长和学生的欢迎。

芝罘区检察院未检部门连续12年保持"全国青少年维权岗"荣誉,近年来所在辖区未成年人再犯罪率为零,刘力萍也被孩子们亲切地称为"检察官妈妈"。

检察机关加强未成年人司法保护典型案例

一、对涉罪未成年人心理危机开展紧急干预

基本案情：2015年5月，江苏省淮安市检察机关在审查起诉小朱（17岁）涉嫌盗窃一案过程中，获知因有关人员在社会调查工作中不慎泄露案情，村邻们议论纷纷并对小朱另眼相看，导致小朱不堪重负喝农药企图自杀，在抢救中仍然试图再次自杀。面对紧急情况，该院选派专人配合专业心理师迅速介入干预，通过长时间疏导，成功促使小朱放弃轻生念头。接着，该院又帮助小朱转移住址，每天电话联系，定期上门走访，最终打消了小朱的思想顾虑，配合完成诉讼程序。鉴于小朱犯罪轻微，检察机关依法对其作出了不起诉决定。为了避免二次伤害，该院在办案过程中谢绝媒体采访，密切关注网络舆情，并就案情泄露问题向公安、司法部门发出检察建议，推动两机关开展整改活动，全面保护涉案未成年人的权益。

典型意义：保护涉案未成年人隐私是办理未成年人犯罪案件中的非常重要的一个方面。本案中，检察机关针对未成年人犯罪嫌疑人涉案信息被泄露的情况，迅速采取有效心理干预手段，打消未成年人的轻生念头；同时，及时建议、督促司法、公安部门增强保护意识，在办案工作中自觉贯彻落实未成年人特殊司法理念和规范要求。正是通过他们的努力，使得一个背负心理包袱的未成年人得到了帮助和教育，重拾生活的信心，得以回归社会。

二、强化侦查监督,纠正错案抓获"真凶"

基本案情:幼女小丽的父母控告小王(15周岁)以谈对象为名,与小丽发生性关系并致其怀孕。小丽向公安机关陈述曾与小王发生过性关系,小王到案后也承认与小丽发生性关系,公安机关遂对小王以涉嫌强奸罪向检察机关提请逮捕。河北省张家口市检察机关受理案件后经过认真审查,发现公安机关并未对被害人腹中胎儿做 DNA 鉴定,同时认为涉案双方年龄尚幼,对自己行为认知能力有限,对事实的叙述不够准确、全面,此外还了解到小丽有其他男性"朋友",难以认定小王犯强奸罪,在依法对小王作出不批准逮捕决定的同时,积极引导公安机关进一步调查取证。后公安机关经过进一步侦查,查明被害人腹中胎儿与小丽的成年网友马某有生物学遗传关系,最终抓获了强奸幼女小丽的"真凶"马某。而小王与小丽系未成年人之间自愿发生性关系,没有造成后果,小王的行为依法不构成犯罪。

在办理本案的过程中,检察机关启用未成年人检察工作室,实现公、检、法"一站式"询问,减少对小丽的二次伤害,并对小丽、小王进行了心理疏导,跟踪帮教,对双方父母进行亲职指导,针对案件中暴露出的宾馆管理混乱的问题,向有关主管部门提出检察建议。

典型意义:本案中,检察机关一是严格依法办案,确保正确审查证据、准确适用法律、开展诉讼监督,避免了错案的发生,并引导侦查机关抓获了"真凶",有效地维护了涉案未成年人的权益,打击了侵害未成年人犯罪。二是注重双向保护,对涉案未成年人进行心理疏导和帮教,增强未成年人的自我保护能力和防范受害意识。三是结合办案积极参与净化社会环境工作,实现办理一案、治理一片的效果。

三、提前介入性侵未成年人犯罪案件引导取证

基本案情：被告人贺某在无合法手续、不具备办学资质的情况下，在江苏省徐州市某县成立一所封闭式管理、以军事化训练为特殊教育内容的非法学校，通过媒体、网络向广大家长承诺教育纠正问题少年的不良行为，面向全国进行虚假宣传和招生。2013年2月以来，贺某利用其校长的特殊身份及被害人孤立无援的境地，在学校内采取暴力、威胁手段，先后四次将该校15岁女生陈某强奸，并多次在女生集体宿舍等公众场合，强行猥亵陈某及未成年女学生常某、郝某等人。案发后，徐州市检察机关及时提前介入侦查。在发现作案现场遭到破坏，客观证据灭失后，检察机关迅速引导公安机关进行相应侦查取证，查获了该校教官范某受贺某指使帮助毁灭证据的事实。最终，贺某被判处有期徒刑十年零六个月，剥夺政治权利二年。办案中，检察机关还协助有关部门妥善安置受害学生，切实做好心理安抚工作，同时建议有关主管部门迅速对该校予以取缔，并立即整顿私人办学教育乱象。教育主管部门接到检察建议后，及时开展了全市清理整顿行动。

典型意义：性侵未成年人犯罪案件的证据有其特殊性，存在客观证据少，取证难、认定犯罪难等客观情况。本案中，检察院及时提前介入侦查引导侦查取证，确保依法追究侵害未成年人犯罪。检察机关在办理案件中，还加强对未成年人的司法关爱，积极推动社会治安综合治理，全面保护了未成年人的合法权益，努力为未成年人健康成长营造良好社会环境。

四、保护救助暴力伤害事件中的未成年被害人

基本案情：2014年5月10日中午，被告人陈某因吸食毒品产生幻觉，持刀窜至湖北省麻城市某小学，对学生进行砍杀，造成8名学生受

伤。考虑到此案对学生、老师产生较大心理阴影，麻城市检察机关迅速应对，提前介入，引导侦查机关采取适合未成年人的方式取证，避免加剧学生的心理恐惧反应。同时着力开展对师生的安抚活动：一是牵头组织心理专家对受侵害师生进行心理疏导，对学校进行安全隐患排查，使学校于当天恢复正常教学秩序。二是及时向学校及学生家长告知各项诉讼权利，反馈案件办理情况，了解受害学生康复情况，与学校共同研究制定校园安全稳控方案。三是以该案为契机，从完善校园安全管理制度，加强自救自护能力培训以及强化家长、老师的监护意识等方面向市教育局发出检察建议。为及时打击此类严重侵害未成年人身心健康和合法权益的犯罪，麻城市检察机关在20天内迅速审结此案并向法院提起公诉，最终，被告人陈某犯以危险方法危害公共安全罪被判处有期徒刑八年。

典型意义：针对未成年人群体特别是学校师生的暴力伤害事件往往会对当地社会尤其是未成年人的心理产生巨大影响，事后的应急和处理十分重要。本案中，检察机关一方面认真履行公诉引导侦查的职责，依法从严从快办理案件，加大指控犯罪力度；另一方面加强对未成年被害人的特殊保护，开展心理疏导等工作，让师生感受到社会对他们的关心帮助，感受到学校安全教育的重要意义，对恢复正常的生活和学习大有裨益。同时，结合办案延伸检察职能，积极参与社会治安综合治理，强化校园治安防控体系建设，杜绝类似重大恶性案件的再度发生。

五、落实宽严相济刑事政策和双向保护原则

基本案情：上海市检察机关在办理贾某等10人组织卖淫案时，针对成年人与未成年人共同犯罪、未成年被害人多达10人的情况，严格依法办案，认真落实特殊刑事政策。一是严厉打击侵害未成年人的成年犯。通过及时、准确的司法鉴定，有效识破1名成年主犯伪装精神病人的伎俩；针对2名女性成年主犯分别因处于哺乳期和患病而被取保

候审,但拒不认罪且互相串供的情形,及时建议法院对2人决定逮捕,并提出从严惩处的量刑建议,最终2人分别被判处有期徒刑14年和7年。二是对未成年被害人予以特殊、优先司法保护。及时通知区法律援助中心,指派熟悉未成年人身心特点的律师提供法律咨询、代理附带民事诉讼;为避免二次伤害,谢绝媒体采访,并指派具有国家二级心理咨询师资格的检察官介入,采用沙盘疗法等心理疏导手段,缓解未成年被害人的恐惧、焦虑、自卑情绪;针对其中3名未成年被害人因家庭经济困难而无力根治性病,且无法及时获得民事赔偿的情况,通过简化救助流程、提高救助标准、一次性办理等方法着力落实司法救助,帮助解决就医难题,并为其今后生活提供一定的经济保障。三是对涉罪未成年人区别对待,宽严相济。对协助组织卖淫情节较轻的1名在校中学生,及时变更强制措施,联合学校老师和社工开展帮教,建议适用缓刑获得采纳;对当庭翻供,提出办案人员未给其阅看笔录辩解的未成年被告人,提请当时在场的合适成年人出庭作证,有效驳斥其虚假辩解;对积极实施犯罪、情节严重的未成年主犯,提出依法适当严惩的量刑建议,最终3名未成年主犯分别被判处有期徒刑八年到九年六个月。

典型意义:本案案情复杂、特殊,检察机关有针对性地采取一系列措施,正确处理严格依法办案和体现特殊刑事政策的关系,对未成年被害人"最高限度保护",对侵害未成年人的成年犯"最低限度容忍",对涉罪未成年人"宽严相济",较好地实现了对未成年被害人利益、涉罪未成年人利益和社会公共利益的均衡保护。

六、依法抗诉,严厉惩治侵害未成年人犯罪

基本案情:被告人张某在担任山东省菏泽市某小学老师期间,利用给学生讲题、办补习班之机,在教室等场所猥亵4名未满14周岁的女学生。一审期间,部分被害人陈述、证人证言发生变化,2014年11月,法院以张某犯猥亵儿童罪,判处有期徒刑一年。检察机关认为,对猥亵

其中2名儿童的犯罪事实未予认定,属于认定事实错误。上述事实未认定与被害人供述、证人证言发生变化的原因系受到外界干扰有关(随即将张某亲属陈某、朱某妨害作证的线索移交公安机关立案侦查);未认定张某"在公共场所当众"猥亵儿童,属适用法律错误,遂依法提出抗诉。二审法院审理后认为,张某的亲属陈某、朱某等人为了使被告人张某逃避法律制裁,采取唆使、收买等手段,非法指使相关被害人、证人作伪证,对被害人、证人受他人干扰所作的虚假陈述、证言应予以排除,相关犯罪事实应予认定,张某在教室猥亵儿童,属于"在公共场所当众"猥亵儿童,全部采纳抗诉意见,以猥亵儿童罪改判张某有期徒刑十二年。张某亲属陈某、朱某因妨害作证罪,另案分别被判处有期徒刑九个月。

典型意义:本案中,检察机关依法履行法律监督职责,切实加强对侵害未成年人利益案件的审查,对错误判决坚决提出抗诉,维护了法律权威,取得了良好法律效果和社会效果。

七、支持起诉撤销监护侵害人的监护资格

基本案情:张某早年与妻子离异,带两个女儿生活。2013年9月至2014年11月,其利用父亲身份多次强奸大女儿某甲(13岁)、二女儿某乙(12岁),直至二女儿到派出所报案而案发。浙江省宁波市检察机关以张某涉嫌强奸罪向法院提起公诉,法院于2015年3月10日以强奸罪判处被告人有期徒刑13年,并处剥夺政治权利2年。检察机关在办案中一方面加强对犯罪嫌疑人张某的打击力度,提前介入,固定证据,快捕快诉。另一方面加强对被害方的权利保护,根据最高人民法院、最高人民检察院、公安部、民政部下发的《关于依法处理监护人侵害未成年人权益行为若干问题的意见》,告知被害方有权依法申请撤销被告人张某的监护人资格。在被害方亲属提出申请后,宁波市检察机关依法向法院发出了支持起诉书。2015年4月20日,法院依法撤销张某

监护权,并指定两被害人的母亲作为监护人。在办案过程中,检察机关针对两被害人心理受到创伤,生活贫困的现状,邀请心理专家介入进行心理疏导,并为两名被害人申请司法救助三万元。

典型意义:近年来,监护人实施的性侵害案件时有发生,被监护人大多只能忍气吞声,身心遭受严重摧残。本案中,宁波市鄞州区人民检察院不仅加大对犯罪嫌疑人打击力度,更是从被害方权益出发,依法支持撤销被告人监护权,选择适格监护人,同时对两被害人提供心理关护和司法救助,尽力帮助未成年被害人恢复身心健康,体现了司法温情。

八、依法妥善处理未成年人抚养权纠纷的申诉

基本案情:小宝现年14岁,4岁时父母离婚,跟随母亲生活。12岁时,母亲以生意失败、身体不好为由向法院起诉要求变更抚养权。法院根据孩子意愿并结合双方的经济状况判决将小宝的抚养权变更给了父亲。但父亲却以自己和孩子长期没有共同生活,缺乏感情基础,且已再婚育子,不适合抚养小宝为由提出上诉,被二审法院驳回。随后,小宝父亲申诉至北京市人民检察院第二分院,要求检察机关支持其请求。检察机关受理案件后,在民事案件中首次引入"社会调查"机制,聘请专业司法社工介入案件开展社会调查工作,了解真实情况和双方意愿。司法社工通过对各方当事人的多次家访得知小宝父亲经济状况良好,完全具备抚养未成年子女的条件,但孩子却被父亲安排和雇佣的工人住在一起,条件极其恶劣,没有任何成年监护人陪伴。同时,司法社工还走访了当事人的亲属、邻居、曾经办理双方离婚诉讼案件的法官、处理过家庭纠纷的民警、孩子所在学校的老师、领导等,为审查办理案件提供了全面、客观的信息。最后,在审查案件的基础上,该院结合社会调查结果作出了不支持申请的决定。同时,通过约谈,让申诉人理解息诉,并加强案件追踪回访,进行亲职教育指导,进一步促使改善亲子关系。

典型意义:本案首次在涉及未成年人的民事申诉案件中引入"社

会调查"机制,借助司法社工的调查优势和中立地位,通过多种途径全面、客观了解案件情况,为按照"儿童利益最大化原则"依法妥善处理涉未民事案件发挥了重要作用。

九、侵害未成年人犯罪案件中挖出玩忽职守犯罪

基本案情:2011年至2015年5月期间,贵州省毕节市某县韦某在不具备教师资格和办学资质的情况下违规开办学前班,并在教室内多次对张某、龙某等7名儿童进行猥亵。检察机关接到案件后,快捕快诉,韦某被判处10年有期徒刑。未检部门在办案过程中发现县教育局分管领导王某及政策法规股负责人吴某未依职权对非法办学点进行清理整治,使部分非法办学点持续存在,导致办学点内的儿童被侵害的严重后果,涉嫌玩忽职守犯罪,遂将上述职务犯罪线索移送本院反渎部门。反渎部门依法对该两名教育局负责人立案侦查,后经法院审理,以玩忽职守罪对被告人王某、吴某作出有罪判决。

典型意义:该案中,未成年人检察部门在办案过程中发现职务犯罪线索,及时移送职务犯罪侦查部门立案查办,体现了检察机关内部在未成年人司法保护方面的联动和配合,形成了对未成年人权益的强有力保护。同时,也为那些为官一任却不作为者敲响了警钟,告诫他们要尽心尽责,自觉做好相关工作。

十、救助陷入困境的犯罪嫌疑人未成年子女

基本案情:犯罪嫌疑人栗某、李某夫妇因涉嫌非法制造爆炸物罪被移送检察机关。河南省平顶山市检察机关在办理此案中发现,犯罪嫌疑人被刑事拘留后,家中正在上学的四个孩子无人照管,生活陷入困境;同时,依照刑法规定,二人均可能被判处有期徒刑,孩子将处于完全失

管状态，生活无依，不但可能辍学，而且可能因为缺乏管教或者仇恨社会而滋生犯罪。基于此种情况，检察机关根据孩子母亲李某的犯罪情节和认罪悔罪态度，对其采取非羁押措施，并依法提出适用缓刑的量刑建议。最终，栗某被判处有期徒刑11年，李某被判处有期徒刑3年，缓刑4年。在办案过程中，检察机关始终联合相关部门对四个孩子从物质、教育、心理疏导等方面开展综合救助，并持续跟踪帮扶，取得良好效果。

典型意义： 本案中，检察机关关注在押服刑人员子女等特殊困境未成年人群体，不仅自身力所能及地给予困境未成年人关心与呵护，还通过与政府、民政、教育等部门多方联动，推动各部门重点关注困境儿童，形成救助和保护的长效机制，共同营造关爱保护未成年人的社会环境。

答记者问

《人民日报》记者： 在办理未成年人刑事案件过程中，犯罪嫌疑人的权益得到了充分的重视，但有的被害人权益往往被忽视，检察机关如何贯彻双向保护原则，特别是如何有效保护被害人的合法权益？

史卫忠： 现在社会上很关注未成年人保护的问题。我们检察机关强调，在加强未成年人保护的同时，要贯彻"双向保护"原则，指未成年人利益和社会利益都要受到保护。很多被害人也是未成年人，所以在办理类似案件中，从两个利益角度来保护未成年犯罪嫌疑人和未成年被害人利益。检察机关在未成年被害人保护方面采取的措施主要有：一是与其他政法机关以及相关部门共同推动相关法律、司法解释的出台，织密法网，惩处侵害未成年人合法权益的犯罪。出台了一批司法解释和规范性文件把惩治侵害被害人利益的方面的法律规范，比如我们联合出台了《关于依法惩治性侵害未成年人犯罪的意见》《关于依法处理监护人侵害未成年人权益行为若干问题的意见》《关于依法办理家庭暴力犯罪案件的意见》等。二是调整未检部门受案范围。最高人民检察院要求各地结合实际，将性侵害未成年人，拐卖（绑架）儿童，胁迫、诱骗、利用未成年人犯罪等专门针对未成年人的犯罪案件纳入未检部门受案范围。有些地方检察院还探索将涉及未成年人的民事行政案件纳入未检受案范围，形成全方位、全程化、立体化的未成年人保护体系。刚才发布的案例中就有这样的情况，如浙江省宁波市检察机关办理的支持撤销不合格监护人监护资格案。三是加大打击侵害未成年人犯罪力度。一方面，对侵害未成年人的犯罪，坚持零容忍的态度，加大打击力度，依法从严从快批捕、起诉，充分发挥法律的威慑和震慑作用，有效遏制侵害未成年人犯罪案件的高发态势。2015年，全国检察机关共批捕侵害未成年人人身权利犯罪嫌疑人1.9万人，起诉2.7万人。另一方面，强化对立案、侦查和刑事审判活动的监督，坚决监督纠正有罪不究、以罚代刑、漏捕漏诉、重罪轻判等执法不严、司法不公问题，促进有关部门严格执法、公正司法，斩断伸向未成年人的黑手，如刚才发布的被告人张某猥亵儿童抗诉案。四是依法保护、救助未成年被害人。在办案中注意讲究方式和技巧，依法保护未成年被害人的名誉权、隐私权等合法权益，避免对其造成二次伤害。一些地方检察机关加强与司法行政机关、民政、教育、卫生等相关部门及未成年人保护组织的联系和协作，共同做好未成年被害人的身体康复、心理疏导、法律援助、司法救助等工作，努力帮助其恢复健康正常的生活。如上海市检察院制定了办理成年人侵害未成年人犯罪案件的若干意见，建立健全未成年被害人保护救助机制，确立了一次取证原则，引入全程心理干预与专业心理机构、与专业组织共同组建未成年人心理疏导及救助专业队伍，全面落实对未成年被害人的权益保护，取得很好的效果。2015年，全国检察机关共对未成年被害人开展心理疏导4937次。五是立足检察职能参与社会治理。检察机关结合办理侵害未成年人犯罪案件，注意查找保护未成年人合法权益方面存在的管理漏洞和隐患，分析未成年人保护制度未落实到位的原因，通过检察建议等形式，督促相关部门建章立制、堵塞漏洞，强化对农村留守儿童、城乡流动乞讨儿童、正在服刑人员的子女等重点未成年人群体的保护；进一步加强对中小学校校园周边环境综合治理，遏制不良信息对未成年人成长环境的侵害，努力营造关爱保护未成年人的社会环境。如针对贵州留守儿童众多，留守儿童受侵害案件频发等问题，贵州省检察院与共青团省委、省律师协会等部门共同组建宣讲团，派出了精通法学、心理学等专业知识的老师、专家，深入乡镇，重点针对留守儿童开展法治宣讲暨心理辅导活动。总之，通过这些措施，目前我们在被害人权益保护取得了很大的成绩。

《新京报》记者：近年来，"校园暴力"事件和低龄未成年人严重犯罪案件受到普遍关注，有观点认为应该降低未成年人刑事责任年龄。对此，检察机关是什么态度？

史卫忠：近年来，以同学间欺凌弱小和敲诈勒索为典型的校园暴力事件呈上升趋势。校园暴力犯罪往往团伙性较强，部分案件中未成年人作案手段残忍，不计后果，引起社会强烈反响。此外，不满14周岁未成年人实施杀人、强奸等恶性犯罪案件的新闻不时见诸报端，让人非常痛心。面对校园暴力和低龄未成年人恶性刑事案件的增多，是否需要降低刑事责任年龄，我认为应当注意如下几个问题：

第一，实践证明，单纯靠刑罚惩罚的办法并不能有效解决未成年人犯罪问题。因为未成年人违法犯罪归根结底是社会原因。尤其我国目前正处于社会转型期，导致未成年人受到伤害继而伤害他人的因素很多。可以说，违法犯罪的未成年人往往既是社会的危害者，也是不良环境的受害者。刑罚只是犯罪治理的一种手段，难以包治百病，社会问题还需综合施策。

第二，心理学、教育学等学科的研究表明，青春期是一个人处于极易越轨的"危机期"，随着未成年人年龄的增长，自控能力不足的缺陷可能会得到自愈。在此期间，应当通过增强预防与控制手段的方式尽可能减少导致未成年人违法犯罪的负面因素，净化社会环境。仅强调一味打击，会将涉罪未成年人推向社会对立面，丧失教育、感化、挽救的良机。

第三，对未成年人严重暴力犯罪，要坚持宽容不纵容，关爱又严管原则。"教育、感化、挽救"方针和"教育为主、惩罚为辅"原则并非否定对未成年人犯罪行为进行刑事制裁，而是强调刑罚手段的最后性与可替代性。适当运用刑罚手段，并不违背少年司法制度的基本理念，惩罚也是为了教育。对实施严重犯罪行为的未成年人要依法惩处；对于因未达刑事责任年龄无法予以刑事处罚的，也要督促或建议有关部门加强管护矫治。最高人民检察院去年出台的《检察机关加强未成年人司法保护八项措施》，要求对于办案中发现的已经涉嫌犯罪但因年龄原因不负刑事责任的未成年人，"与公安机关以及家庭、学校、社会保护组织等加强协调、配合，通过加强管教、社会观护等措施，预防再犯罪"。同时，根据刑法第17条的规定，对因不满16周岁不予刑事处罚的，要责令他的家长或者监护人加以管教。必要时，也可以由政府收容教养。在此方面，有的检察机关也进行了有益探索。如北京市海淀区人民检察院从 2015 年初开始推动并配合区公安机关开展对违法未成年人警官警戒制度，并委托司法社工进行三个月的帮教，尝试积极干预和矫治未成年人违法行为和严重不良行为，取得良好效果。

第四，基于国情的差异，各国对刑事责任年龄的规定并不完全相同。我国是否需要降低刑事责任年龄应当经过大量的实务论证和理论研究。在这方面我们将结合办案进行深入研究和思考，为有关问题的妥善解决提供参考依据。

法制网记者： 目前，检察机关在未成年人司法保护方面还面临哪些困难和挑战？

史卫忠： 一是涉及未成年人的犯罪发生新变化，给未检工作提出了新的挑战。未成年人犯罪呈现多元化趋势，一些过去只有成年人才实施的犯罪，如贩毒、绑架，甚至暴力恐怖犯罪也出现未成年人的身影。故意伤害（重伤）、抢劫等恶性犯罪增多，且犯罪手段残忍、不计后果。奸淫、猥亵、拐卖、虐待、遗弃等侵害未成年人的刑事案件不断发生。许多案件一经披露即成为社会事件。这些都要求未检办案人员不仅要有过硬的的业务水平，更要有良好的社会责任意识和较高的社会工作能力。对此如何加以应对，需要认真研究思考。二是未检部门受案范围扩大到成年人侵害未成年人犯罪案件，对办案机制和办案能力提出新的要求。此类案件的办理难度较大，不少是"零口供"案件，在证据采信、事实认定和法律政策适用等方面存在较多疑难问题和影响案件质量的风险点，对未检部门原有的办案机制和未检干部的业务能力、办案经验提出挑战。三是特殊司法理念与执法现实矛盾突出给未检工作带来新的问题。对涉罪未成年人的特殊司法理念，要求司法机关采取有别于成年人的特殊刑事政策、特殊办案制度。但这一要求在实践中并没有得到普遍认同和自觉实践。如有的地方认为"特别程序"仅仅是对未成年人处理上的"小儿酌减"，甚至批评"少捕慎诉少监禁"是"小恶不惩纵容大恶"，"特别程序"是损害正义一味从轻，进而质疑开展教育挽救和犯罪预防是"不务正业"。一些地方没有有效贯彻特殊制度，就案办案问题突出。四是从整体上看，未检专门机构、专业人员缺乏，专业化建设有待进一步提升。目前，全国有独立编制未检机构的检察院不足1/3，且部分人员配备不到位，专人不专，未检人员兼职现象普遍存在，大多数未检干警不具备教育学、心理学、犯罪学等相关知识背景，专业素养和能力与工作要求不相适应。

下一步，检察机关将以未成年人检察工作30周年为新的起点，进一步推进未成年人检察工作的专业化、规范化、社会化建设，充分履行检察职能，认真落实未成年人检察工作的各项特殊要求，全面提升未成年人司法保护成效。

《中国妇女报》记者：检察机关在预防未成年人犯罪方面有哪些举措？

史卫忠：这几年取得了很大的成绩。2013年至2015年全国检察机关分别对16524名、14892名、14499名未成年犯罪嫌疑人作出不批捕决定，不捕率分别为25.23%、26.66%、29.41%；分别对5209名、5269名、4954名未成年犯罪嫌疑人作出不起诉决定，不诉率分别为6.6%、7.34%、8.43%，不捕率、不诉率均呈逐年上升趋势。这充分表明，在社会各界共同努力下，近年来未成年人犯罪形势整体向好发展，未成年人犯罪案件数逐年下降，重新犯罪率也持续走低。检察机关也做了一些努力，检察机关主要采取了如下举措：一是始终坚持"教育为主、惩罚为辅"的原则，做到"少捕、慎诉、少监禁"，为涉案未成年人回归社会预留通道。二是将教育、感化、挽救贯穿于办案始终。通过社会调查、合适成年人到场、亲情会见、附条件不起诉、犯罪记录封存、心理测试等特殊手段和措施，扎扎实实推进帮教、挽救。三是积极参与综合治理。以办案为基础，分析未成年人违法犯罪背后的深层次原因，以检察建议的形式督促相关单位建章立制，堵塞漏洞，净化校园环境。同时还结合发案规律，进行法治宣传教育，开展"常规预防""临界预防"和"再犯罪预防"等工作，提高未成年人明辨是非和自我保护的能力。四是推动未成年人犯罪社会化预防帮教体系不断完善。预防未成年人犯罪单靠检察机关一家单打独斗是不成的，需要在党委领导和政府支持下，加强与综治、共青团、关工委、妇联、民政、社工管理、学校、社区、企业等有关方面的联系与配合。实践中,多地检察机关争取政府有关部门、社会组织、爱心企业的支持,建立未成年人社会观(管)护基地;吸收心理咨询师的参与创建心理工作室;北京、上海、重庆等地的检察机关在社会调查、合适成年人等工作上与社工组织有着深度合作。我们相信,在社会各界的共同努力下,预防未成年人犯罪工作一定会取得更加显著的成效。

中央人民广播电台记者: 检察机关在落实刑事诉讼法确立的"教育为主、惩罚为辅"原则和合适成年人在场、附条件不起诉、犯罪记录封存等特殊制度方面有何进展?

史卫忠: 过去我们检察机关一直在制度探索方面做出了很多努力,2012年修改后的刑事诉讼法设立了"未成年人刑事案件诉讼程序"专章,不仅确立了少年司法的方针、原则,还规定了合适成年人到场、强制辩护、严格限制适用逮捕措施、附条件不起诉、犯罪记录封存等特殊制度、程序和要求,使未检工作更加有据可依、有章可循。为有效落实刑事诉讼法的有关规定,检察机关采取一系列措施,取得了明显进展:

一是专业力量得到进一步完备。从最高人民检察院到地方各级检察机关逐步建立专门未检机构或者由专门人员统一办理未检案件,为特殊制度的落实提供了组织保障。

二是"少捕慎诉少监禁"原则得到进一步落实。这是"教育、感化、挽救"方针和"教育为主、惩罚为辅"原则在未检工作的具体体现。为此,检察机关严格依法把握逮捕、起诉标准,注重全面收集未成年人有罪无罪、罪重罪轻的证据;完善逮捕必要性证明和双向说理机制;落实强制辩护、听取辩护律师意见和羁押必要性审查机制;积极适用不起诉、附条件不起诉及非监禁刑量刑建议机制,进一步降低了对未成年人的批捕率、起诉率和监禁率,并强化对适用不捕、不诉、附条件不起诉未成年人的考察帮教工作。

三是特殊工作机制得到进一步完善。如很多地方的检察机关推动建立了专门的合适成年人队伍,对合适成年人进行必要的培训,探索合适成年人值班制度和社工担任合适成年人机制,提高合适成年人到场制度的实效性。又如积极执行犯罪记录封存制度。依法严格执行犯罪记录封存程序，特别是对不起诉、附条件不起诉案件封存管理，建立专门的未成年人犯罪档案库，严格保管制度；做好未成年人诉讼程序中的隐私保护与犯罪记录封存的衔接，加强诉讼过程中对可能透露未成年人身份资料的保密工作。再如探索对涉案未成年人开展心理疏导工作。各地检察机关组织未检干警学习心理学知识，鼓励其参加专业技能培训、取得心理咨询师资格，并建立心理咨询室、特色讯问室、心理约谈室等形式多样的办案场所，聘请来自高校、医院、妇联、团委等单位的心理学专家，引入专业力量为未检工作提供助力。目前，基层未检部门具有心理咨询师资格的人员占总数的 50% 以上，部分地区比例更高，如北京市已达到 80%。

4. 依法履行检察职能 积极参与防治中小学生欺凌和暴力新闻发布会

时　　间：2016年12月28日 10：00

地　　点：最高人民检察院

出席人员：张志杰，时任最高人民检察院未成年人检察工作办公室主任，现任最高人民检察院检察委员会副部级专职委员

史卫忠，时任最高人民检察院公诉厅副厅长、未成年人检察工作办公室副主任，现任最高人民检察院第九检察厅厅长

主持人：肖玮，最高人民检察院新闻副办主任、新闻发言人

议　　程：
1. 通报检察机关积极参与防治中小学生欺凌和暴力工作有关情况
2. 发布依法履行检察职能、积极参与防治中小学欺凌和暴力典型案（事）例
3. 答记者问

依法履行检察职能　积极参与防治中小学生欺凌和暴力工作情况通报

>> 张志杰

各位记者朋友们：

大家好！

近年来，中小学生欺凌和暴力现象时有发生，全社会高度关注，党和国家高度重视。今年上半年，中央下发了《关于进一步深化预防青少年违法犯罪工作的意见》，国务院下发了《关于开展校园欺凌专项治理的通知》，对防治校园欺凌和暴力提出要求，作出部署；11月，教育部、最高人民检察院等9部委又联合印发了《关于防治中小学生欺凌和暴力的指导意见》进行具体安排。全国各级检察机关按照中央部署，加强与其他部门的配合，依法履行检察职能，积极参与校园欺凌专项治理，加大防治中小学生欺凌和暴力工作力度，取得了一定成效。

一、坚持依法公正办理校园欺凌和暴力犯罪案件

2016年1至11月，全国检察机关共受理提请批准逮捕的校园涉嫌欺凌和暴力犯罪案件1881人，经审查，批准逮捕1114人，不批准逮捕759人；受理移送审查起诉3697人，经审查，起诉2337人，不起诉650人。

一是切实贯彻宽严相济刑事政策，做到宽容不纵容，关爱又严管。一方面对于罪行轻微，属于初犯、偶犯的涉罪学生依法从宽处理，为他们回归社会预留通道；另一方面对于性质、情节恶劣，后果严重的案件，坚决依法惩处，加强警示教育，保持司法震慑。甘肃某县检察院在办理高某涉嫌投放危险物质一案中，考虑到高某某是因长期受到同学欺凌而激愤报复，投毒后又立即告诉同学，没有发生严重后果，遂作出附条件不起诉的决定，并在经过一定期限的考察后，作出了不起诉决定。

后高某某顺利考上大学。重庆市某区检察院在办理犯罪嫌疑人周某飞、卢某等6人抢劫同学案中，虽然卢某只有15岁，但由于其系主犯且具有多次抢劫、2次持刀、殴打被害人等情节，依法决定对其提起公诉，后法院判处其有期徒刑3年并处罚金。

二是注重深挖并依法严厉打击成年人组织、胁迫、引诱未成年学生实施校园欺凌和暴力犯罪。2016年1至11月，全国检察机关批准逮捕此类犯罪嫌疑人378人（其中追捕18人），起诉646人（其中追诉漏犯25人，追捕漏罪14起），监督公安机关立案8件18人。广东省某市检察机关在办理犯罪嫌疑人张某等聚众斗殴、故意伤害案中，依法对公安机关未提请批准逮捕的2名在斗殴中起主要作用的成年人追加逮捕。

三是坚持专门化专业化办理，确保案件质量和效果。目前，全国已有1960个检察院成立了独立的未成年人检察办案机构，有近万名熟悉未成年人身心特点和犯罪规律的未检检察官，校园欺凌和暴力犯罪案件原则上由他们办理。河南等地检察机关还对重大有影响的校园欺凌和暴力案件挂牌督办，加强指导，确保依法正确办理。

二、最大限度地保护救助被害学生

一是依法保障被害学生及其法定代理人的合法权益，保护他们的隐私，充分听取他们的意见。各地检察机关单独或者与公安机关合作设置了温馨轻松，具备询问、心理疏导、身体检查等功能的未成年人案件专门办案区，探索建立一站式取证等适合未成年人身心特点的办案方式，避免因办案方式不当造成"二次伤害"。

二是在办案同时，与教育、综治、民政、团委、妇联和司法社工、志愿者、公益组织等密切合作，做好相关救助工作。2016年以来，全国检察机关共对被害学生进行司法救助128人、法律援助537人、心理疏导476人、身体康复311人。浙江省某市某区检察院针对一名被害学生出现精神异常、拒绝治疗的情况，及时安排心理社工以老师身份持续对其进行心理干预，同时又推动犯罪嫌疑人家长补偿后续治疗费用，尽力帮助被害人恢复身心健康。

三是积极化解矛盾，消除不良影响。对同学之间因琐事引发的轻微犯罪案件，引导犯罪嫌疑人真心悔过，向被害人赔礼道歉、赔偿损失，取得被害人的谅解。2016年前11个月，全国检察机关共引导此类案件当事人达成刑事和解526件，保障了被害人权益，修复了同学关系，消除了因校园欺凌和暴力造成的不良影响，使涉案学生尽快恢复正常的学习和生活状态。

三、最大限度地教育、感化、挽救涉罪学生

检察机关贯彻落实教育、感化、挽救方针，对涉罪学生无论是捕与不捕、从轻还是从严处理，都以是否有利于教育、挽救为标准，并将帮教工作贯穿于办案始终。在检察机关的帮助下，一大批涉罪学生能够认真悔过，不少重返校园，完成学业。

一是制定个性化帮教方案，认真落实未成年人刑事案件特别程序。2016年以来，全国检察机关共对此类案件中的涉罪学生开展社会调查2586人、提供法律援助2369人，落实合适成年人到场2056人，附条件不起诉547人，对符合条件的未成年犯罪嫌疑人、被告人依法封存犯罪记录，大大提高了帮助教育效果。

二是促进涉案家庭更好发挥监护帮教作用。针对涉罪学生家庭普遍存在的监护不力、教育不当或者关系紧张等问题，上海、四川、吉林、山西等地检察机关在办案中采取约谈监护人、协助制定监护计划、组织家长学校、对家庭成员进行集体心理辅导等手段，帮助他们改善家庭环境，提高监护人的监护帮教能力，形成帮教合力。

三是推动加强对造成严重危害，但未达刑事责任年龄学生的教育矫治。天津、上海、江西等地检察机关对此类未成年人建立了警示训诫制度，举办警示训诫仪式，开展警示教育；与司法社工、社区矫正工作人员配合，建立一人一组一方案开展帮教，并设置专人专档，对其帮教及表现情况归档，加强管理；约谈其监护人，下发《责令严加管教书》，责令加强监管；对监护人监护教养失职的，探索开展强制亲职教育；对监护人无力监管又有必要的，及时建议监护人将涉案学生送工读学校接受矫治。有的地方检察机关还把此类未成年人安置在观护基地进行教育

矫正。

四、深入开展中小学生法治教育

检察机关认真落实"谁执法谁普法"普法责任,以预防和抵制校园欺凌和暴力为重点,开展以案释法等形式多样的法治教育活动,努力促使中小学生增强法治意识,提高自护能力,从源头上有效减少校园欺凌和暴力案事件发生。

一是开展"法治进校园"巡讲活动。2016年6月,最高人民检察院、教育部联合部署开展了"法治进校园"全国巡讲活动,要求在三年内实现对全国中、小学校的全覆盖。各级检察机关按照要求,采取法治讲堂、情景剧、模拟法庭等多种形式,积极开展"法治进校园"活动。最高人民检察院从全国抽调24名优秀检察官组成巡讲团,研发了分别针对小学生、中学生和家长的预防、应对校园暴力精品课程,分赴各地巡讲。巡讲团授课形式新颖、内容丰富,将法律知识、时尚元素和校园生活有机统一,注重参与互动,受到了广大学生的欢迎。最高人民检察院、教育部经与中央电视台协商,准备以此为基础开发全新法治教育节目,进一步提高巡讲的覆盖面和影响力。截至目前,全国检察机关共开展巡讲1.6万余场次,直接覆盖1.2万余所学校和774万余名学生,发放宣传资料近400万册。

二是努力建设法治教育长效机制。最高人民检察院与教育部等七部委会签了《关于加强青少年法治教育实践基地建设的意见》,各地检察机关也积极与辖区学校、教育主管部门等共同建立法治教育制度,编写法治教材,对学校德育老师进行培训,提高学校法治教育水平。目前,全国检察机关共有7300名检察官担任了中小学法治副校长,单独或者配合其他部门建立了2074个未成年人法治教育基地。北京市西城区检察院联合区教委、团委于2000年联合创建的"西检杯"中学生思想道德法律知识竞赛,至今已举办17届,成为法治和品德教育的知名品牌。

三是注重利用"互联网+"加强未成年人法治宣传和校园欺凌暴力预防工作。全国检察机关已经建立未成年人保护和犯罪预防主题"两微一端"1100多个，制作推送相关主题影视剧、微电影、微视频等未成年人喜闻乐见的新型法治教育作品761个，正面宣传防治校园欺凌和暴力的典型案例，传播犯罪预防、自我保护、亲职教育等方面的法律知识、弘扬法治意识，进一步提高了法治教育效果。最高人民检察院开设了"未成年人检察"微信公众号，受到广泛关注。

五、积极参与防治中小学生欺凌和暴力社会化体系建设

检察机关充分发挥法律监督职能，加强与相关部门的沟通和配合，积极参与防治中小学生欺凌和暴力社会化体系建设。

一是推动完善校园安全管理机制。各地检察机关对于办案中发现的校园管理问题，从学生不当分流、学校疏于管理、办学点存在监管盲区，到校园监控设施不完备、校园道路没有路灯等方面，及时提出检察建议，督促有关方面堵漏建制、积极整改，清除校园欺凌和暴力滋生环境。四川、重庆检察机关在办理案件中发现个别学校的多名学生与校外人员相互勾结，形成"地下学生会""执法大队"，收取保护费，组织打架斗殴，及时会同学校、公安机关进行整治，防止了校园欺凌和暴力进一步发展。

二是积极参加综合治理与整顿校园周边环境工作。检察机关积极参与"扫黄打非"、净化网络秩序等综合治理工作，努力清除危害未成年人健康成长的有害信息；同时还会同有关部门共同对校园周边网吧、酒吧、KTV等场所容留未成年人消费的现象进行整治，有效净化了校园周边环境。

三是对校园欺凌和暴力问题进行综合分析，提出有针对性的意见建议，为党委政府决策提供参考。江苏省南京市检察院对三年来办理的校园暴力案件进行分析，提出的一些对策建议被《江苏省预防未成年人犯罪条例》直接吸纳。河北省阜平县检察院争取县委支持，牵头实施"护航少年"工程，建立未成年人信息库，实现"一对一"精准帮教，有效预防了校园暴力等违法犯罪行为。最高人民检察院未成年人检察工作办公室目前正在与上海社科院合作开展相关课题研究，力争在明年取得有针对性的研究成果，推动健全完善防治中小学生欺凌和暴力法律规定和机制制度。

下一步,检察机关将认真贯彻落实党中央决策部署,总结以往工作取得的经验和不足,研究制定更有效更扎实的措施,为防治校园欺凌和暴力贡献更大的力量。

依法履行检察职能　积极参与防治中小学欺凌和暴力典型案（事）例

一、教育挽救"恶逆变"犯罪少年

基本案情： 2015年9月，甘肃省某县中学高三学生高某某（17岁）由于看到同学将自己的照片"丑化"，并在网上发布有损自己形象的图片信息，遂购买了净重5克的溴敌隆毒鼠药一包，投入本班饮用水的保温桶中。当日，有8名同学饮用此水。后高某某担心造成重大后果，便主动告知大家保温桶中投放毒鼠药的情况，校方立即将饮用过保温桶中水的学生送往医院观察治疗，未造成人员伤亡。此案在当地引起了相关部门和社会的普遍关注。检察机关受理此案后，通过社会调查了解到，高某某因性格内向，长期遭受同学的欺凌无法排解，故采取极端方式报复。针对高某某长期受欺凌造成的心理问题，检察机关聘请专业人员迅速介入对其进行心理疏导和干预，并依法对高某某作出附条件不起诉决定。考验期满后，最终作出了不起诉的处理。与此同时，检察机关就校园欺凌和暴力问题的治理预防向该校及县教育局分别发出检察建议，督促学校及教育部门加强校园法治教育和学生心理关怀，并组织未检检察官进入案发学校进行专题讲座。对高某某也多次进行回访，持续关注其成长。2016年6月，高某某顺利考取大学，专门向检察机关发来感谢信。

典型意义： 本案中，高某某因遭遇长期的校园欺凌而产生严重心理问题，导致其最终采取极端手段，以暴制暴，由一名校园欺凌的受害人"恶逆变"为加害者。检察机关通过深入开展社会调查，挖掘出其犯罪动机、遭受长期欺凌的经历，坚持教育、感化、挽救方针，迅速组织专业力量进行心理干预，慎重作出不捕不诉决定，助其消除心理危机，最终走上健康成长的道路。

二、"宽严相济"处理涉罪未成年人

基本案情：2015年3月至6月，周某飞（16周岁）、卢某（15周岁）、刘某西（15周岁）、周某浪（15周岁）、刘某浪（15周岁）、牟某余（15周岁）等6人因沉迷网络，在无钱上网的情况下，共谋抢劫其他学生的财物。其后，6人多次采取语言威胁、持刀威胁、甩棍殴打、搜身等方式，在重庆3所中学附近及网吧周边抢劫过往学生的财物，严重危害了校园周边的安全。检察机关根据6名未成年人在抢劫犯罪中的作用大小、情节轻重以及悔罪表现，分别作了提起公诉、附条件不起诉和相对不起诉。其中，周某飞和卢某因积极实施威胁、拦截、搜身等行为，提起公诉后，均被法院以抢劫罪判处有期徒刑3年，并处罚金；刘某西和周某浪仅跟随周某飞和卢某对被害人进行拦截、搜身，且均具备监管帮教条件，检察机关依法作出附条件不起诉的决定。在考察期内，未检部门、派驻检察室和当地未成年人保护委员会以及高校教育学专业大学生共同组成专门小组进行帮教，使其顺利重归社会；刘某浪和牟某余参与抢劫次数少，且仅发挥望风等辅助作用，未参与赃款消费，因情节轻微，检察机关对二人予以相对不起诉。由于本案的抢劫行为系上网所引发，检察机关针对网吧接纳未成年人上网的监管漏洞，及时向当地综合行政执法局发出了检察建议，促使该局在全城开展了一次网吧大整治，收到良好效果。

典型意义：对于未成年人在校园周边实施的抢劫犯罪，如何在教育挽救和惩治保障之间寻求平衡，是办理校园周边暴力案件的重要内容。本案的承办人结合6名未成年人的年龄大小、是否持刀来区分其在抢劫犯罪中的主观恶性、作用大小，并根据6名未成年人是否具备监管帮教条件，分别给予不同的处罚，集中体现了"教育、挽救、感化"的方针和宽严相济的刑事政策。同时，检察机关针对办案中发现的网吧违规接纳未成年人上网的问题，及时向有关部门发出检察建议，督促开展网吧整治，有效维护了校园周边秩序。

三、"双向保护"促进矛盾化解

基本案情：2016年2月，浙江省某区人民检察院在审查起诉小李（女，16周岁）猥亵儿童一案时，发现该案双方均系某民办寄宿学校学生，因校园琐事，小李纠集他人对被害人小王（女，13周岁）实施了聚众猥亵行为（其他三名侵害人因未满16周岁没有追究刑事责任，另行处理）。由于手段较重、情节恶劣，导致被害人小王出现精神异常并转学，且抗拒心理治疗。为此，该院一方面强化对被害女童的保护，迅速安排心理专家以舞蹈老师身份介入干预，持续开展心理疏导。经过近3个多月的心理干预，小王发病次数减少、症状减轻，日趋开朗。针对小王未获赔偿的情况，检察机关联合公安机关共同开展调解，后被害人获赔8万元，为后续治疗备足资金。另一方面及时落实涉罪未成年人的情况法律援助并委派法律社工介入案件，并认真听取其母亲意见。在了解到小李母亲因经济困难无力独自赔偿的情况后，检察机关联系其他3名侵害人的父母，表明其子女仍应承担民事赔偿责任。经释法说理和思想工作，3人的父母均进行了赔偿。同时，检察机关强化案后延伸帮教，责令其他3名侵害人的父母加强监管；开展对被害女童的家访跟踪，关注康复情况；与法院、心理工作室采取定期探望、亲情会见等方式，对小李共同开展帮教挽救工作。

典型意义："双向保护"是未成年人刑事司法的基本原则。当涉案双方均为未成年人时，既要加强对涉罪未成年人的教育挽救，也要注重对被害人的全面保护。本案中，检察机关充分关注双方的实际情况和迫切需求，综合采用法律援助、心理干预、调解和解、跟踪帮教等多种手段，既切实教育挽救了涉罪未成年人，又以潜移默化的方式开展对被害儿童的心理疏导，并争取到治疗资金，达到了"双向保护"的目的和效果。

四、禁止令构建校园安全保护屏障

基本案情：2013年1月，江苏省某市某区人民法院判处陆某某（16周岁）犯抢劫罪，并采纳了检察机关对陆某某适用禁止令的建议，禁止其在缓刑考验期内进入学校及周边200米区域。陆某某原本是江苏省某技师学校学生（案发时已退学），与他人在学生宿舍及校园周边，采取语言威胁、拳打脚踢及搜身等手段，劫得同学韩某某（16周岁）人民币100元，并致韩某某全身多处多发性软组织损伤。案发后，陆某某投案自首。检察机关在审查起诉期间，对陆某某启动了调查机制，实地走访其家庭、学校、同学，发现陆某某性格冲动易怒，退学后长期在学校周边强拿硬要，动辄对同学打骂，给其他在校学生造成了极大的心理阴影，遂依法向人民法院提出适用禁止令的建议。在陆某某缓刑考验期间，检察机关以"智慧司法"社区矫正监管系统的手机定位功能为依托，定期与陆某某的社区矫正干部沟通，查阅每周思想汇报、调取实时定位信息、指导社区公益劳动，有效实现禁止令的刑罚执行监督。经过检察机关的执行监督和跟踪帮教，陆某某在缓刑考验期内未出现违反禁止令的情况，并且顺利成为汽车维修厂的技术工人。学校学生也逐渐消除了心理阴影，回归正常的学习生活。

典型意义：宣告缓刑可以同时禁止犯罪分子在缓刑考验期限内进入特定区域。本案中，检察机关提出了适用禁止令的建议，并落实了对禁止令的执行监督，不仅对涉罪未成年人做到了"安全隔离"，而且对校园及周边环境进行了"有效净化"，更对在校学生实现了全面保护。

五、及时干预，瓦解校园欺凌团伙

基本案情：段某（男，16岁）系四川省某高中学校学生，因在学校被他人强行收取"保护费"，遂萌生了成立"地下学生会"收取"保护费"的念头。段某以保护自己和朋友为名，纠集在校学生、社会闲散青年共30余名，成立"地下学生会"。为加强对"地下学生会"的管理，段某还制定了管理规章，并对成员进行了分工。为筹集组织经费，段某安排人员在网上低价购买香烟后，采用暴力、威胁的手段，以5元一支的价格强行向同学出售，使"地下学生会"逐渐演变成为强买强卖、打架斗殴、收取"保护费"的校园欺凌团伙。2015年初，当地检察机关开展检校合作，在辖区内所有学校设立"纳爱"服务点，专司进行校园法治宣传活动。该服务点通过工作了解到段某组织的"地下学生会"情况后，及时干预，并会同学校、家长、教育及心理专家共同制定了一套解决"地下学生会"的方案。一是重点突破。以段某为重点，结合社会调查情况，会同学校、家长、司法社工共同对段某进行帮助教育。二是全面瓦解。对段某做好教育工作后，发挥段某组织领导能力，安排他对其他成员进行劝导。并召开相关成员座谈会，由段某当场宣布解散"地下学生会"，并安排专业社工对相关团伙成员适时开展跟踪帮教，回访考察。三是深化教育。开展"法治进校园"活动，组织全校师生，举行"罪与罚"主题讲座和班级讨论，告诫学生远离校园暴力及如何有效自护。通过一年帮教，段某学习成绩提升500多名，达到中等偏上水平，还通过竞选当上班长，并被聘请为"纳爱"少年法治领航员。

典型意义：未成年人司法保护的精神在于"预防重于惩罚"。本案中，检察机关通过检校合作的方式，深入校园，及时发现可能引发违法犯罪的苗头，会同学校、家庭、司法社工等专业力量，提早有效干预，多措并举及时介入，不仅瓦解了校园欺凌团伙，还校园一方净土，也防止了这些少年步入更严重的犯罪之途。

六、开展为期三年"法治进校园"全国巡讲活动

基本情况： 为提高在校学生自觉守法意识和自我保护意识，从源头上预防和减少校园欺凌和暴力等违法犯罪案件发生，进一步促进校园安全，最高人民检察院、教育部于 2016 年 6 月联合部署开展为期三年的"法治进校园"全国巡讲活动。按照方案，地方各级检察机关、教育主管部门有计划地开展丰富多样的"法治进校园"巡讲活动，努力在三年内实现对辖区学校全覆盖。同时，最高人民检察院从全国检察机关选调业务能力强、法治水平高的 24 名优秀检察官组成全国巡讲团，邀请专家进行培训，研发了一批涵盖抵制校园暴力、犯罪预防、自护教育、家长课堂等内容的精品法治课程，先后赴全国各地巡讲，在社会上引起极大反响。各地师生和家长普遍反映：巡讲活动形式新颖、内容丰富，将法律知识、时尚元素和校园生活有机统一，注重参与互动，"没想到法治课还可以这样上"；非常喜欢，希望多讲几次；通过巡讲学习了不少法律知识，进一步增强了自觉守法意识；一些同学还表示，对法律产生了浓厚的兴趣，决心今后要从事法律工作。有媒体报道称，"同学们在欢声笑语中学到了法律知识，树立了法律意识"。截至 2016 年 11 月，全国巡讲团已分赴 14 个省份，共开展巡讲 97 场次，覆盖 63 所学校和 9 万余名学生，发放宣传资料近 8000 多册。

典型意义： 中央要求实行"谁执法谁普法"的普法责任制，建立法官、检察官、行政执法人员以案释法制度。加强中小学生法治教育，增强权利义务意识和规则意识是预防和减少校园欺凌和暴力的重要措施。为此，最高人民检察院、教育部组织开展了"法治进校园"全国巡讲活动。为确保巡讲取得实效，让广大学生愿听、爱听，入耳入脑入心，此次巡讲活动根据未成年人身心特点研发课件，开创了全新的法治教育模式，避免了生硬说教，受到广大师生和家长的欢迎和认可。

七、探索建立"亲职教育"长效机制

基本情况：上海市检察机关通过对近年来校园暴力、欺凌案件发案情况的分析，发现家庭教育的缺失、不当，是引发校园暴力、欺凌行为的重要原因。针对这一情况，上海检察机关以实施校园暴力、欺凌行为未成年人的监护人为对象，探索建立"亲职教育"长效机制。一是查找问题根源，制定教育方案。如杨浦区检察院对校园暴力、欺凌案件，建立"两个必谈"制度，要求承办人必须分别与涉案未成年人及其家长面谈，全面了解监护教育状况。闵行区院要求承办人制作《亲职教育登记评估表》，结合监护人履职意愿、效果、亲子关系等，区分不同等级，作为开展亲职教育的依据。二是与司法措施衔接，规范制度运行。将亲职教育与对涉嫌校园暴力、欺凌未成年人的分流处遇措施相结合，提高亲职教育的司法属性。如青浦区检察院在办理一起校园暴力案件中，在对4名未达刑事责任年龄未成年人进行司法训诫的同时，向4人的监护人制发《严加管教令》，并在3个月的观护帮教过程中进行一对一的亲职教育。闵行区检察院制定《监护人义务清单》，将监护人管束责任和管束事项作为对涉罪未成年人进行观护帮教和监督考察的附随义务，将监护人履行监护义务，作为对涉罪未成年人作出处理决定的参考因素。三是借力多方资源，提高教育成效。加强与教育、卫生、共青团、妇联、社工等的协作，引入专业力量，提高亲职教育的成效。如黄浦区检察院联合专业心理治疗机构对4名涉罪学生开展以家庭为单位的疏导治疗，有效化解了1名学生与父亲之间的心结，帮助其顺利度过观护帮教期，获得检察机关的轻缓处理。普陀区检察院借助专门学校力量，组织12名校园暴力犯罪涉案未成年人及其家长集中开展行为矫治与亲职教育相结合的专项教育活动，获得参与家长与社会各界的广泛认同。

典型意义：上海检察机关针对校园暴力、欺凌行为开展源头治理，通过建立有重点、有规范、专业化的亲职教育长效机制，提高了校园暴力、欺凌行为施害学生家长的监护意识和监护能力，也缓解了一些家庭中紧张的亲子关系，为涉罪学生创造了改过自新的良好环境，对于预防校园暴力、欺凌犯罪，营造和谐、健康的校园环境起到积极作用。

八、对在校未成年人加强临界预防工作

基本情况：为从源头上减少和预防校园暴力犯罪发生，天津市检察机关本着利益最大化、处置专门化等原则，探索建立未成年人临界预防机制，解决在校未成年人犯罪低龄化问题。一是规范开展临界预防工作。制定了一系列有关临界预防工作的制度，为规范开展工作提供保障。2016年，全市共对38人开展临界预防，工作对象全部顺利升学就业。如河东区检察院、东丽区检察院、滨海新区塘沽检察院分别制定了临界预防工作实施意见及帮教制度，对临界预防工作原则、帮教对象、工作流程、跟踪回访等做出具体规定。二是全面落实临界预防效果。对参与犯罪，未达刑事责任年龄或情节显著轻微的未成年人，坚持教育与保护并重，量身定制帮教计划，同时积极创造条件，帮助他们回归社会。如津南区检察院对两名参与聚众斗殴案件的临界预防对象，根据每个人性格特点和日常表现，组织开展了个性化的亲职教育、心理辅导、公益劳动等帮教活动。三是集中确定临界预防重点。将存在不良行为的未成年群体和校园暴力频发学校分别列为临界预防重点人群和监督单位，依托"检校共建"平台，加强警示教育。如东丽区检察院将有暴力倾向或不良行为表现的在校生列为临界预防重点，与未成年人、学校、家长签署临界预防协议，定期组织参加法治讲座、模拟法庭等活动，让他们深刻认识校园暴力和违法犯罪的危害性，及时敲响警钟。和平区检察院针对校园暴力案件高发学校，深挖学校在开展法治教育、校规校纪管理等方面漏洞，制发检察建议，及时追踪整改，使校园环境得到明显改善。

典型意义：天津市检察机关针对校园欺凌、暴力案件中因未达到刑事责任年龄而没有受到刑事处罚的未成年人和其他在校学生，开展规范、全面、有重点的临界预防工作，切实提高了未成年在校生的遵纪守

法意识和自我保护意识，有效降低了校园欺凌、暴力犯罪发案率。

九、"护航少年"工程助力平安校园建设

基本情况："护航少年"的提出源于2012年习近平总书记在革命老区阜平考察时的重要讲话：治贫先治愚，要把下一代的教育工作做好。河北省阜平县检察院充分发挥未检工作参与社会治理创新的优势，提出"不让一个孩子掉队"目标，着力推进校园法治教育，积极打造校园和谐环境。在县委县政府的支持下，检察机关牵头联合全县11个部门，成立了"护航少年"工程领导小组，县政法委书记任组长、检察长任副组长，其办公室设在检察机关，负责综合协调、督导落实。"护航少年"打造了未成年人基本信息数字化管理平台，将全县未成年人尤其是在校学生，全部摸底统计、分类建档。根据摸底数据精准帮教，动态关注，形成"一对一"网格化帮教体系。在全县13个乡镇建立18个心理咨询室，聘请87名心理咨询师，选聘1120名联络员，覆盖全县110所中小学校。校园中出现的不良状况通过联络员及时反馈，由检察人员会同专业人士进行法治教育和心理矫治。针对存在不良行为的少年，建立早期干预机制，防止其向违法犯罪转化。2015年共对21名受治安处罚的未成年人开展帮教，对57名在校有不良行为的少年进行心理矫正187次，顺利帮助这些孩子回归正常的学习生活。2016年初检察机关通过联络员反馈及时了解到，某中学学生杨某（14岁）和张某（15岁）常在校园欺负外地同学，学校对此感到棘手。检察机关及时派帮教小组介入干预，对杨某和张某开展数次谈话教育和心理疏导，帮助二人正确处理同学关系，促使他们和同学间团结友爱。检察机关根据网格化管理信息反馈，制定主题、内容、形式各异的法治宣讲方案，对不同学校开展有针对性的法治教育。"护航少年"工程启动以来，未成年人犯罪预防效果显著，未成年人犯罪呈逐年下降趋势。全县110所学校连续三年没有未成年人暴力事件发生。

典型意义：检察机关立足检察职能，发挥枢纽作用，推动整合相关力量，实施"护航少年"工程，实现了"网格化全覆盖、精细化准帮教、动态化早管理"的未成年人保护长效机制，有效解决了未成年人司法、学校、社会保护的衔接问题，为净化校园环境、创建平安校园做出了应有贡献。

十、"西检杯"法律知识竞赛持续 17 年

基本情况：为有效预防青少年犯罪，营造校园良好学习氛围，从 2000 年开始，北京市西城区检察院联合区教委、团区委开展"西检杯"西城区中学生思想道德法律知识竞赛。该竞赛每年一届，已连续举办 17 届，参赛学校涵盖辖区所有中学。特别是针对近几年新闻报道中校园暴力、欺凌事件时有发生，社会影响恶劣的现实情况，近三届"西检杯"及时调整竞赛内容，将校园欺凌与暴力预防内容纳为竞赛的重要考察知识点。一是针对青少年特点，建立专门题库。题库紧贴青少年身边的法律事件，将社会报道中青少年常见、常发或危害性较大的违法犯罪行为纳入题库，包括校园暴力、欺凌可能涉嫌的故意伤害罪、寻衅滋事罪、聚众斗殴罪等，及时做好违法犯罪预防工作。二是将"西检杯"与新媒体相结合，拓宽普法宣传范围。为更广泛地开展预防校园暴力、欺凌教育，自 2015 年起，"西检杯"采用"线上答题"和"线下竞赛"相结合的方式。除预赛、决赛等现场竞赛外，将竞赛与"西城未检"微信平台互动衔接，连续一个月在"西城未检"微信公众平台中推出"每日一题"，吸引同学们参与答题，培养良好行为习惯意识。三是创新竞赛形式，提高预防实效。采用法律知识竞赛、法治短剧大赛、法治微视频大赛等多种形式，集对抗性、趣味性于一体，通过典型案例，提高学生对欺凌和暴力行为严重危害性的认识，增强自我保护意识和能力。四是扩大辐射范围，决赛实行全程网络直播。由于比赛场地空间有限，为保证不能到现场参与的人可以及时观看决赛，决赛在首都政法网进行同步

全程网络直播。五是以"西检杯"为龙头,全方位多角度预防校园暴力和欺凌。结合担任法治副校长、建设法治教育基地、制作西城区未成年人犯罪调查报告等方式,多措并举,进一步深化法治教育,构筑学校犯罪预警机制,做好校园暴力的提前预防和事中预防。五年来,西城区未成年人犯罪下降了76%,涉罪校园暴力、欺凌几乎为零。

典型意义:"西检杯"西城区中学生思想道德法律知识竞赛以青少年喜闻乐见的形式,有效调动了辖区在校学生学习法律知识的积极性,通过比赛的方式让在校学生更为清楚地知晓基本的法律边界和行为底线,自我保护能力也不断提升,在持续深化预防校园违法犯罪、营造健康的校园环境方面起到了积极作用。

答记者问

中央电视台记者： 关于处理和预防校园欺凌和暴力，检察机关对学校和家庭有什么建议？

史卫忠： 校园暴力是一个社会现象，是多种不良社会因素作用的结果，需要家庭、学校和社会，包括司法机关在内的各方力量齐心协力加以防治。办案中我们发现，很多案件最初都是微小的欺凌苗头，后来愈演愈烈，最后甚至构成犯罪，给当事各方造成很大伤害，令人痛心。我们认为，应对校园暴力，"贵在预防，重在抓小抓早抓苗头。"对此，中办、国办《关于进一步深化预防青少年违法犯罪工作的意见》、国务院《关于开展校园欺凌专项整治工作的通知》和教育部等九部委《关于防止中小学生欺凌和暴力的指导意见》都有明确要求，关键是要抓好落实。

对于学校，我们建议：一是要做好学生的法治教育工作。中央要求，把法治教育纳入国民教育体系，在中小学设立法治知识课程，加强对普通高校、职业院校学生的法治宣传，配齐配强法治副校长、辅导员，这些要求一定要落到实处。二是严格学校日常安全管理。要健全应急处置预案，做到早期预警、事中处理、事后干预。要注重家校沟通，对可能的欺凌和暴力行为早发现、早预防、早控制。对发现的欺凌和暴力事件线索，要早核实、早处置，避免小事拖大。对违法违规学生要进必要的教育、惩戒，涉嫌犯罪的要及时通知公安机关。三是加强校园及校园周边地区安保措施。全面排查校园安全隐患，实现封闭式管理，强化警校联动，健全校园视频监控系统、紧急报警装置，接入公安机关、教育部门监控和报警平台，逐步建立校园安全网上巡查系统。检察机关也愿意和学校、公安机关等部门密切合作，共同做好上述工作。

对于家长，我们建议：一是要与孩子多沟通，尽早关注并发现孩子的异常，及时干预。办案中我们发现，很多孩子遭受欺凌和暴力伤害后，不愿意跟家长和老师讲，而家长对孩子的异常也没有及时发现，导致愈演愈烈。所以我们一方面要引导孩子学会沟通，遇到问题敢于求助。另一方面，也要及时发现孩子出现的精神状态异常、不合群、抵触学校、经常丢失物品、成绩下滑等现象，及时确认孩子的安全，并采取相应措施。当孩子不幸受到伤害时，要冷静处理，既不要漠不关心，也不要反应过度。一切要从恢复孩子身心健康和正常学习状态出发，与学校和对方家长进行沟通，理性解决。必要时，要请专业心理医生做心理干预，用法律武器维护孩子合法权益。

二是要对孩子加强教育，言传身教，引导孩子树立法治意识、规则意识，做到与人为善。"家庭是预防未成年人不良行为的第一道防线""父母是孩子最好的老师"，家长要以身作则，言传身教，以自己的行为告诉孩子，怎样与人相处。如果孩子实施了校园欺凌和暴力行为，不要回避，更不要袒护，要态度鲜明地予以批评，明确是非，帮助他们树立规则意识。在向对方进行必要赔偿的同时，要帮助孩子分析事件发生的前因后果，引导孩子向对方赔礼道歉，让孩子树立责任意识，增强自我改正的内在动力，避免往错误的方向越走越远。

根治校园欺凌和校园暴力，需要政府、司法机关、社会、学校、家庭齐心协力，我们相信，在社会各界的共同努力下，我们能够为孩子们创造一个安全、无暴力的教育环境，守护好每一个在校学生的安全，为每一个孩子的健康成长保驾护航。

新华社记者：近期检察机关查办的校园欺凌案件有什么特点？

史卫忠：校园欺凌和暴力行为违法与犯罪交织，情况较为复杂。从近期检察机关办理的案件情况来看，存在以下特点：

一是涉案罪名相对集中，主要集中在故意伤害、故意杀人、寻衅滋事、抢劫、聚众斗殴等几类，其中伤害类和侵财类案件所占比重较大。广东省检察机关 2013 年至 2015 年受理移送审查起诉校园暴力案件共 510 件，其中抢劫、故意伤害、寻衅滋事及聚众斗殴案件分别占总数的 38.41%、37.68%、7.25% 和 5.80%。陕西省西安市临潼区检察院 2013 年至 2016 年上半年共办理校园暴力案件 44 件，其中故意伤害案占 18.2%，抢劫案件占 27.3%，寻衅滋事案占 6.8%。

二是在涉案主体方面，性别上，校园暴力以男性为主，女性中学生涉及聚众暴力伤害犯罪成为新的增长点；中学生在涉罪未成年人中占比较高。广东省检察机关 2013 年至 2015 年受理移送审查起诉"校园暴力"案件涉罪未成年人 915 人，男性占 99%，被告人 14 至 15 周岁占 21%，16 至 18 周岁占 49%。江苏省南京市检察机关 2013 年至 2016 年上半年办理的校园暴力案件涉罪未成年人 61 人，其中普通中学学生占 29.5%，职业学校学生 41%。陕西省西安市临潼区检察院办理的案件中，小学生占 15.3%，中学生占 79.3%，大专院校学生占 5.4%。而从性别来看，仅有 3 名女性。上述地方办理案件中的女生虽然少，但从目前网络曝光的案件看，女生实施校园欺凌和暴力行为的也有一定数量，我们发布的案例中犯罪嫌疑人就有女生，这些也要引起重视。

三是作案手法上，作案动机的简单性和突发性明显，拉帮结派，恃强凌弱现象较为突出。以陕西西安临潼区检察院所办案件为例，因碰撞、口角、玩笑，甚至眼神、微小日常摩擦事件引起的纠纷占 48.6%，经济、感情纠纷占 37.5%。我们今天发布的案事例中也有几个结伙实施校园暴力的情况。

《新京报》记者：法律上对"校园欺凌""校园暴力"是如何界定的，检察机关办案时如何判断此类行为的罪与非罪？

史卫忠：严格来讲，"校园欺凌"或者"校园暴力"不是法律用语。今年 5 月国务院教育督导委员会办公室印发的《关于开展校园欺凌专项治理的通知》表述为"发生在学生之间蓄意或者恶意通过肢体、语言及网络等手段，实施欺负、侮辱造成伤害的校园欺凌事件，损害了学生身心健康"的行为，为我们认定校园欺凌和暴力行为提供了重要参考。目前，国际公约对于如何界定校园欺凌也没有统一标准。从国外的立法经验来看，为了有效解决校园欺凌问题，一些发达国家通过专门立法对校园欺凌予以明确界定。例如美国约有 40 多个州颁布了《反欺凌法》，把欺凌和其他的骚扰区分开来，对于"欺凌"的界定范围也是逐步扩展：最初认定为欺凌行为仅限于身体伤害的暴力事件，后来逐渐扩展到精神上的贬低行为（如吐口水、拍裸照等）以及语言暴力行为（如辱骂、口头威胁和在公众场所故意嘲笑他人残障、种族、性别、性取向、宗教信仰等），近年来还包括网络上的辱骂、攻击或披露同学隐私等行为。又如日本在2013年制定了《防止校园霸凌对策推进法》，该法将"欺凌"定义为在同处一校等人际关系下学生的行为给对方身心造成痛苦的状态。把被欺凌者身心受到严重伤害，被迫长期缺课的案例定义为"重大事态"。这些关于校园欺凌的定义对我们将来从法律上界定校园欺凌和暴力很有参考价值。

根据校园欺凌和暴力行为严重程度，可以分为违规、违法行为和刑事犯罪。校园欺凌和暴力达到一定严重程度涉嫌犯罪的，可能适用的有多个具体罪名，如故意伤害、寻衅滋事、聚众斗殴等。检察机关在办案中，是根据案件事实，包括行为人的主观故意、客观行为、情节和危害后果等方面，按照法定标准来认定校园欺凌和暴力行为是否构成犯罪、构成何种犯罪。比如已满十四周岁不满十六周岁的学生使用轻微暴力或者威胁，强行索要其他学生随身携带的生活、学习用品或者钱财数量不大，且未造成一定危害后果的，不认为是犯罪。而已满十六周岁不满十八周岁的学生出于以大欺小、以强凌弱或者寻求精神刺激，多次对其他学生强拿硬要，扰乱学校及其他公共场所秩序，情节严重的，以寻衅滋事罪定罪处罚。对于发生在在校未成年学生之间实施的严重欺凌、暴力行为涉嫌犯罪的，我们会依法处理，尤其是对于性质和情节恶劣、手段残忍、后果严重的，会坚决依法惩处。

《中国青年报》记者：对于不满14周岁的涉罪未成年人，如何实施有效管束？

史卫忠：这一问题确实是目前社会比较关注的热点难点问题。检察机关在办案中，对实施严重危害社会行为，但未达到刑事责任年龄的未成年人，会严格按照《刑法》第17条第4款的规定，会同公安机关责令其监护人严加管教、必要时交由政府收容教养。目前，北京、上海、天津、江西等地检察机关也在这方面进行了一些探索创新，取得了一定成效，刚才张志杰主任已经做了介绍，也有相应事例展示。

坦诚地讲，我们国家对这一类未成年人干预矫正还存在法律规定过于原则、特殊学校发挥作用有限、缺乏有效矫正手段等问题。国外一些做法值得我们借鉴：一是法律对这类未成年人设置了多种教育矫正措施，理论上也有称之为"保安处分"，如送入专门学校或者专门机构接受教育、矫正，从事社会服务，接受心理辅导等；二是规定了相应的司法程序，一般由法院审查决定，这既保证了对社会秩序的维护，又保护了涉案未成年人的合法权益。今后，我们将加强研究，与其他部门一起积极推动我国相关制度的完善，一方面要对《刑法》第17条第4款的落实制定相应细则，另一方面也要推动完善立法，健全完善对此类未成年人的矫治干预措施和相应司法程序，以有效解决问题。

中央人民广播电台记者： 检察机关对涉嫌犯罪的校园欺凌行为如何落实宽严相济刑事政策？

史卫忠： 校园欺凌和暴力犯罪损害了当事学生的身心健康，影响了校园安全，必须有效遏制。对于此类案件，检察机关始终坚持依法公正处理，切实贯彻落实宽严相济刑事政策，做到宽容不纵容，关爱又严管。在办理未成年人案件中，一味单纯地惩罚和打击，对未成年人的消极作用明显，并容易造成交叉感染和重新犯罪，因此要尽量减少不必要的羁押和刑事处罚对未成年人的不良影响。但这并不意味着只要是未成年人实施犯罪就一律从宽甚至不予追究。坚持教育、感化、挽救，不是司法纵容，也不是否定和排斥对未成年人严重犯罪行为的刑事处罚，必要时依法予以惩治也是一种教育手段。

具体讲，在办理校园欺凌和暴力犯罪案件中，检察机关会根据犯罪原因、犯罪情节和后果等具体情况依法处理、区别对待。在对情节轻微，属于初犯偶犯，认罪悔罪的未成年犯罪嫌疑人依法从轻处理的同时，对性质和情节恶劣、手段残忍、后果严重的，必须坚决依法惩处；对校外成年人教唆、胁迫、诱骗、利用在校中小学生违法犯罪行为，依法从重惩处，有效遏制校园欺凌和校园暴力等案事件发生。比如我们今天发布的重庆周某飞、卢某等人抢劫案、甘肃高某某投放危险物质案，就很好地展示了检察机关在办理此类案件时对宽严相济政策的把握。最后必须强调的是，对未成年犯罪嫌疑人，无论怎样处理，我们都会积极地对其进行帮助教育，既不会不教而轻，也不会不教而罚。

《人民公安报》记者：有公安机关反映，在校园欺凌和校园暴力案件中存在取证难和适用法律难的问题，检察机关如何加强与公安机关的配合？

史卫忠：侦查活动是刑事诉讼的起点和基础，因此公安机关在处理和预防校园欺凌和暴力问题中发挥着十分重要的作用。一直以来，我们非常重视加强与公安机关的联系配合，共同维护校园安全。根据检察机关办案实践，在处理校园欺凌和暴力违法犯罪案件中，也确实存在发现难、取证难、处理难的问题。对此，我们建议：

一要推动办理未成年人案件办理的专门化。办理包括校园欺凌和暴力案件在内的未成年人案件有其特殊规律和要求，明显不同于成年人案件。目前，北京海淀、江苏淮安、广西钦州等地公安机关建立了办理未成年人刑事案件的专门机构，大大提高了办案的质量和效果。因此，从长远看，建立专门的办案机构很有必要。

二要加强公安机关、检察机关在办理校园欺凌和暴力犯罪案件中的沟通配合。要通过建立联席会议、制定常见案件证据表彰、疑难案件协商等工作机制，共同研究办案中存在的突出问题。我们也一直要求各级检察机关及时介入公安机关办理的重大疑难校园暴力犯罪案件的侦查，提出侦查取证建议，为案件正确处理打好基础。公安机关在办理相关案件中，也可以主动邀请检察机关介入。

三要强调预防为主。检察机关将积极配合公安机关、学校开展校园安全建设和周边环境治理，为广大中小学生营造良好环境，从源头上减少此类案事件的发生。

5. "法治进校园"全国巡讲活动新闻发布会

时　　间：2017年5月31日10：00

地　　点：最高人民检察院

出席人员：史卫忠，时任最高人民检察院公诉厅副厅长、未成年人检察工作办公室副主任，现任最高人民检察院第九检察厅厅长

王广令，中央电视台社会与法频道总监

王立新，时任教育部基础教育司德育和校外教育处处长，现教育部基础教育司二级巡视员

郭志燕，"法治进校园"全国巡讲团讲师代表、山西省阳泉市人民检察院未检部主任

主 持 人：肖玮，最高人民检察院新闻办副主任、新闻发言人

议　　程：1. 通报"法治进校园"全国巡讲活动有关情况
2. 通报最高人民检察院与央视联合制作的大型未成年人法治教育特别节目《守护明天》的有关情况
3. 发布"法治进校园"全国巡讲活动精彩瞬间
4. 发布"法治进校园"全国巡讲团感人故事
5. 答记者问

"法治进校园"全国巡讲活动情况通报

>> 史卫忠

各位记者朋友们：

大家好！

2016年6月，最高人民检察院、教育部联合部署了为期三年的"法治进校园"全国巡讲活动。一年来，全国各级检察机关、教育部门密切配合、精心组织，分层次推进巡讲活动有序开展。其中，最高人民检察院、教育部从全国抽调一批优秀检察官组成全国巡讲团，研发了一批精品法治课程，分赴各地巡讲，目前已按计划在各省、自治区、直辖市和新疆生产建设兵团的91个城市开展巡讲194场次，覆盖132所中小学校和19万余名中小学生，圆满完成阶段性巡讲任务，取得良好效果。明天又是"六一"儿童节，因此我们举行这次新闻发布会，通报"法治进校园"全国巡讲活动的相关情况。

一、落实中央部署，顺应社会需要，及时开展巡讲活动

党的十八大以来，党中央先后对推动全面依法治国、增强全民法治观念、推进法治社会建设作出一系列重要部署，要求实行国家机关"谁执法谁普法"的普法责任制，建立法官、检察官、行政执法人员、律师等以案释法制度，加强普法讲师团、普法志愿者队伍建设，推动形成守法光荣、违法可耻的社会氛围。

当前，未成年人犯罪虽然整体数量下降，但呈现出暴力化、低龄化、成人化趋势，尤其是校园欺凌和暴力案件时有发生，引起社会各界高度关注。根据办案实践来看，出现上述问题的重要原因之一就是一些未成年人法治意识淡漠，这一方面表现在对法治缺乏应有的敬畏和遵守，另一方面表现在不知道用法律维护自己的权利。党和国家对此高度重视。2016年以来，中央和有关部门先后下发了《关于进一步深化预防青少年违法犯罪工作的意见》《关于开展校园欺凌专项治理的通知》《关于加强中小学幼儿园安全风险防控体系建设的意见》《关于防治中小学生欺凌和暴力的指导意见》《关于加强青少年法治教育实践基地建设的意见》和《关于实行国家机关"谁执法谁普法"普法责任制的意见》等重要文件，对加强未成年人法治教育、预防和减少未成年人违法犯罪、有效遏制校园欺凌，作出部署，提出要求。

为切实贯彻落实中央有关部署，进一步提高在校学生自觉守法意识和自我保护意识，从源头上预防和减少校园欺凌等违法犯罪案件发生，促进校园安全和师生人身财产安全，2016年6月，经过多次沟通协商，最高人民检察院、教育部决定联合部署"法治进校园"全国巡讲活动，并制定下发了活动方案。根据方案，巡讲活动分中央和地方两个层面进行，一是最高人民检察院会同教育部组成全国巡讲团分赴各地巡讲，在活动第一年实现对各省、自治区、直辖市和新疆生产建设兵团的全覆盖；二是地方各级检察机关、教育部门在辖区内的中小学校有计划地进行巡讲活动，确保在三年内实现对全国中小学校的全覆盖。

二、选拔业务骨干组建法治巡讲"国家队"

一是从全国检察机关选拔巡讲团讲师。2016年6月，我们经过一轮初选、一轮试讲，由专家评委打分，综合考查法律修养、业务素质和宣讲水平，最终从近百名推荐人选中选拔了23名业务能力强、法治巡讲水平高的优秀检察官组成全国巡讲团。他们来自16个省、直辖市，绝大多数是长期从事未成年人检察工作的一线检察官，其中有未检部门负责人，有全国未检业务标兵，有重庆"莎姐"、成都"亮晶晶"、湖州"春燕工作室"等知名未检团队的主要成员，有全国巾帼建功标兵、省级三八红旗手和五四奖章标兵获得者，有省、市、县党代表，既对未成年人保护充满热情，又有扎实的办案实践和宣讲功底，是全国巡讲团巡讲水平的保证。

二是进行了专门专业的培训。为进一步提高巡讲水平，我们邀请未成年人心理干预、自护教育和演讲辩论等方面的一流专家，对巡讲团讲师进行了为期一周的集中培训。专家们从未成年人心理发展规律和特点，未成年人心理干预和自护教育的伦理、立场和原则等基本原理出发，讲授了如何与未成年人拉近距离并进行有效沟通，如何科学地对未成年人进行法治教育和自护教育，如何把握课程结构、表达技巧、教学安排等问题，进一步提高了巡讲团讲师的巡讲水平和科学化、专业化程度。

三、深入调研法治教育需求，打造精品法治课程

在对巡讲团讲师进行培训的同时，我们将他们分为若干课题组，下大力气研发课程、编写教案、制作课件，并逐个集体讨论，最终确定了用于巡讲的精品课程。

一是增强法治教育的针对性，实行"菜单式"服务。我们通过走访学校，发放调查问卷、意见征求函等多种方式深入了解、分析当前校园的法治需求，结合社会热点问题和办案掌握的实际情况，有针对性地确定了防治校园欺凌、网络安全与犯罪预防、性侵害预防、禁毒教育、留守未成年人保护、一般犯罪预防、一般自护教育、家长课堂等8个方面14个主题的20余节课。我们将上述主题制作成"菜单"供各地学校选择，受到普遍欢迎，点击率都很高，其中以防治校园欺凌、网络安全与犯罪预防、自护教育方面的课程最为热门。

二是坚持体现检察特色，贯穿法治主线。我们在课程内容设计中，注重以案释法，对一些检察机关办理的、发生在未成年人身边的真实案例进行解析，分析未成年人违法犯罪的原因，提出预防犯罪和加强自护的意见和建议，让孩子们了解违法犯罪离他们并不遥远，同时也更容易接受法律知识。我们认为，一堂课能够讲授的内容是有限的，因此在讲授一些具体案例和法律知识点时，注重将权利意识、规则意识融入其中，突出强调法治对于每一个人的重要意义，力求在孩子心中播下法治的种子。

三是注重遵循未成年人身心特点，提高课程科学性。我们在课程研发过程中，遵循专家的指导，结合实践经验，始终尊重未成年人的主体地位，保持与他们平等交流的状态，戒除生硬说教和恐吓式教育。我们注重根据受众群体的认知能力和心理特点，区分年龄、性别设置课程内

容，对每个专题都设置了不同版本。比如在预防校园欺凌课件中，设置了小学版、中学版、留守儿童版和模拟法庭版；在预防性侵课程中设置了小学版、中学女生版和中学男生版。预防性侵课中，我们在提示同学们与陌生人保持距离、提防熟人性侵的同时，又注意把握尺度，告诉他们正确的交流方式，避免给他们造成人际交往困难。另外，我们在给留守儿童上课时不使用"留守儿童"字眼，以免他们觉得自己已经被标签化、另类化。我们的所有课件都保持轻松明快的基调，有的在结束时还播放轻缓的音乐，纾解孩子们的心理压力。

四是纳入时尚流行元素，抓住孩子们的眼球。一堂成功的法治课，做到让孩子们爱听、想听是前提。因此我们在课程设计中使用了同学们喜闻乐见的网络语言、图片、视频和故事桥段，保持时尚活泼的风格。比如面向中学生的《电影普法剧》一课中，借用当下很火的漫威电影中钢铁侠与蜘蛛侠组团互殴的情节，穿插相关视频和动漫形象，介绍了聚众斗殴相关法律知识、危害、成因和对策。又如面向小学生的《认清角色，远离校园暴力》一课中，借用《哆啦A梦》中的角色，引导孩子们不做施暴者、助虐者，避免成为受害者，学做见义"巧"为的帮助者。这些课程在巡讲中受到广大师生的热烈欢迎。

四、精细准备，注重互动，保证现场效果

一是充分做好巡讲前的准备工作。巡讲团每到一站，都会和巡讲的学校进行充分沟通，了解听课学生的具体情况，根据地区特点对讲课内容和方式作进一步调整，比如在新疆，巡讲团专门安排讲师和当地维族检察官一起对多民族同学巡讲，既讲授一般的犯罪预防知识，又增加了去极端化教育。同时，为使巡讲达到最佳效果，每场巡讲前，巡讲团都会对巡讲场地进行考查，对现场设备进行调试。各地检察机关、学校也会在巡讲现场布置海报、展板，在正式讲课前还会播放未成年人法治教育微电影进行暖场。吉林、广东等地，还对巡讲活动进行电视转播，扩大了巡讲覆盖面。最高人民检察院从各地检察机关精选了四种未成年人法治宣传小册子，经过重新编辑后正式出版，在讲课时赠送给同学们，整个巡讲期间，我们在全国共发放了27000册，今天也给每位记者朋友

赠送一套。

二是实行互动参与式的巡讲模式。巡讲团在讲课中,没有采取稳坐讲台的讲课方式,而是全程站立,不时走进同学们中间,充分发挥表达和控场能力,保证讲课效果。在讲课中,还采取提问、做游戏、情景剧、模拟法庭等方式,吸引同学们互动参与。比如,安排一名同学蒙着眼睛,其他同学围着他轻轻推搡,让同学真切体会并讲述遭受校园欺凌的感受,引发现场学生们的思考。再比如,以糖果冒充"弱化毒品"让同学试吃,然后告诫同学们"上当了",现实中并不存在不上瘾的毒品,切忌轻信他人去尝试毒品。

三是举行座谈会与师生充分交流。课后,巡讲团还会和师生、家长代表进行座谈,解答大家提出的相关法律问题,进一步听取大家对未成年人司法保护和法治巡讲方面的意见和建议,并吸收到本职工作和下一步巡讲活动中。

五、巡讲团以实际行动传播了法治正能量

在巡讲过程中,全国巡讲团的 23 名讲师表现出较强的敬业精神、专业水准和创造力,为巡讲活动顺利开展并取得预期效果做出了突出表现,涌现出很多感人故事。他们的本职工作繁重,每次巡讲回去后都要加班加点办理案件、处理工作,近一年来几乎没有节假日。期间,有多位同志的家人或者本人生病,但他们仍克服困难,按时高质量完成任务。他们精心研发课程,深入思考主题,打磨每一个细节,每一个精品法治课都凝聚着他们的聪明才智和心血汗水。在一些地方,巡讲团讲师还现场教同学们学唱根据流行歌曲改编的《青春自护手册》,跳起事先编排的舞蹈,既活跃气氛,又使同学们很快记住了知识点。每到一地,无论多晚,巡讲团讲师都坚持到巡讲现场去适应场地、调试设备。在重庆万州,他们深入条件艰苦的农村小学,在没有礼堂和投影的情况下,手绘课件页面,用简易的黑板和木质的讲台,在油菜地旁的坝子上给孩子们讲了一堂高质量法治课。在西藏拉萨,他们克服严重高原反应,精神饱满地为高原孩子呈上法治盛宴。在新疆石河子巡讲时,突发地震,他们协助学校组织同学们撤离,自己最后离开礼堂,以实际行动诠释了未成年人保护理念。这个月 23 日,他们又专门赶赴石河子,为那里的同学补上了这一课。基于全国巡讲团的优异表现,最高人民检察院政治部决定对全体讲师进行通报表扬。

六、全国巡讲团的巡讲活动取得了扎实成效

一是受到了全社会的广泛欢迎。广大师生、家长普遍认为这次巡讲克服了单纯说教问题,与未成年人平等交流,注重互动参与,引入未成年人喜欢的流行时尚元素和发生在校园的真实案例,主题上又非常契合当前校园法治教育需求,法律阐述上做到深入浅出,让广大中小学生喜欢听、听得懂、听得进,在不知不觉中学到了法律知识,提高了法治意识。有不少同学通过写小纸条、手工报和撰写听后感的形式展示他们对法治的认识。江苏一个网瘾少年主动与父母分享网络安全课的内容,表示以后不再痴迷网络游戏了。有不少中学生听后还表示以后要学习法律,成为一名检察官。每次巡讲后,校长、老师们都主动向检察机关预约课程,同学们则围着检察官请教问题,要电话、加微信,实实在在拉近了师生与检察官、师生与法治的时空距离。参加活动的人大代表和政协委员也普遍认为巡讲活动既展示了检察官专业、敬业,充满爱心、活力的良好气质,又树立了检察机关司法为民,心系未成年人健康成长,富有人情和温度的良好形象。

二是发挥辐射引领作用,推动各地巡讲活动深入有效开展。在全国巡讲团赴各地巡讲时,当地会组织检察官进行观摩和交流,一定程度上提高了各地的法治巡讲水平。在全国巡讲团的带动下,各地检察、教育机关加强配合,周密组织,共组建了 80 余支 2000 多人的省、市巡讲团在辖区内进行巡讲。他们一方面"走进去",在校园里采取宣讲、法治竞赛、模拟法庭、法治剧等多种形式,开展丰富多彩的法治巡讲,另一方面又"请进来",邀请同学们走进检察院、法治教育基地,举行主题班会、检察开放日等活动,提升巡讲活动的参与度和趣味性。一些地方检察机关根据地区特点,针对外来务工人员子女、留守儿童密集的学校量身制定授课内容。一些革命老区充分利用红色教育资源,把革命传统教育和法治教育有机结合起来。一些民族地区还针对少数民族学生开展双语巡讲。截至 2017 年 6 月，各地检察机关共组织巡讲 1.7 万余场，覆盖 1.8 万余所学校和 1780 万名中小学生，取得了良好的效果。

三是推动建立检校合作开展法治教育的长效机制。截至目前，全国检察机关共有 7300 名检察官担任了中小学法治副校长，各级检察机关单独或者配合其他部门建立了 1541 个未成年人法治教育基地。一些地方检察机关和学校合作培训德育老师，编写法治教育教材，提高学校法治教育水平。一些地方建立了驻校检察官工作室、志愿者普法协会、留守儿童辅导服务站。最高人民检察院和一些地方检察机关还创建了 1400 多个未成年人检察微信公众号、网络平台，定期发布未成年人法治教育信息，实现了法治教育在时间和空间上的拓展。

朋友们，一堂法治课乃至一次巡讲活动的时间是有限的，承载量也是有限的，未成年人法治理念的培养任重而道远，"法治进校园"永远在路上。下一步，一是按照计划，把今后两年的"法治进校园"全国巡讲活动深入开展下去，按计划实现对所有中小学校的全覆盖。同时，我们正在着手对全国巡讲团的课程进一步完善、固化，推广到全国，切实保证巡讲的质量和效果。二是要把法治巡讲的成果惠及更多的未成年人。我们正在与央视合作利用电视"法律讲堂"的形式使更多的未成年人接受法治教育。中央电视台社会与法频道也与最高人民检察院合作，制作未成年人法治教育特别节目，目前已经策划了四个主题的 10 期节目，各项准备工作正在进行中，稍后还要在这里举行启动仪式。三是进一步健全完善检校共建长效机制。中央已经决定将法治教育纳入国民教育体系，检察机关将发挥这方面的特长，在教材编写、师资培训和法治教育基地建设方面发挥作用，为教育部门做好服务，共同努力让法治精神深入校园，让法治的种子在孩子们心中生根发芽。

谢谢大家！

未成年人教育特别节目《守护明天》有关情况介绍

>> 王广令

尊敬的各位来宾，媒体朋友们：

大家上午好！非常感谢各位的到来！

未成年人保护是全社会共同关注的一个话题，中央电视台社会与法频道对于未成年人保护一直保持着持续的关注。我们频道曾经推出过六集电视专题片《关爱成长 呵护未来》，引起网上热议。前不久，我们又推出了中国首部深度探讨家庭情感教育的纪录片《镜子》，该片入围北京国际电影节纪录单元，反响热烈。这一次我们即将推出的10集特别节目《守护明天》，从规模到内容、再到运用的电视元素和手段，在社会与法频道也是首次，我们希望通过央视的传播平台，引发全社会对于未成年人保护的关注。

2016年10月，最高人民检察院和教育部启动了"法治进校园"全国巡讲活动，活动取得了很大成效。作为"法治进校园"全国巡讲活动的延展，今年3月，我们和最高人民检察院未检办共同策划了特别节目《守护明天》，计划于暑期在社会与法频道播出，与全国电视观众见面。

这档节目我们将其定位于法治服务类节目，将邀请检察官、学者以及家长、老师和孩子们一起走进演播室，针对校园暴力、网络侵害、性侵害、未成年人监护等话题探讨交流，节目将选取典型案例，分析案件背后的成因，提出解决建议以及预防措施，避免悲剧的屡屡发生。

孩子是每一个家庭的未来，更是国家的未来，孩子的成长牵动着太多人的心。今天在座的所有人，无论是对于"法治进校园"活动还是这个电视节目都倾注了一份格外的殷切与关注，也正因为此，我们所有的努力和付出都是值得的！在节目的拍摄过程中，我们的记者时时被检察官和老师对孩子们的真情与付出感动着,我们将把这份感动融进节目,传达给观众!

  预祝最高人民检察院和教育部联合开展的"法治进校园"活动圆满成功,越办越好!预祝系列节目《守护明天》早日与观众见面!保护未成年人,让我们一起行动!谢谢大家!

"法治进校园"全国巡讲活动精彩瞬间

◎ 2016年10月11日,全国巡讲团在北京市第十四中学举行首场巡讲,标志着"法治进校园"全国巡讲活动正式拉开帷幕。

◎ 2016年11月16日,江西省鹰潭市第一小学巡讲结束后,小女孩主动给讲师刘婷一个拥抱

◎2016年11月24日,在山西省原平市实达中学,一堂精彩的法治课后,同学们围着讲师田丽静索要签名

◎2016年11月24日,山西省原平市实达中学,讲师王文婷在讲课中

◎2017年2月22日,河北廊坊站,讲师章春燕在给管道局中学的学生签名

◎2017年3月14日,江苏南京站,讲师郑蕾在激情讲课中

◎ 2016年12月13日，内蒙古呼和浩特玉泉民族实验小学，听课的蒙古族孩子们抢着回答问题

◎ 2016年11月22日，新疆伊宁站，模拟法庭环节出演检察官角色的同学有模有样

◎ 2016年11月25日，新疆特克斯县双语学校，思考中的女生

◎ 2016年12月19日，海南海口站，讲师罗文磊以贴标签游戏，让同学们直观感受网络不良信息的危害

◎ 2017年4月11日,广西凭祥站,讲师黄晶用壮族特有仪式——抛绣球选取学生参与现场体验式互动

◎ 2016年11月22日,陕西西安站,孩子们阅读巡讲团赠送的自护手册

◎ 2017年2月23日,河南兰考站,讲师郭志燕认真聆听学生的回答

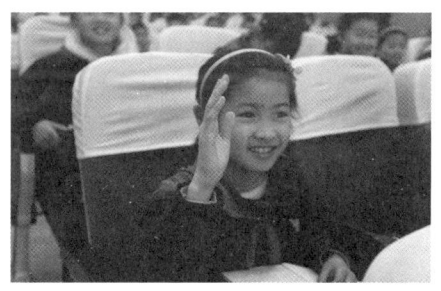

◎ 2017年3月14日,江苏南京站,举手回答问题的小学生

◎2016年12月21日,海南陵水站,讲师吴翎翎在"家长课堂"为家长授课

◎2017年4月20日,湖北咸宁站,讲师张洋在一场禁毒课中,"引诱"同学们尝试"毒品"

◎法治巡讲一直在路上

"法治进校园"全国巡讲团感人故事

1. 孩子心中的法治

从江苏到新疆,从甘肃到海南,孩子们纷纷用质朴的话语、一张张小纸条、一幅幅漫画、一篇篇课后感……向检察官们讲述他们对法治的理解。

"哦!原来法律是这样的,孤立、给别人起侮辱性外号也是校园暴力。"

"在我的眼中法律是每个人都要遵守的规范,我的梦想是当一名律师,也想当一名检察官。"

"我明白了什么是真正的朋友义气,帮助朋友必须尊守法律的底线。"

"我们镇上有很多关于毒品的事情,有人还通过毒品发了财。以后必须远离毒品,不能用他害人害己。"

"网络即江湖,小心谨慎就是一把'伞',不忘的是单纯善良的初心。"

"以法治国,结社,修身,兴盛,成才之底。"

有一幅稚嫩的漫画,画面中法律是一堵墙,墙内是安全区,墙外是危险区。

还有一个听完自护课的小男孩把爸爸、妈妈、老师、两个同学写在五个手指上:"这是我的五个保护神,检察官老师说,把保护神握在拳中,会给我小朋友力量。遇到坏人要及时告诉他们!"

……

巡讲团的讲师们说:"孩子,你让我们成就感满满的,希望法治的种子在你的心中发芽、长大!"

2. 点亮"网瘾少年"的心灯

"真的,我都不敢相信,他能自己说不玩网络游戏了。"2017年3月20日一早,一位母亲专程到江苏省扬州市竹西中学,向李校长讲述了自己儿子听完法治课的惊喜变化,情到深处,她不能自已,流下了眼泪。送走这位母亲,李校长激动地拿起手机,打给扬州市检察院的未检检察官:"你们检察官的法治课太神奇了!她们都可以评特级教师了!"

"她们"指的就是最高人民检察院"法治进校园"全国巡讲团的讲师。2017年3月15日,她们来到竹西中学宣讲,一场看似普通的巡讲,带给这位母亲的却是意外的惊喜。

两年前,儿子开始玩网络游戏,这成为家庭矛盾的导火索,从最初苦口婆心地教育,到后来直接停掉家里网络、关禁闭,家长几乎绞尽脑汁。可儿子全然不顾,依然沉浸在网络世界里,偷偷去网吧上网,不能自拔。听完法治课,儿子主动和母亲分享听课的感受。母亲记得,那天儿子回家后,手里举着一本书,兴奋地说到:"今天检察官姐姐来我们学校讲课了,我主动回答问题了,和检察官姐姐还合影了,我还拿到了一本最高人民检察院赠的书!"说起检察官时,他的眼神里充满了敬佩和向往,他还复述了一个因为沉迷网络引发犯罪的案例,"我第一次发现,原来杀人这种事离我们这么近。妈妈,对不起!一直以来,让您担心了……"儿子有点说不下去,而母亲的眼眶早已湿润。

从那天后,母亲发现,儿子变了,变得更加活泼开朗,与自己的关系也更加亲近了。有一天,儿子吃完饭就一直呆在自己的房间里好长时间没出来，母亲有些担心是不是又在上网，悄悄一看，发现儿子正在看巡讲课上拿到的那本法律书籍呢。

3. 父母在外打工的孩子

在江西省余干县巡讲前，当地未检检察官告诉巡讲团，台下三百多名孩子中有许多孩子的父母因为生计原因不得不外出打工，他们非常需要自护知识。

课堂上，巡讲团讲师刘婷设计了"说说心里话"环节，并为此播放了一段湖南卫视《变形记》中"梁训如愿见到父母"的视频。视频播放结束后，台下特别安静。刘婷问大家此刻有什么心里话想对父母说，话音刚落，刘婷看到了很多孩子把手举得高高的。有的说父亲身体不好还要在建筑工地当搬运工，现在背还有些驼了；有的说父母特别辛苦，等他们回家一定会紧紧抱住他们；有的说妈妈，我知道你工作很累，我爱你。令刘婷印象最深的，是一位女同学的回答："寒假时我曾到过我妈妈打工的餐馆，她弯下腰把双手伸进冰冷的水中洗几百个碗，晚上还得背着爸爸偷偷抹药，每次回家看到那双有点变形的手就特别心疼。"说着说着，她眼眶红了，难过的眼泪流了下来。也许这番话引起了共鸣，让孩子们想到了父母的不容易，不少同学也流下了眼泪。刘婷告诉同学们，这个社会上有很多人在关心大家，但大家加强自我保护，让父母无后顾之忧，也是一种爱的表达方式。很多同学听了，用力地点了点头。

其实，这群孩子和天下所有的孩子一样，非常渴望父母的关心，他们的父母为了生计不得不离开他们外出打工，从事很辛苦的工作。通过说说心里话，孩子对父母多了一份感恩和理解；作为父母，在努力工作的同时也不要忘记对孩子的陪伴和关爱，这才是爱的正确打开方式。

4. 一个求助微信

2017年3月26日，一个周日的午后，"法治进校园"全国巡讲团的成员顾琤琮突然收到了一条微信——"检察官姐姐，我被人告了怎么办呀？"她一看，发现消息来自山西的中学生小北，是她去年11月在山西巡讲时的一位小听众。她赶紧询问具体情况，原来小北在打"网游"时遇到了网络诈骗，她信以为真，把身份信息和银行卡号都告诉了骗子，但因为卡内没有存款，骗子就威胁说要"告"她，想骗她往银行卡里充钱。顾琤琮又是电话又是微信，"手把手"

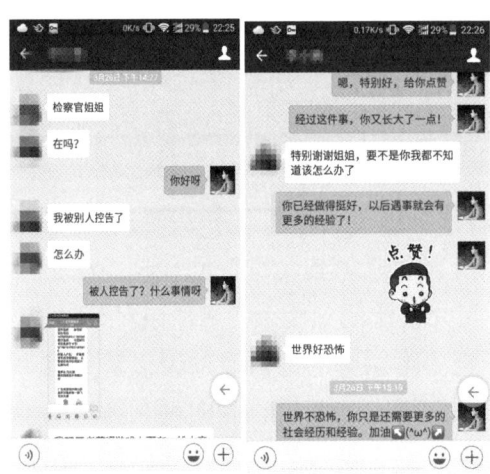

帮助小北及时报警、挂失银行卡，然后借此机会给小北再上了一次"线上"的自我保护教育课。

挂了电话，看着小北在微信里说"我也想考法学院，想当检察官"，顾琤琮心绪难平。这次小小的求助让她感慨良多——一节45分钟的法治课是可以让孩子们听得懂、记得住的，是可以让讲师被孩子们所喜爱和信任的，甚至是可以给孩子带去法治的信仰，影响他们整个人生的！法治守护成长，顾琤琮会永远记住这一次小小的求助，记住这一份沉甸甸的信任，不断增强自己的专业本领，办好每一个案件、讲好每一堂法治课，用法律保护更多的孩子！

5. 她比以前更勇敢、更坚强

黄辉是选择"预防性侵犯"为主题的一名讲师，这是因为经手办理的一个个性侵案件背后的故事,让她更深切地体会到讲授这个专题的意义。

面对小学生,她会以讲故事的形式引导孩子们认识哪些属于性侵犯行为、如何防范性侵犯行为、遇到性侵犯该怎么办。这一专题除了引导孩子们加强自护,预防性侵害之外,一个必讲的内容是如果不幸发生了,一方面被害人要勇敢的面对,另一方面,同学们也不要歧视被害人,造成二次伤害。

在山东站巡讲时,黄辉像往常一样问了一个问题:"受到性侵害后,小红还和以前一样吗?"按照之前课堂的引导,大部分同学都能回答出小红还和以前一样可爱,一样受欢迎。但在这堂课上,有一名女生怯怯地站起来说:"不一样,她比以前更勇敢,更坚强。"顿时,全场响起热烈的掌声。黄辉瞬间也有些控制不住的哽咽,从孩子的回答中她看到了善良和勇敢,看到了孩子心中的阳光和乐观。

作为一名检察官,她想借用作家刘瑜的话对所有孩子说:孩子,愿你有好运气,如果没有,愿你在不幸中学会慈悲;愿你被很多人爱,如果没有,愿你在寂寞中学会宽容;愿所有的孩子岁月静好!

6. 最"震撼"的法治课

2016年12月8日早晨,新疆石河子第九中学礼堂,"法治进校园"全国巡讲团讲师、来自四川成都的"亮晶晶"组合正在给500多名师生上一堂法律自护课,题目为"万万没想到——你可能不知道的自护法律知识"。讲师们的精彩授课深深吸引着孩子们,同学们积极互动、气氛活跃。这也是全国巡讲团在新疆的最后一课,他们即将完成任务,明天就要返程了。

但在13时15分,新疆

昌吉州呼图壁县发生6.2级地震，震源深度6千米，震中距石河子市57公里！

瞬间，学校礼堂剧烈摇晃，伴随着轰隆隆的巨响。持续几秒钟后，有人大喊"地震了！"大家这时才意识到发生了什么。有人尖叫起来，孩子们本能地涌向门口。地震很可怕，但比地震更可怕的是因逃生引起的踩踏事故。

关键时刻，经历过四川"5·12"大地震的"亮晶晶"没有慌，而是手持话筒，一边大声喊"同学们，不要慌，听老师指挥！不要慌……"一边扶起摔倒的同学。在场的学校老师也没有惊慌，有的喊着："孩子们不要慌，按我们演习的要求撤离！"有的则赶紧打开另一扇大门。同学们在极短的时间内安全撤离，而我们的巡讲团成员和老师们一同最后撤出。

全部人员撤离来到楼下的安全地带。此时，一边是裂缝的大楼，一边是列队的师生，大家有惊无险，情绪瞬间转换，露出了笑脸，平安就好！"亮晶晶"与同学们相拥，并约定全国巡讲团一定会再回九中，上完这一课。

2017年5月23日，"亮晶晶"又代表全国巡讲团回到九中，看望老朋友，并给同学们讲完了这场"最震撼"的法治课。

7. 最春天的法治课

"即使没有礼堂、没有ppt、没有微电影，我们也要把法治课送给村小的孩子们。"这是"法治进校园"全国巡讲团讲师罗文磊、孟艺在重庆万州站巡讲时的感悟。

2017年3月21日，重庆万州甘宁镇中心小学的法治课给走南闯北、见过大世面的讲师罗文磊、孟艺出了难题。因

村小设施简陋,授课地点最终确定在学校旁边孩子们经常玩耍的空地上。"这里没有礼堂,没有 ppt、没有微电影,我们能上好一堂法治课吗?"条件受限,又要保证质量效果,经过反复思考,罗文磊、孟艺选择村小学生最需要的预防校园暴力、远离毒品犯罪、防范性侵三块内容作为授课主体,并巧妙地将案例故事、互动体验、模拟游戏、演唱自护歌曲等环节设置在法治课中。

在一片片金灿灿的油菜花旁,讲师罗文磊、孟艺用临时搭起的简易黑板和木质讲台,加上自己手绘的图画,给 70 名小学生和 20 名家长上了一堂"接地气"的"防范侵害,拒绝犯罪,沐浴法治阳光"的法治课。孩子们全程互动参与,在欢笑中收获了法律知识,在场家长也纷纷表示受益匪浅。罗文磊、孟艺也收获了学生们亲手做的礼物——七彩纸花朵。

上好村小法治课有很多难处,而讲师罗文磊、孟艺让法治之花在春天的田野美丽绽放,做出了一个村小普法课的范本。

8. 最有高度的法治课

2016 年 11 月 14 日,"法治进校园"全国巡讲团第二组抵达拉萨,与当地检察院的同志汇合后便马不停蹄地赶赴将要开始巡讲活动的第一站——拉萨市第二中等职业技术学校——调试设备和适应场地。实际上,因为之前飞机延误,二组中的郑蕾、汪曼乔已经在高铁、飞机上来回折腾了一天,非常疲劳。

然而,高原立马给了他们一个下马威。刚到巡讲现场,领队的一名同志就晕倒了,经过吸氧急救才缓过劲儿来。其他同志也感到心跳

加快、胸闷气短。这让大家一下子紧张起来。到了晚上,高原反应更为厉害,一些同志剧烈的头痛持续了整晚,没有人睡得着觉,房间里不时传来呕吐的声音,大家从来没有这么急切地盼着天亮。此时,大家最担心的是明天能否保持状态,给孩子们上一堂高质量的法治课。作为西藏首讲的汪曼乔、陆昊直到走进校园依然头痛心慌、呼吸困难。而当他们走上讲台的那一刻,仿佛有奇迹发生,两人依靠坚强的意志逐渐达到心无旁骛的状态,全身心投入讲课,台下的同学们也很"给力",师生积极互动,现场的气氛很热烈。一位西藏的同行说,现场嗨起来了,孩子们从没有见过这样的课堂。事后,汪曼乔说:"也许是去学校路上远远看到圣洁的布达拉宫,也许是讲课现场那些孩子脸上的高原红,把我们的情绪点的火热。"陆昊说:"孩子们的掌声,是治疗'高反'的良药。"

在西藏5天,二组的同志先后在拉萨、日喀则巡讲6场、组织1场座谈会,覆盖12所学校,其中还有两天完全奔波在路上。两位年轻的组员郑蕾、王敬敬说:"我们终于来到向往已久的西藏,虽然这次不能朝拜珠峰,不能参观大昭寺,不能去看天湖纳木错,但能够来到这里,为孩子们做点事,受到他们的欢迎,我无比满足!"

9. 最浪漫的法治课

"有请巡讲师汪曼乔为同学们上法治课,题目是《朋友——检察官与同学们的一场对话》。"2017年3月17日,"法治进校园"全国巡讲活动在江苏省徐州市如期举办。当现场主持人陈嘉把话筒递给全国巡讲团讲师汪曼乔时,掌声如潮。这对未检伉俪,在这场"法治进校园"的活动中再度携

手,成为巡讲活动中的一段佳话。

"同台"二字,在陈嘉、汪曼乔夫妻的字典里,内涵丰富:在徐州市"十佳公诉人"赛场上,他俩同场竞技;在检察系统大型节目舞台上,他俩同台主持;在未检岗位上,他俩分别担任两个区检察院的未检科长,携手互进。昔日的大学情侣,十七年后,已经成长为独当一面的检察伉俪。夫妻俩的业务,带回家也是家常便饭。为了"案子如何定性""孩子帮教"等问题,两人有时争得面红耳赤,有时谈得不亦乐乎。在他俩的熏陶下,刚上小学的儿子调皮时,也振振有词地说:"对未成年人要教育、感化、挽救!"

汪曼乔参加"法治进校园"全国巡讲期间,陈嘉主动承担了所有家务。巡讲团来到徐州巡讲时,汪曼乔在备课点无法回家,陈嘉带着孩子与她匆匆一聚。授课后,汪曼乔再次踏上赶赴青海的火车。夫妻俩知道,那里还有更多的孩子们在翘首以待。

一路有你,累中亦有乐。每办理一个无可挑剔的案件,每挽救一个迷途的孩子,每一次爱心的继续接力都让陈嘉、汪曼乔夫妇欣喜而满足。两人都被评定为江苏省检察机关岗位能手,多次荣记个人三等功。陈嘉说:"要说有什么得天独厚的条件,那就是我的爱人也是一名未检检察官。"

10. 家人用爱填满巡讲的行囊

从冰雪纷飞的漠北到酷热难当的海南,巡讲"国家队"奔波几万里,把法律带给32个省的孩子们。在他们的行囊里,除了满满当当的法律知识,还有家人们深深的惦念和支持。

爸爸,您牵挂的孩子长大了

全国巡讲对"亮晶晶"组合王亮来说,有太多难忘的瞬间。父亲去世时恰逢王亮在京参加全国巡讲团试讲选拔,没能见到父亲最后一面,这成为王亮心中永远的痛。"亮娃儿,你好好讲,多给娃娃讲点法律知识。"王亮带着父亲最后的嘱托,踏上了巡讲征程。一路克服了病痛、地震、严寒的王亮,在心里默默地对父亲说:"爸爸,您放心,您牵挂的孩子长大了。"巡讲团员伟大的父母们一直在用心为他们加油,田丽静、汪曼乔、顾琤琮、路昊等几个队员的父母因病住院,担心影响孩子巡讲一直瞒着他们。郭志燕临去河南巡讲前,父亲正要住院,对她说:"反正这两天不做手术,你先去给孩子们上课吧!""一定不能拖孩子的后腿",朴实的话语说出了父母共同的心声。

宝贝,回家补给你一个大大的礼物

儿子兜兜四岁生日的那天,对于孟艺来说非常难忘,不仅因为这是自己在"国家队"的首次讲课,还因为这是儿子第一个没有妈妈陪伴在身边的生日。当孟艺讲完课跟儿子视频时,儿子哭了,孟艺只能忍住泪水说:"妈妈在做一件很有意义的事情,回家一定补给你一个大大的礼物。"对孩子的亏欠是很多队员都有过的心酸。田丽静的孩子正处于高中关键阶段;很多队员家中孩子尚幼,都因为巡讲无法照顾;队员吴端端发明了一个好方法,那就是通过视频辅导孩子作业,大家纷纷效仿,多少弥补了一些心中的内疚。

亲爱的,巡讲结束家务我承包半年

当刘婷接到全国巡讲的任务通知时,有一些犹豫,那时她和老公正准备"二胎计划"。陷入两难的她找爱人商量,没想到爱人暖心地说:"你放心去巡讲吧,不要有任何顾虑。"除了刘婷,巡讲团的很多队员能够在巡讲时无后顾之忧,都来源于爱人那句"家里有我"。为了感谢爱人的付出,有个队员提议给自己的另一半发个微信:"亲爱的,巡讲结束家务我承包半年。"

答记者问

《检察日报》记者：由 23 名优秀检察官组成全国巡讲团，一年来他们分赴个 31 省份和新疆生产建设兵团，共开展巡讲 194 场次，可以说十分辛苦。我们也知道在基层检察机关"案多人少"问题一直比较突出，那么，巡讲团成员一年来是如何兼顾巡讲与本职工作的？这方面是否有鲜活的例子？

郭志燕：的确，过去的一年对于我们巡讲团每个成员来讲都是非常忙碌的一年。我们绝大多数同志都来自基层办案一线，平常办案和工作任务很重，参加全国巡讲活动直接面临着与自己所在院工作的冲突。

应该说，最高人民检察院在巡讲活动的组织上已经考虑到了这个问题，把我们分为六个组，并排出时间表，平均每个组每两个月外出巡讲一到两周，在一定程度上缓冲了这个矛盾。此外，我们的单位和同事们对我们也都很支持，帮助我们解决了不少困难，分担了不少任务。

但是，正如您所说的，基层检察机关尤其是未检部门"案多人少"的矛盾非常突出，本职工作与巡讲活动仍然面临很大的矛盾。对此没有别的办法，只有加班加班再加班！在参加全国巡讲团近一年的时间里，我们巡讲团的每一名成员基本上都处在每天加班加点的状态，每次出去巡讲前后都是最为繁忙的时候。比如我们巡讲团的郑蕾，他们科人员少，平时就特别忙，手上经常同时有十五六个案子，未检科经常集体加班。政治处经过统计，发现郑蕾一年来连续加班，是全院加班最多的同志。在我们巡讲团的微信群里，经常有在深夜加班并讨论问题的信息，这时大家都会相互鼓励和加油。随时加班、随时备战、随时在路上、随时在巡讲中，这就是我们巡讲团这一年来的工作状态。

但这一年对我们来讲也是不平凡的一年，是收获多多的一年，对于我们每个人，对于我们今后的工作都很有意义。通过参加巡讲，我们感受到各地孩子的欢迎和喜爱，非常有成就感。我们与各地同仁交流工作，进一步拓展了自己的眼界。通过一次次修改教案和一场场巡讲，我们自己也有了很大提高。尤其是，最高人民检察院未检办在去年年底给我们每个人和所在单位都写了一封非常真诚的感谢信，也让我们很感动。

借此机会，我也代表巡讲团全体同志，向为我们提供这次机会的最高人民检察院，向支持我们参加巡讲的各地同仁和本单位的领导、同事表示真诚的感谢！

《中国妇女报》记者：目前，全国巡讲团已覆盖132所学校和19万余名学，发放宣传资料近2.7万册，成果可谓丰硕。我们还想知道，这样的巡讲，能否常态化？对其课件、宣传资料，可否与教育部、相关出版单位结合，系统地形成教材、课程，常态化地进入中小学生的学习范畴？如何与师生和家长建立日常互动模式？

史卫忠：全国巡讲团在各地巡讲时，学校和家长都要求实现巡讲经常化制度化，这也是我们在巡讲期间一直思考的问题。

刚才新闻通报稿已经讲到，近期我们首先会按计划继续深入推进这次"法治进校园"全国巡讲活动，下一步的工作重点就是指导督促各地检察机关的巡讲活动深入开展，我们会建立台账，定期通报检查，真正做到保质保量地完成巡讲计划，实现对全国中小学校的全覆盖，绝对不能走过场。为了提高全国巡讲水平和效果，一是在巡检的过程中，组织各地检察机关进行观摩和交流。二是与中国检察出版社合作，前期已派出专门力量对巡讲活动进行跟录，下一步编辑制作成视频资料，通过一定的方式共享给大家学习使用。此外，我们还会继续编辑一些优秀、科学未成年人法治教育图书、音像制品，运营好未成年人检察新媒体，给孩子们提供更多法治学习的机会。三是将在巡讲的基础上，对现有的教案和讲稿进行整理，形成书面教材，供各地检察机关和其他从事未成年人法治教育的同志借鉴交流。四是我们将于今年六月初举行全国"法治进校园"巡讲师资力量培训，邀请专家和我们全国巡讲团讲师对各地的巡讲骨干进行理论和实际操作方面的培训。五是研究制定"法治进校园"活动指导意见，进一步健全完善检校合作和校园普法的长效机制。除组织全国性的集中巡讲外,我们也会要求各地检察机关定期到辖区学校开展各种法治宣讲活动。目前,我们正在起草关于建立未成年人检察工作评价指导意见,其中会把开展未成年人法治教育和犯罪预防工作的成效纳入评价范围,以激励各地检察机关经常化制度化地开展这项工作。

党的十八届四中全会通过的《中共中央关于全面推进依法治国若干重大问题的决定》明确要求,要把法治教育纳入国民教育体系,从青少年抓起,在中小学设立法治知识课程。检察机关将发挥自己的法律人才多、案件积累多的长处配合教育部门做好相关工作。目前,一些地方已经有很好的经验。天津、山东、上海等地检察机关会同教育部门将法治课纳入学校必修课程,检校合作共同开发校本教材,河南、江西、吉林等地协助学校对德育老师进行培训,提高学校法治教育水平,效果都很好。这些经验值得借鉴推广。此外,检察官担任法治副校长、检察机关参与未成年人法治教育基地建设等制度也会得到坚持和发展。

目前,检察机关与师生、家长已经初步形成制度化、经常化的互动模式。前期巡讲过程中,召开座谈会、专门听取师生和家长的意见,已经成为活动的重要组成部分。前几天,全国四级检察院同步举行了未成年人检察主题开放日,邀请一些师生和教育界的人大代表、政协委员到检察机关参观交流。今后这样的活动将会定期举行。另外,检察机关也将定期举办家长课堂,尝试通过"互联网+"的方式广纳益言,并在建立亲职教育制度方面进行探索,和广大家长一起做好未成年人保护工作。

中央人民广播电台记者:对一些特殊学校,比如聋哑学校,或者为教育问题儿童而组建的学校等,"法治进校园"活动是如何开展的?对于这些特殊学生,应如何进行法治教育?

史卫忠:在这次巡讲期间,我们确实走进一些您所说的特殊学校进行法治巡讲。比如,全国巡检团在某省曾在一所专门教育所谓"问题儿童"的学校巡讲。沈阳市高新区检察院也和沈阳音乐学院的师生在当地一所聋哑学校开展了一场"让无声世界感受法治温暖"的巡讲活动。在这些学校，我们的巡讲也取得不错的效果，一些孩子和讲师们进行了很好的互动。沈阳那所聋哑学校的孩子们还在课程最后和检察官一起跳舞，他们充满活力，真诚又热情，让我们的检察官非常感动。通过接触这些孩子，我们感觉到，他们非常需要法治教育，也更渴望爱，渴望交流。

我们的检察官对在这类学校进行巡讲也有了一定的心得。首先要强调的是，在这些学校巡讲，不要刻意强调他们的"特殊"，不要对他们标签化，这样会引起他们的反感和抵触。实际上，他们只是遇到困难的孩子，有的还是暂时的困难。仍然需要我们平等、地真诚地对待。

其次，也要认识到对他们进行巡讲确实有些特殊的要求。比如，那些有不良行为的少年群体叛逆心理比较强，和讲师的互动也不那么顺畅，给巡讲带来一定挑战。因此，要避免说教，要从他们的生活找例子，从他们的需求讲道理，肯定他们的闪光点，激发他们的兴趣，赢得他们的信任，尤其是要激发他们对未来的希望。当然，也要强化他们的规则意识、责任意识。对于一些有残疾的孩子，比如聋哑儿童，在沟通上，我们会借助手语老师的帮助，表现形式上更多地采用图画、视频、文字和肢体语言。同样重要的是，宣讲的法律知识要贴近他们的实际需求，选择案例也要选择他们生活中的多发犯罪。

所以在这些特殊学校进行巡讲，事前与学校老师进行充分的沟通，了解他们的实际情况和需求，是十分必要的。

✎《中国教育报》记者：按照最高人民检察院和教育部联合下发的方案，"法治进校园"全国巡讲活动将持续3年。请问教育部对巡讲后的长效机制建设，如"法治进课堂""法治老师进学校"等有无远期规划？

王新立：加强中小学法治教育，是培育和践行社会主义核心价值观的必然要求。近年来，教育部对中小学法治教育工作非常重视，将其有机融入学校教育教学，取得了良好成效。

一是加强制度建设。2007年，教育部印发《中小学法制教育指导纲要》（以下简称《纲要》），要求各地各校全面、规范地开展法治教育。

2014年，教育部印发《关于培育和践行社会主义核心价值观 进一步加强中小学德育工作的意见》，再次明确要求各地各校认真落实《纲要》，促进学生树立民主法治理念。2016年，印发《青少年法治教育大纲》，提高法治教育的系统化、科学化水平；印发《教育部等九部门关于防治中小学生欺凌和暴力的指导意见》，指导各地各校系统开展中小学生欺凌和暴力防治工作。2017年，教育部研究制定《中小学德育工作指南》，将法治教育作为重要内容纳入其中。

二是加强行为习惯养成教育，培养学生规则意识。2015年，教育部颁布《中小学生守则（2015年修订）》，明确要求中小学生"明礼守法讲美德""遵守国法校纪，自觉礼让排队""红灯停绿灯行，坚决远离毒品"，推动各地各校按照部署，培养学生的规则意识和法治意识，有效预防未成年人违法犯罪。

三是加强课程育人。法治教育内容已经有机融入小学品德与生活、品德与社会课程，初中思想品德课程和高中思想政治等课程。从2012年开始至今，教育部组织编写义务教育《道德与法治》教材，系统设计、有机融入了《青少年法治教育大纲》有关知识。2015年，在中小学德育教材体系中编写小学、初中各一册的法治教育专册教材。

四是加强法治教育社会实践活动。教育部推动各地通过开展案例教学、观看法治教育影视片、组织模拟法庭等活动，提高法治教育的实效性。与公安、司法、检察院、法院等部门联系，建立法治教育实践基地，为中小学校组织开展法治教育提供场地和资源。2016年，与最高人民检察院联合开展为期三年的"法治进校园"全国巡讲活动，取得了良好成效。

下一步，我们将进一步改进法治教育方式方法、加强组织领导、强化协同配合、完善督导评价，将法治教育工作落实落细，切实提升中小学生法律意识和守法习惯。记者朋友刚刚谈到"法治巡讲校园"的教育长效机制建设，我们考虑将这一巡讲活动一揽子纳入学校法治教育的长效机制，在课件开发、师资培训等方面期待与检察机关有更深入和广泛的研究和合作。同时我们也期待这个活动在今后的两年能够总结更多的好经验和好做法。在中小学法治教育过程中,我们觉得教育和保护应该是相向而行的。法治教育需要学校、家庭、社会多方合作。对那些引诱和教唆未成年人或者中小学生违法犯罪的行为,教育部门将会同相关部门加大惩处力度,为青少年学生有效构建起法治保护的屏障。

上海法治天地频道记者: 青少年犯罪是一个不容忽视的社会问题,作为检察机关,除了加大青少年的普法教育和宣传外,应该从哪些方面预防和减少青少年犯罪?

史卫忠: 检察机关是司法机关,对未成年人的法治教育只是我们未成年人司法保护职能的一部分。在预防和减少青少年违法犯罪方面,检察机关主要还是立足特殊预防和一般预防的需要,通过办理未成年人案件,履行法律监督职能,做好对未成年犯罪嫌疑人的帮助教育,强化预防未成年人犯罪的各项工作措施,确保他们健康成长。具体来讲,主要包括以下方面:

一是坚持宽容不纵容,严管又厚爱,依法办理未成年人涉嫌犯罪案件。对于实施严重暴力犯罪的未成年人依法惩处,保持必要的司法警示。对于罪行轻微,属于初犯偶犯的未成年犯罪嫌疑人,坚持少捕、慎诉、少监禁,尽量减少刑事诉讼对未成年犯罪嫌疑人、被告人的不良影响。对于未成年人犯罪背后的成年人教唆、引诱、胁迫未成年人从事违法犯罪的犯罪,向未成年人传播不良信息的犯罪等,要严厉予以打击。

二是将帮助教育贯穿办案始终。对未成年人涉嫌犯罪案件,不能简单地一诉了之或者一放了之,而是要制定有针对性的帮教方案,加强认知引导、心理矫正、行为纠偏。近一个时期,我们将推动建立全国未成年人检察异地协助机制,加强办案地检察院和流动未成年人居住地检察院的协作,破解外来未成年犯罪嫌疑人的帮教难题;积极探索建立亲职教育机制,推动家庭在矫治未成年人方面发挥积极作用;探索对一些因罪行显著轻微或者未达刑事责任年龄而未逮捕、起诉的未成年人开展临界帮教预防工作。

三是落实未成年人刑事案件特别程序。刑事诉讼法和有关司法解释对办理未成年人案件规定了一系列特别程序,如社会调查、监护人到场、合适成年人、附条件不起诉、犯罪记录封存等，对保护未成年犯罪嫌疑人权益，强化帮助教育方面意义重大，必须严格依法落实。2017年年初，最高人民检察院下发了《未成年人刑事检察工作指引（试行）》（以下简称《指引》），其中有相当篇幅是对落实特别程序作出更加具体、明确的规范，下一步我们将通过案件评查、业务培训等方式确保《指引》的落实。此外，我们还和中国诉讼法学会未成年人司法专业委员会合作开展了《未成人案件特别程序研究》课题，力求取得有针对性的理论成果，以推动相关工作。

四是加强未成年人权益的综合保护。通过长期实践，我们认识到，未成年人违法犯罪的背后，往往是民事行政权利没有得到有效保障。比如处于监护缺失、长期遭受家庭暴力、失学、流浪乞讨等困境的未成人年人既容易走上犯罪道路，也容易受到伤害。因此，有效预防未成年人违法犯罪，既要办理好未成年人刑事案件，也要加强对未成年人民事行政权利，也就是儿童福利的保护。这也是国际通行的做法。下一步我们将进一步整合检察机关未成年人保护职能，既要加强检察机关内部相关部门的沟通配合，共同推进对未成年人权益的综合保护，还要进一步厘清未成年人检察部门在涉及未成年人的刑事执行监督、民事行政诉讼监督中的职责界限和履职方式。

五是加强与社会力量的配合，帮助涉案未成年人顺利回归社会。我们认为，检察机关办理未成年人犯罪案件的目的在于帮助他们正常回归社会，所以要加强与政府部门、团委、妇联、爱心企业、司法社工等社会力量的配合，在社会调查、心理干预、社会观护、技能培训等方面得到专业支持。

六是积极参与社会治安综合治理工作。检察机关还会结合办理侵害未成年人犯罪案件，注意查找在保护未成年人合法权益和违法犯罪预防工作方面存在的管理漏洞和隐患，向相关职能部门发出检察建议，督促相关部门建章立制、堵塞漏洞，推动健全未成年人保护机制，完善各项工作措施，努力营造关爱保护未成年人的社会环境。

新华社记者： 在预防和减少校园欺凌和暴力方面，全国未检部门还做了哪些工作?

史卫忠：按照中央的决策部署，检察机关会同教育部、中央综治办等9个单位下发《关于防止中小学生欺凌和暴力的指导意见》，合力健全制度措施，切实防治学生欺凌和校园暴力事件。除开展"法治进校园"巡讲活动外，我们还主要做了以下方面的工作：

一是依法惩处严重校园暴力犯罪案件，维护在校学生的人身财产安全。2016年，全国检察机关共受理提请批准逮捕的校园涉嫌欺凌和暴力犯罪案件1988人，经审查批准逮捕1180人；受理移送审查起诉3911人，经审查起诉2449人。同时，严厉打击校外成年人参与实施校园暴力犯罪，共批准逮捕有关成年犯罪嫌疑人403人（其中追捕18人），起诉678人（其中追诉漏犯25人，追捕漏罪14起），监督公安机关立案8件18人。

二是切实加强对被害学生的权益保护和关爱救助。2016年，检察机关与有关部门合作共对被害学生进行司法救助148人、法律援助562人、心理疏导512人、身体康复338人。对同学之间因琐事引发的轻微犯罪案件，检察机关积极引导犯罪嫌疑人真心悔过，向被害人赔礼道歉、赔偿损失，取得被害人的谅解，共促成当事人达成刑事和解544件，保障了被害人权益，使涉案学生尽快恢复正常的学习和生活状态。

三是努力教育、感化、挽救涉罪学生。对于涉嫌轻微校园暴力犯罪的学生依法不批准逮捕798人，不起诉688人。对校园暴力犯罪嫌疑人开展社会调查2733人、提供法律援助2514人，落实合适成年人到场2157人、附条件不起诉580人，对符合条件的未成年犯罪嫌疑人、被告人依法封存犯罪记录，提高了帮教效果。

四是注重检校合作共建平安校园。各地检察机关对于办案中发现的校园安全管理问题，及时提出检察建议，督促有关方面堵漏建制、积极整改，推动完善校园安全管理机制，清除校园欺凌和暴力滋生环境。同时，会同有关部门共同对校园周边网吧、酒吧、KTV等场所容留未成年人消费的现象进行整治，积极参与"扫黄打非"、净化网络秩序等综合治理工作，清除危害未成年人健康成长的有害信息，有效净化了校园环境。

《大公报》记者：对于"法治进校园"活动，最高人民检察院方面有否与香港相关部门探讨交流过，在此方面，是否有可以互相借鉴的地方？如果没有，未来会否就此问题与香港展开交流活动？

史卫忠：这次"法治进校园"全国活动，我们确实没有与香港有关部门交流过，但内地检察机关和香港在未成年人保护方面的合作也不少。去年，深圳检察机关就对一名港籍未成年犯罪嫌疑人做附条件不起诉，经过考察和联系，委托香港善导会进行帮助教育、监督考察，效果很好。以此为契机，深圳市检察院还与香港善导会建立了深港涉案未成年人帮教关爱长效机制。

我们知道，香港在未成人司法保护和犯罪预防方面有着比较完备的法律制度体系，也有很多好的经验和做法。去年，我们最高人民检察院未成年人检察工作办公室的一名同志在赴港参加交流活动期间，就着重考察研究了香港的未成年人社区矫正制度。我们也希望，今后和香港在未成年人司法方面有更广泛、更深入的交流和互动，以更好地保护我们的孩子。

中央电视台记者：我想请央视社会与法频道的王广令总监为我们介绍一下《守护明天》这个法治教育节目的具体情况。

王广令：首先这个节目的策划缘于《法治进校园》全国巡讲活动带给我们的感动与触动，我们前期拍摄巡讲活动的记者回来跟我说，没有想到检察官走进校园给孩子们上法治课会那么生动有趣，通过讲故事、做游戏的方式与孩子们交朋友，普及法律知识。孩子们称呼这些检察官们为哥哥姐姐，检察官为此而付出的努力以及与孩子们的真情互动让我们感动。

于我们自己而言，《守护明天》也是缘于我们媒体人的责任。这个节目是我们今年的重点工作。现在，青少年成长面临着很严峻的成长环境，我们有责任通过我们的努力让孩子们知道怎么用法律的手段保护自己，同时约束自己。所以说，这档节目体现了媒体的责任和担当。

这档节目计划制作10集，目前已经完成大部分外拍，即将进入演播室录制阶段，计划在暑期推出。在设计节目形态的时候，《法治进校园》巡讲课程同样给我们带来很多灵感。比如我们在节目中引入现场表演的舞台剧和体验游戏，就是来自巡讲课程的环节；同时我们也发现了很多优秀的检察官，所以在这档节目当中，我们设计了"检察官说"的环节，电视观众将会认识8位非常优秀的检察官。

学法、尊法、守法、用法，不是空喊的口号，而是蕴藏了无数智慧的行为准则。十年树木，百年树人，我们要给像一张白纸一样的孩子画上什么样的人生底色，是值得所有人深思的。我们希望通过这个节目，告诉孩子们遇到问题该怎么办，也想在孩子、老师和家长之间架起一座沟通的桥梁。

谢谢！

6. 加强全面综合司法保护 全心关爱未成年人健康成长新闻发布会

时　　间：2017年12月28日上午10：00

地　　点：最高人民检察院

出席人员：郑新俭，时任最高人民检察院未成年人检察工作办公室主任，现任最高人民检察院第四检察厅厅长

史卫忠，时任最高人民检察院公诉厅副厅长、未成年人检察工作办公室副主任，现任最高人民检察院第九检察厅厅长

主 持 人：肖玮，最高人民检察院新闻办副主任、新闻发言人

议　　程：1. 通报检察机关年加强对未成年人全面综合司法保护情况

2. 发布未成年人全面综合司法保护典型案（事）例

3. 答记者问

检察机关未成年人全面综合司法保护通报情况

>> 郑新俭

各位记者朋友们：

大家上午好！

2017年，全国检察机关坚持全面保护、综合保护原则，将司法保护精神落实到未成年人检察工作的每一个环节。一方面，综合运用惩治、预防、监督、教育等方式，将保护的触角延伸到刑事、民事、行政等各个方面，最大限度维护未成年人合法权益；另一方面，主动协调家庭、学校、社会、政府和其他司法机关力量，共同构建社会化综合保护体系，凝聚全社会力量保护未成年人。

一、对未成年犯罪嫌疑人的教育挽救更加深化、有效

一是坚持宽容不纵容，从有利于教育、挽救出发办理未成年人涉嫌犯罪案件。我们对轻微犯罪依法从轻处理，尽量减少关押、定罪带来的不良影响，同时对涉嫌严重犯罪的未成年犯罪嫌疑人依法惩治，保持必要的警示。2017年前11个月，全国共对未成年犯罪嫌疑人批捕2.61万人、不批捕1.31万人，起诉3.9万人、不起诉0.88万人，不捕、不诉率分别为33.4%和18.4%，同比上升1.8个百分点和3.4个百分点。二是狠抓未成年人刑事案件特别程序的落实，切实保障未成年犯罪嫌疑人合法权利，提升帮教效果。共开展社会调查1.44万人、适用附条件不起诉4798人，达成刑事和解后不起诉1508人，同比分别上升18%、24.8%和47.7%。此外还为2.61万没有聘请辩护人的未成年人提供法律援助。三是将教育感化贯穿办案始终。各地在办案中普遍引入人格甄别和心理矫正措施，根据未成年犯罪嫌疑人的犯罪情节、成长经历、心理状况和犯罪原因等，制定个性化帮教方案，提高帮教矫治的针对性有效性。在检察机关的帮助下，一大批未成年犯罪嫌疑人得以回归社会。2017年全国有429名未成年犯罪嫌疑人经检察机关帮教后考上大学。

二、对侵害未成年人权益犯罪的打击更加准确、有力

一是对侵害未成年人犯罪零容忍，从严从快批准逮捕。2017年前11个月，共批准逮捕强奸、猥亵、拐卖、故意伤害等侵害未成年人犯罪案件3.14万人，起诉4.24万人。对于提请公诉的案件，检察机关依法从严提出量刑建议，对于利用职业便利侵害未成年人的，还建议判处禁止被告人从事密切接触未成年人的职业，加大指控犯罪力度。二是突出打击多发犯罪。最高人民检察院挂牌督办10起重大拐卖儿童案件，要求对此类犯罪保持严打高压态势；下发《关于依法惩治侵害幼儿园儿童犯罪全面维护儿童权益的通知》，要求各地检察机关严厉惩治侵害儿童犯罪，最大限度维护儿童权益，积极促进校园安全建设。湖北、山东等地还开展打击性侵害未成年人犯罪，打击侵害农村留守儿童犯罪等专项打击活动。三是依法妥善办理侵害未成年人重大犯罪案件。河南尉氏组织未成年人卖淫案、上海携程亲子园虐童案等重大敏感案件发生后，检察机关第一时间介入侦查活动引导侦查取证，依法及时对犯罪嫌疑人逮捕、起诉。四是强化诉讼监督，维护司法公正。最高人民检察院以适用法律错误、量刑畸轻对秦某涉嫌强奸、猥亵儿童案提出抗诉。浙江、湖北、吉林、青海、贵州等地检察机关也监督纠正、抗诉了一批有案不立、有罪不究和判决确有错误的侵害未成年人犯罪案件，确保犯罪分子受到应有制裁。

三、对未成年被害人的保护救助更加专业、到位

未成年人被侵害后，身心会受到极大伤害，更需要专业的保护和关爱。因此我们下大力气保护救助未成年被害人，尽力帮助他们恢复身心健康。一是维护其合法权益。依法充分保障未成年被害人及其监护人的隐私权、知情权等诉讼权利。对于双方都是未成年人的案件坚持双向保护，处理时充分听取被害人及其监护人的意见，对符合条件的依法促成刑事和解，保障未成年被害人权益。二是适用特殊办案程序。针对办案实践中存在的因询问方式不当或者反复询问给未成年被害人造成二次伤害的问题，推行未成年被害人一站式询问制度，要求采用适合未成年人

身心特点的询问方式,做好询问预案,使用同步录音录像,原则上只在侦查环节询问被害人一次,被害人原则上不出庭作证。不少地方检察院设置了环境温馨的家居式办案区,以缓解被害人的紧张情绪。北京等地检察机关对必须出庭作证的未成年被害人探索实行了保护性出庭方式,力求在有力指控犯罪的同时把对被害人的影响降到最低。三是同步进行救助。2017年前11个月,各地检察机关联合民政、共青团组织、妇联、医疗等部门,引入专业司法社工和心理咨询师等专业力量,为未成年被害人提供法律援助1.18万人次,司法救助2173人次,心理疏导7304人次,身体康复3334人次,同比分别上升16.2%、24.6%、21.6%、17.1%,帮助未成年被害人及其家庭渡过难关。最高人民检察院未检办还与联合国儿童基金会共同举办了未成年被害人保护救助高级研修班,对全国未检人员进行培训,进一步提高未成年被害人保护专业化水平。

四、进一步整合检察机关未成年人司法保护职能

为了给未成年人提供更加全面综合的司法保护,一些地方未成年人检察部门在集中行使未成年人侦查监督、公诉和犯罪预防职能的基础上,尝试集中统一办理未成年人刑事执行检察、民事行政检察业务,在相关领域深入贯彻未成年人司法特有理念和要求,加强了刑事执行阶段涉案未成年人的维权和帮教工作,强化了对未成年人民事行政权益的保护,取得很好效果。一是在刑事执行检察方面,全国未检部门开展了未成年人羁押必要性审查7768人次,纠正社区矫正违法397人次、混关混押897人次、其他监管违法630人次,参与执行阶段帮教3740人次,真正做到将帮教维权贯穿于刑事诉讼全过程。二是在民事行政检察方面,对监护侵害、监护缺失案件,建议有关单位和个人申请变更监护32件,支持申请40件;对涉及未成年人抚养费、赔偿费、教育权等民事行政判决依法抗诉37件;对有关行政部门不履行或者不当履行未成年人保护职能提出检察建议进行纠正503件;支持未成年人起诉维权29件,积极维护未成年人民事、行政权益,消除未成年人违法犯罪成因。三是在保护困境儿童方面,江苏、浙江、宁夏、山东等一些地方检察机关还发挥法律监督职能,主动对接各种社会资源,对服刑人员未成年子女、被解救拐卖儿童等困境儿童进行安置救助。为进一步推动未成年人全面综合司法保护，最高人民检察院于2017年12月下发《关于开展未成年人刑事执行检察、民事行政检察业务统一集中办理试点工作的通知》，决定从2018年1月至12月，在北京等13个省（区、市）开展为期1年的未成年人刑事执行检察、民事行政检察业务统一集中办理的试点工作，加强研究，稳步推进，逐步在全国实现未成年人的刑事检察、民事行政检察职能由未检部门集中统一行使。

五、进一步加强未成年人犯罪、侵害未成年人犯罪预防工作

加强未成年人犯罪和侵害未成年人犯罪预防工作，从源头上减少案件发生，是对未成年人最好的司法保护。在这方面，我们一是切实履行"谁执法谁普法"普法责任，联合教育部深入开展"法治进校园"全国巡讲活动，切实提高广大未成年人法治意识和自护意识。从去年6月到今年11月，全国检察机关共组织法治巡讲4.2万场，覆盖4.53万所中小学校和2239所幼儿园，覆盖师生、家长4163.48万人。由于巡讲活动适合未成年人身心特点和法治需求，受到普遍欢迎。在此基础上，最高人民检察院未检办与央视共同制作了涵盖校园暴力、预防性侵害、网络安全等主题的9集未成年人法治教育特别节目《守护明天》，播出后社会反响强烈，收视率位居央视社会与法频道同类节目第一。二是建立健全检校合作开展未成年人法治教育长效机制。目前，全国检察机关共有8736名检察人员担任法治副校长，参与建设未成年人法治教育基地2255个。河南许昌等地检察机关还把法治进校园纳入本地社会治理系统工作，实现了法治巡讲常态化。最高人民检察院和一些地方检察机关开通了未成年人检察微信公众号、微博，宣传法治精神，弘扬儿童保护理念。三是推动建立未成人权益保护和犯罪预防机制制度。山东省武城县院争取党委政府支持，联合各职能部门建立了未成年人权益保护检察监督信息平台，延伸监督触角，及时接收侵害未成年人权益案件线索的举报及时分流处理，目前已收到反映问题1370条，交行政执法部门处理有效信息1356条；办理立案监督案件2件，办理行政执法监督案件17件，支持起诉3件，办理涉及未成年人的虚假诉讼案件1件，移送查处职务犯罪 7 件 15 人，救助 320 余人。

六、进一步深化未成年人检察社会化工作

未成年人保护是一项系统社会工程，必须加强各方力量的配合。因此检察机关发挥法律监督职能作用，一是与其他政法机关积极沟通，强化在未成年人司法方面的统一标准、衔接配合。广西、福建、山西一些地方检察机关推动公安机关成立办理未成年人案件专门机构，促进少年警务建设。贵州、浙江、江苏等地探索建立驻公安局未检办公室，从源头上加强监督配合。上海等地检察机关与法院、公安机关共同制定办理性侵未成年人案件的流程和标准。二是建立健全涉案未成年人专业需求转介机制。上海、福建、北京等地检察机关与综治委、团组织合作建立未检社会服务中心，引入专业司法社工，将社会调查、心理干预、技能培训等需求转介给专业力量承担，有力助推未成年犯罪嫌疑人、被害人回归社会。三是积极推进涉案未成年人观护基地建设。全国检察机关共利用学校、爱心企业、公益组织等建立观护基地 1405 个，对涉案未成年人，尤其是外来未成年犯罪嫌疑人、被害人进行观护，提供生存、文化学习、技能培训等方面的支持，加强关爱、矫治工作。四是最高人民检察院也与教育部、民政部、团中央等部门密切合作，共同建立防治校园欺凌、关爱保护农村留守儿童和构建未成年人检察社会支持体系等方面的机制制度。

七、进一步创新未成年人司法保护方法举措

为贯彻落实创新发展理念，推动未成年人司法保护工作不断创新发展，最高人民检察院确定了一批全国未成年人检察工作创新实践基地，赋予特定创新任务，力求形成可复制可推广的经验，取得了丰富成果。一是针对社会高度关注的低龄未成年人实施严重违法犯罪问题，四川资阳检察机关推动建立高危未成年人数据信息库，实施三级预警，纳入社会治安综合治理的网格化服务管理信息平台，加强精准临界预防。上海浦东检察机关根据触法少年人身危险性等因素分类实施三级干预，并通过分级分流、特殊检察、心理重建以及针对性帮教措施等，实施四重保护处分措施，加强干预和矫治。二是在未成年犯罪嫌疑人帮教方面，四川省成都市等地检察机关探索强制教育制度,聘请专业力量,帮助未成年犯罪嫌疑人的监护人提高监护能力,改善家庭关系,充分发挥家庭在管教未成年犯罪嫌疑人方面的应有作用。河南郑州管城区检察院等单位则利用互联网技术,建立未成年人帮教在线平台,开启远程帮教新模式,构建线上普法教育新平台。三是在保护关爱未成年被害人方面,浙江宁波鄞州等地检察机关创建检医合作的"一站式"办案救助模式,在医院设立办案区,与办案同步为未成年被害人提供心理干预、身体检查等支持。四是在预防侵害未成年人犯罪方面,上海闵行、江苏淮安、浙江慈溪等地还推动建立了性侵害未成年人犯罪案件信息库和入职查询制度、性侵未成年人犯罪信息公开制度,对防范侵害未成年人犯罪发挥了积极作用。

2017年,我们进一步加强了未成年人保护方面的国际交流与合作。最高人民检察院未检办参加了世界互联网大会并在未成年人保护分论坛上发言,与联合国秘书长儿童保护代表进行交流,与联合国儿童基金会共同开展课题研究和业务培训,一方面学习借鉴国外的先进做法,另一方面介绍了中国检察机关未成年人司法保护工作,彰显我国司法文明,在国际上受到高度肯定。

各位记者朋友,党的十九大提出,要坚持以人民为中心,把人民对美好生活的向往作为奋斗目标,并对全面推进依法治国,保障加强和创新社会治理作出了部署。加强未成年人保护是满足人民群众美好生活需求的重要内容,关系到国家和民族的未来,关系到社会和谐稳定,是检察机关义不容辞的责任。在新的一年,我们将切实贯彻落实党的十九大精神,进一步提高未成年人检察队伍专业化建设,继续完善未成年人检察各项特殊机制制度,依法全面充分履行刑事、民事和行政检察职能,与社会各界密切配合,为我们的孩子提供更有力更专业更全面的司法保护。

谢谢大家!

检察机关未成年人全面综合司法保护典型案（事）例

一、全面客观收集证据依法严厉打击幼儿园虐童犯罪

基本案情：2015年11月至12月，吉林省四平市铁西区某幼儿园红三班教师王某、孙某在该幼儿园内多次恐吓幼儿，将多名幼儿头面部、四肢等处扎伤。案发后，铁西区检察院及时派员提前介入侦查，针对王某、孙某拒不供述犯罪事实，直接作案又在监控盲区的情况，引导侦查机关全面客观收集、固定证据，注重收集间接证据，重点收集伤情鉴定等客观证据，保证取证的合法性。本案被害儿童身心受到较大伤害，有的在接受心理辅导，有的拒绝进任何幼儿园，针对这种情况，办案人员没有对被害儿童进行询问。案件移送检察机关后，办案人员对证据进行认真地审查、甄别、判断，准确认定犯罪事实。案件起诉到人民法院后，针对被告人无罪辩解，公诉人全面充分阐述了认定犯罪事实的依据和理由，有力指控犯罪。法院最终采纳公诉意见，于2016年10月以犯虐待被监护、看护人罪分别判处王某、孙某有期徒刑二年六个月。二被告人以事实不清、证据不足上诉后，二审法院经审理于2017年1月裁定维持原判。

典型意义：本案是一起典型的幼儿园虐童案件，系《中华人民共和国刑法修正案（九）》实施后，全国首例见诸媒体的虐待被监护、看护人案件。面对办案中遇到的困难，检察机关能够充分发挥检察职能，准确有力惩治犯罪，同时又注重保护关爱被害儿童，取得了较好办案效果。

二、依法坚决准确抗诉严厉惩治性侵未成年人犯罪

基本案情： 2016年8月，在青海省西宁市某小区开办补习班的田某某，利用给被害人小花（女，时年12岁）单独补习之机，将小花叫到卧室，两次将小花推至床上抠摸其私处进行猥亵。小花回家后将此事告知父母，其父母立即报案，但田某某一直不承认犯罪事实。案件提起公诉后，一审法院认为本案除被害人陈述外，无其他证据直接证明被告人构成犯罪，以事实不清、证据不足作出无罪判决。2017年7月，西宁市城中区检察院提起抗诉，西宁市检察院支持抗诉，认为被害人报案及时，案发后陈述一直很稳定，且对猥亵过程的描述符合12岁儿童的认知，其所陈述的案发地点等细节得到其他间接证据的印证，能够形成证据链条并排除合理怀疑，足以认定田某某猥亵儿童的犯罪事实。二审法院采纳检察机关意见，于2017年11月改判被告人田某某犯猥亵儿童罪，判处有期徒刑三年。

典型意义： 实践中，由于性侵害未成年人案件多发生在隐蔽场所，侵害方和被害方在体力、智力上存在较大差异，证据上常表现为犯罪嫌疑人不认罪，除被害人陈述外，没有其他直接证据，现场也缺乏客观证据，给查明事实、指控犯罪带来困难，各地和各部门在证据把握上也经常标准不一。本案中，西宁市检察机关正确把握性侵未成年人案件证据标准，准确认定案件事实，依法提出抗诉并获得改判，确保犯罪分子得到应有惩罚，体现了对侵害未成年人的零容忍态度，展示了专业的办案水准。

三、"一站式"办案 同步保护救助被害儿童

基本案情： 2017年6月，赵某某对被害人小朵（女，2011年10月出生）实施猥亵。浙江省宁波市鄞州区检察院通过与区公安分局的信息共享机制收到该案信息后，迅速指派检察人员提前介入侦查，与侦

查人员一起将被害女童带至该院设于鄞州第二医院的"一站式"询问场所——未成年人保护工作站，开展询问。该询问场所模拟家庭儿童房，布置符合未成年人身心特点，环境温馨舒适，配备有同步录音录像系统和身体检查室。被害人到场后，检察人员按照合作协议通知医院女性医师对被害人进行身体检查，并提取了相关证据。针对被害人年龄幼小，紧张、焦虑、恐惧，不愿意开口等问题，检察人员还同时邀请合作单位的心理医生介入，通过沙盘治疗、音乐治疗椅放松等方式进行初步心理干预。办案人员用讲故事、做游戏等方式与被害人建立亲密关系，借助卡通玩偶，使被害人详细还原了案件真实情况。整个询问过程进行了同步录音录像，案件此后诉讼中没有再询问被害人。在询问结束后，经被害人父母同意，将被害人转介至宁波市心理咨询中心进行专业诊断、治疗。现被害人恢复良好，正常就读于某幼儿园。

案发后，赵某某一直拒不认罪。检察机关以赵某某涉嫌猥亵儿童罪向法院提起公诉，并在庭审中提交了有关"一站式"取证材料，播放了询问被害人同步录音录像。在事实和证据面前，赵某某当庭认罪。法院最后以犯猥亵儿童罪判处赵某某有期徒刑十个月。

典型意义：鄞州区检察院注重贯彻儿童最大利益原则和落实未成年人特殊司法保护要求，探索"检医合作"的"一站式"办案特殊机制，逐步推进同步救助体系，在同一场所一次性完成案件询问、身体检查、证据提取、心理辅导、司法救助、预防教育等工作，避免反复、不当询问给未成年被害人及其家属带来的次生伤害，既对侵害未成年人犯罪精准有力指控，又有效保护、救助了未成年被害人。

四、宽容不纵容　帮教又救助依法办理校园欺凌案件

基本案情：2016年2月，上海市黄浦区检察院在例行走访社工组织时，获悉某学院学生金某（女，17周岁）被多名同学殴打、脱衣，欺凌时间长达两小时，十余人围观，并被拍摄视频上传至微信群，但行

为人仅被治安处理。检察机关经初查认为,本案已涉嫌犯罪,遂启动立案监督程序,督促公安机关以强制猥亵罪立案侦查。本案审查逮捕阶段,黄浦区检察院对 2 名成年犯罪嫌疑人作出逮捕决定,对 2 名未成年犯罪嫌疑人作出无社会危险性不捕决定,并建议追诉 1 名遗漏未成年犯罪嫌疑人。审查起诉阶段,检察机关对 3 名未成年犯罪嫌疑人开展观护帮教,对多名尚未构成犯罪的涉案未成年人落实训诫、帮教等保护处分措施,对相关家长责令管教并开展亲职教育。同时,通过责令赔偿和赔礼道歉,使未成年被害人获得经济和精神补偿,并为其落实司法救助金和开展心理疏导,帮助其恢复正常生活和学习。出庭公诉阶段,公诉人建议对 3 名未成年人适用缓刑、对 2 名成年人不适用缓刑。法院采纳公诉意见,以强制猥亵罪判处 5 名被告人二年至三年有期徒刑,其中 3 名未成年人适用缓刑。检察机关在办理案件的同时,还向相关职能部门发出检察建议,要求加强案发周边地区的安保力量、增设 110 联网监控设施、设置法治宣传栏等,避免类似案件的再次发生。

典型意义:本案是一起典型的校园欺凌案件,检察机关依法行使诉讼监督权,监督公安机关立案侦查,依法打击校园欺凌犯罪;同时贯彻落实特殊保护、双向保护原则,对涉案未成年人进行分级处遇,实现宽容不纵容;并对被害人进行身心抚慰,帮助其获得经济补偿,最大限度降低犯罪带来的伤害,有效化解社会矛盾。

五、监督撤销虚假诉讼维护受害留守女童民事权益

基本案情:2013 年 11 月 23 日,曹某酒后驾车将 4 岁留守女童李某撞成重伤。法院于 2014 年 12 月 30 日以交通肇事罪判处曹某有期徒刑一年二个月,判决其赔偿李某 28 万余元。由于曹某恶意转移财产,致使该案判决两年半后,被害女童仍未能得到一分钱赔偿,合法权益受到严重侵害。

2015年10月，山东省武城县检察院争取党委、政府支持，联合相关职能部门建立未成年人权益保护检察监督信息平台，由检察机关负责运行管理，对接收的侵害未成年人权益案件信息及时分流处理。2016年6月，有群众将曹某一案难以执行的信息反映在平台上，引起武城县检察院高度重视。检察机关启动民事调查程序发现：曹某交通肇事后、被关押前，曹某女儿虚构12万元欠款事实起诉曹某，后双方达成协议，由法院出具调解书，用曹某一套期房偿还借款。曹某还与其妻子李某虚假协议离婚，将五间住房归女方所有。此后，曹某以无执行能力为由，拒不执行法院关于赔偿的判决。武城县检察院依法向法院发出再审检察建议，法院采纳检察建议启动再审程序，撤销了上述虚假调解协议及离婚协议，对曹某依法强制执行原赔偿判决。2017年"六一"前夕，李某终于拿到了28万元赔偿款。

典型意义：此案是一起涉及未成年人权益保护的民事检察监督案件，是通过山东省武城县检察院未成年人权益保护检察监督平台发现的。该平台系武城县检察院为提高未成年人权益保护工作质效，整合全社会未成年人保护资源，争取党委、政府支持创建的。信息平台集信息收集、分流、处理、监督等功能于一体，自2015年运行以来，已收到反映问题1370条，交由行政执法部门处理1356条，办理立案监督案件2件，办理行政执法监督案件17件，支持起诉3件，诉讼违法调查3件，办理虚假诉讼案件1件，移送查处职务犯罪7件15人，救助未成年人320余人。本案即是通过该平台强大的信息收集功能发现案件线索，检察机关监督撤销虚假诉讼的典型案例。

六、刑民手段并用全面保护未成年人合法权益

基本案情：2016年，北京市丰台区检察院在审查被告人于某奸淫幼女案时，发现被害人小芳（时年8岁）系于某母亲刘某的养女。经进一步审查发现，刘某与其同居男友张某长期殴打、辱骂小芳，也正是由

于刘某怠于履行监护职责，才致使小芳遭到于某的长期多次性侵害。丰台区检察院在以涉嫌强奸罪对于某提起公诉（后被判处有期徒刑10年）的同时，向民政部门发出检察建议书，建议民政部门向法院申请撤销刘某监护人资格。法院受理民政部门的申请后，丰台区检察院还依法出庭支持申请。2017年10月25日，法院依法判决撤销刘某监护人资格，指定民政部门担任小芳的监护人。目前，小芳已在民政部门监护下开始新的生活。

典型意义：本案中，北京市丰台区检察院综合运用未成年人刑事检察、民事检察职能，在依法严厉打击侵害未成年人犯罪的同时，保护涉案未成年人的民事权益，做到了全面综合司法保护。

七、开展未成年人行政检察
监督职能部门履行未成年人保护职责

基本案情：2017年5月，四川省泸州市纳溪区检察院在办理未成年人熊某某寻衅滋事案时，发现熊某某吸毒后在网吧玩网络游戏致幻，连续打砸2间网吧的电脑。针对个案反映出的未成年人进入网吧问题，纳溪区检察院全面梳理2016年至今办理的涉及网吧的未成年人案件，针对行政主管部门对未成年人进入网吧上网管理疏漏、不到位等问题，依法于2017年7月11日向该区文旅局发出《检察建议书》，要求加强专项督查、构建常态监管机制，积极履行行政执法监督职责，全面加强网络营业场所管理，切实保障未成年人合法权益。收到检察建议后，纳溪区文旅局连续召开三次工作会议，部署为期2个月的"禁止接纳未成年人进入网吧"和"文明上网"等专项监督活动；公布"12318"举报电话、聘请文化执法社会监督员等，推动建立互联网上网服务常态化监管机制；对多个网吧依法给予警告和罚款，情节严重的依法予以吊销《网络文化经营许可证》，扭转了未成年人进入网吧上网的突出问题。

典型意义：纳溪区检察院积极开展未成年人行政检察业务，从个案入手全面总结分析涉及未成年人领域的社会治理问题，及时收集整理行政机关不作为问题，有针对性地提出检察建议，督促行政执法部门履职，为未成年人提供全面综合的司法保护。

八、从"从业禁止"到"入职审查"全面构建防范性侵害未成年人犯罪堤坝

基本情况：上海市闵行区检察院提起公诉了林某某利用教师身份强制猥亵15岁女学生一案，在指控犯罪的同时，向法院提出从业禁止的量刑建议。法院经审理，以强制猥亵罪判处林某某有期徒刑二年六个月，并自刑罚执行完毕之日起三年内禁止从事教育相关工作。后该院立足此案，结合实践中发生的其他性侵害未成年人案件，经深入研究认为，性侵害未成年人犯罪重犯率高、熟人作案占比大，《中华人民共和国刑法修正案（九）》关于从业禁止的规定对于预防侵害未成年人犯罪发挥了积极作用，但是与未成年人有密切接触的行业点长、面多，保障从业禁止制度得到有效落实，发挥应有作用，还需要实现对相关行业实施强制入职审查的制度化、常态化。该院通过认真调研，充分沟通，于2017年7月会同区综治办、教育局等八部门会签《关于限制涉性侵害违法犯罪人员从业办法（试行）》，共同建立涉性侵害违法犯罪人员信息库，要求对与未成年人有密切接触的行业实施严格入职审查。目前，信息库已录入该区近五年来涉性侵未成年人被行政处罚、刑事判决人员的信息，已对相关行业的7000余名在职人员进行人员筛查、对30余名新招录人员开展入职审查工作，有效避免了有性侵未成年人前科人员从事与未成年人有密切接触的行业。

典型意义：坚持有效预防侵害未成年人犯罪是全面综合保护未成年人健康成长的重要方面。上海市闵行区检察院依托个案办理，延伸预防触角，联合相关职能部门共同建立信息库、入职查询制度，发挥从业禁止制度的最大效应，为未成年人筑起一道阻却性侵害犯罪的堤坝，对防

控性侵害未成年人违法犯罪发挥了重要作用。

九、支持申请宣告失踪破解"事实孤儿"救助困局

基本案情：小丽今年 13 岁，不满 1 周岁时，父亲自杀身亡，母亲离家出走，至今下落不明，一直由爷爷奶奶抚养。爷爷奶奶年近 70 岁，除低保及社会救济外，无其他生活来源，而小丽又不符合申请国家孤儿救助的条件，生活非常困顿。江苏省泰兴市检察院开展困境儿童帮扶救助活动时，通过妇联了解到该情况后，对小丽的困境非常关注，于 2017 年 5 月与民政局、司法局等单位沟通，研究解决办法。最后经研究确定由司法局指派法律援助律师，以小丽的名义向法院申请宣告小丽母亲为失踪人。宣告失踪公告期间届满后，泰兴市检察院又向法院提交《支持申请书》，并出庭支持申请。泰兴市法院当庭判决宣告小丽母亲失踪。之后，民政部门按规定给小丽办理了"儿童福利证"，并落实了每月孤儿养育金。

典型意义：当前，一些未成年人的生存权、教育权等民事行政权利没有得到及时有效保障，生活困难，一些未成年人甚至因此走上违法犯罪的道路。泰兴市检察机关进一步整合未成年人司法保护职能，积极开展未成年人民事行政检察工作，秉持"儿童利益最大化"原则和"国家亲权"理念，推动有关职能部门依法解决"事实孤儿"的社会救济问题，是实现未成年人全面综合司法保护的重要体现。

十、坚持教育感化挽救帮助 429 名
未成年犯罪嫌疑人考上大学

基本情况：2017 年，全国共有 429 名涉案未成年人经检察机关帮教考上大学，回归正确人生轨道。

2016年9月，17岁的小红到商店买东西时，临时起意盗窃财物3000余元。河南省南乐县检察院经过社会调查发现，小红正在备战高考，各方都反映其平时表现良好，学习成绩优异。该院认为，小红系初犯、偶犯，且其父母已积极向被害人赔偿损失，于2017年6月26日依法作出附条件不起诉决定，并对小红开展考察帮教，邀请专业的心理咨询师为其做心理辅导，帮助其专心备战高考。在考察期间内，小红以高分考上大学。

17岁的高二学生小刘在打球过程中，与同学发生口角，殴打同学致轻伤。案发后，小刘家属赔偿被害人，达成了刑事和解。天津市东丽区检察院综合考虑案件情况，依法对小刘作出了附条件不起诉决定。在考察期间，检察官三次走访小刘所在学校，与学校共同成立帮教小组对其进行帮教。考察期满后，检察院对小刘作出了不起诉决定，又进行了为期三个月的跟踪帮教。在2017年的高考中，小刘终于收到了大学录取通知书。

16岁的香港少女阿芳兼职帮人带货过境至香港，被海关查获物品中夹带少量毒品。广东省深圳市检察院经过社会调查，了解到阿芳是一名在校中学生，平时表现良好，经常参加义工活动，由于法律意识淡薄才误入歧途。检察机关综合全案情况，结合其日常表现，于2017年4月决定对阿芳附条件不起诉，同时委托合作公益组织香港善导会承担阿芳在港的矫治、教育工作。在考察期内，阿芳参加了香港的会考，并考取了理想的大学。2017年11月份，深圳市检察院对阿芳作出不起诉决定。

典型意义：教育、感化、挽救涉罪未成年人是检察机关的重要职责，上述429人只是检察机关成功挽救的未成年人中的一小部分。检察机关在办理未成年人犯罪案件中，对涉嫌犯罪的未成年人，根据其犯罪原因、犯罪情节、悔罪表现等，坚持"少捕、慎诉、少监禁"原则，落实未成年人刑事案件特别程序，开展有针对性的矫治、教育，帮助他们回归社会、成为有用之才，无论是对其本人、家庭，还是对社会、国家来讲，都有重大意义。

答记者问

《人民日报》记者：近期发生了一系列虐童案，有学者建议对此立法。检察机关在办案过程中有没有相关统计数据？现行法律制度应如何完善以保护儿童合法权益？立法是否有必要？

郑新俭：检察机关对虐童案件一直高度重视，坚持零容忍依法严厉打击。根据我们统计的情况，自2016年1月到今年11月份，全国检察机关共批准逮捕幼儿园工作人员侵害儿童案件69人，提起公诉77人。从犯罪类型看，主要涉及强奸、猥亵儿童、虐待被监护、看护人等犯罪；从犯罪主体看，既有幼儿园老师，也有保安等临时工作人员。这类案件虽然绝对数量不多，但社会危害性非常大。检察机关在办案的过程中，坚持不论是谁，不论是犯什么罪，只要触犯了法律，侵害了幼儿园儿童的合法权益，我们就严厉打击，绝不手软。

党和国家一直高度重视保护儿童合法权益的法律制度建设。在刑事立法方面，最有代表性的是刑法修正案（九），规定了虐待被监护、看护人罪，把校车超载问题纳入危险驾驶罪，规定了从业禁止制度，对于其他侵害幼儿园儿童的犯罪，也可以按照猥亵儿童、故意伤害等罪名处理，处理也是非常严厉的。民法总则中规定了监护人应尽的职责，以及不履行监护职责或者侵害被监护人合法权益的，应当承担法律责任。同时还规定如果监护人实施严重损害被监护人身心健康或者有怠于履行监护职责等情形的，撤销其监护人资格。相关的规定中明确了侵权行为及其应承担的法律责任。婚姻法中也规定父母对子女有教养教育的义务，并规定禁止溺婴、弃婴和其他残害婴儿的行为，等等。但是，这些规定均散见在一些立法之中，缺乏全面系统的立法规定，执行起来也存在一定的困难。同时，相关立法也不完备，例如规定事后惩处打击的多，规定健全防控机制的少。再比如，从我们办理的案件来看，案发幼儿园普遍存在从业人员素质不高、进人不严、管理不规范等问题，而这方面的立法还欠缺。因此我们认为，应当进一步健全完善保护儿童合法权益方面的法律法规，完善机构、从业人员的准入制度，安全管理和责任制度、行政执法机制等方面的规定，制定全面系统保护儿童合法权益的法律制度。我们将对全国检察机关办理的侵害儿童合法权益案件进行分析，总结其背后深层次原因，有针对性地提出防治意见和建议。

《新京报》记者：此前，最高人民检察院专门下发通知要求依法严惩侵害幼儿园儿童犯罪，维护儿童权益。目前通知的落实情况如何？

史卫忠：12月1日，最高人民检察院下发《关于依法惩治侵害幼儿园儿童犯罪全面维护儿童权益的通知》（以下简称《通知》），要求各地检察机关依法履职，积极参与侵害幼儿园儿童案件的惩治维权预防工作。各地迅速落实，一是依法惩治侵害幼儿园儿童犯罪。对于社会影响较大的上海携程亲子园等案件，检察机关及时介入侦查活动，就案件侦查取证、法律适用和保护救助未成年被害人等提出建议。目前，已经对相关犯罪嫌疑人作出批准逮捕决定。我们将继续关注有关案件的进展，加强指导，确保依法公正处理。此外，贵州庆隆、河北任丘等地起诉的幼儿园校车超载案、性侵幼儿园儿童案等，人民法院均依法作出了有罪判决，有力打击了侵犯儿童权益的犯罪行为。二是配合有关部门积极开展幼儿园安全检查、整顿工作。河北沧县、任丘，江苏泰州、淮安，黑龙江哈尔滨等地检察机关与教育部门一起开展幼儿园安全专项督查，排查幼儿园安全管理中存在的问题，及时堵塞漏洞。三是开展幼儿园法治巡讲。福建、河北、海南、湖南、河南、广西、湖北等地检察机关深入幼儿园，向幼儿园工作人员、家长开展法治教育，向幼儿园儿童进行必要的自护教育。各地检察官精心编制了适合儿童接受能力的课程，采用了画漫画、做游戏、互动问答、教唱儿歌等形式，提高授课效果。刚才新闻通报稿里也讲到，从2016年6月到2017年11月，全国检察机关已到2239所幼儿园进行巡讲。四是建立长效工作机制。重庆市人民检察院第二分院下发了《"护蕾"专项工作指导办法》，要求辖区基层院与教育部门一起，从实现教职人员入职法治教育常态化、建立校园安全电子档案、校园安全信息强制披露制度、建立"护蕾"热线电话等方面加强侵害儿童犯罪的防范工作。接下来，我们将进一步按照《通知》要求，强化各种保护措施，把《通知》的精神进一步贯彻落实好，最大限度地维护好儿童的合法权益。

《中国日报》记者： 对侵害未成年人犯罪案件，公安机关第一时间介入调查，但公布的调查结果有时也会引起舆论的质疑，例如近期幼儿园监控录像硬盘无法恢复，公安机关取证的问题。请问检察机关会采取哪些措施加大对公安机关侦查活动的监督力度？下一步在打击未成年人被侵权案件中，有哪些安排和打算？

史卫忠： 客观上讲，侵害未成年人合法权益案件，由于场所、环境、条件和未成年人自身等的特殊性，常常存在取证和认证上的困难。这也是长期以来一直困扰侦查机关和公诉机关的难题。一直以来，我们与侦查机关均注重研究总结此类案件在取证、认证上的特点和规律，力争做到既不冤枉一个好人，也不放过一个坏人。检察机关在介入侦查引导取证，加强侦查活动监督，维护司法公正的同时，也会充分考虑这类案件证据的特殊性，只要案件事实有证据印证，相关证据都经查证属实，综合全案证据能够排除合理怀疑的，我们坚决依法惩处。比如我们这次新闻发布会发布的吉林四平的幼儿园虐童案、青海西宁辅导老师猥亵学生案就是比较典型的准确把握案件证据，成功指控犯罪的案例。这个月中旬，我们与联合国儿童基金会共同举办的未成年被害人保护与救助高级研修班中，也就兼顾有力打击侵害未成年人犯罪和保护关爱未成年被害人问题进行了研讨。此外，我们建议，一方面，家长要及时关注孩子的异常问题，要有证据意识，在发现问题后及时报案，并注意保存证据，尽量为查办案件创造有利条件。但不要反应过度，更不要"私了"，这都不利于打击侵害未成年人犯罪，维护未成年人合法权益。要相信我们的办案机关。另一方面，要不断提高包括侦查、检察、审判人员在内的专业化程度，要实行专人办理，询问、讯问时要同步录音录像，尽可能地提高取证质量，并且正确把握这类案件的证据标准，既保证案件质量，又有力指控犯罪。

未成年人健康成长是人民美好生活需求中非常重要的方面，在今后的工作中，我们将深入贯彻落实党的十九大精神，充分发挥检察职能，继续抓好《关于依法惩治侵害幼儿园儿童犯罪全面维护儿童权益的通知》等文件的落实，坚持打击、保护、教育、预防等措施并重，坚持全面综合司法保护，保障未成年人健康成长。

一是依法惩治相关犯罪，尤其是对侵害未成年人合法权益的犯罪、严重危害校园安全的犯罪要坚决依法惩处。要建立健全相关案件信息报告、备案审查和指导督办机制，研究制定重点犯罪证据审查指引，整理下发典型指导案例，确保办案质量与效果。

二是在依法惩治的同时，要始终坚持对未成年犯罪嫌疑人的教育、感化、挽救和对未成年被害人的关爱、救助。在已往工作的基础上，我们将推动建立对有严重不良行为或者不够刑事责任年龄的未成年犯罪嫌疑人的临界预防机制，建立办案、救助同步进行的未成年被害人"一站式"办案救助机制等工作制度。

三是立足预防，建立健全未成年人权益保护长效机制。目前，不少地方检察机关在这方面已经形成了很好的经验，比如上海检察机关正在推动建立侵害未成年人权益犯罪案件信息库，一些服务未成年人的行业要实行入职查询。山东武城县检察院建立的未成年人权益保护检察监督平台，及时发现侵害未成年人权益案件线索，及时分流处理，都取得了非常好的效果。我们已经确定相关地方检察院作为全国未成年人检察创新实践基地，对他们的做法进一步总结完善，形成可复制可推广的经验，在全国推广。

四是继续深入开展"法治进校园"全国巡讲活动。最高人民检察院未检办与教育部有关部门正在积极沟通，进一步推动检校合作，开展法治教育长效机制建设。同时我们和央视也已经着手进行未成年人法治教育特别节目《守护明天》第二季的制作，希望能够给全国广大师生、家长再次提供一堂精彩、震撼的法治大课。

《检察日报》记者：最近，对侵害未成年人的犯罪人员，有的地方探索信息公开，有的尝试"从业禁止"……都有哪些具体的做法？效果如何？最高人民检察院对这些做法态度如何？能否具体介绍一下？

史卫忠：我们这次发布的典型案例中，就有上海闵行区检察院建立性侵害未成年人违法犯罪信息库和入职查询制度方面的案例。司法实践表明，侵害未成年人犯罪，尤其是性侵害未成年人犯罪，存在重犯率高、熟人作案比例高的特点。西方一些国家也建立了类似的制度，如大家所熟悉的美国"梅根法案"就是。2015年我国《刑法修正案（九）》也规定："因利用职业便利实施犯罪，或者实施违背职业要求的特定义务的犯罪被判处刑罚的，人民法院可以根据犯罪情况和预防再犯罪的需要，禁止其自刑罚执行完毕之日或者假释之日起从事相关职业，期限为三年至五年"。修正案生效以来，各地检察机关已经在很多侵害未成年人犯罪案件中适用了这一规定，向法院提出禁止被告人从事与未成年人密切相关职业的量刑建议，这对于有效预防一些侵害未成年人的犯罪人员重新实施犯罪行为发挥了积极作用。但是，与未成年人密切接触的职业、机构很多，如何有效实施这一制度仍需要不断实践和完善，不少地方检察机关在这方面正在进行积极实践。

上海市闵行区检察院与区综治办、公安、法院、教育、民政等部门共同制定了《关于限制涉性侵害违法犯罪人员从业办法（试行）》，将那些对未成年人实施强奸，猥亵，组织、强迫卖淫，引诱、容留、介绍卖淫等行为的违法犯罪人员纳入黑名单，将该区从事未成年人服务的教育单位、培训机构、医疗机构、救助机构、游乐场所、体育场馆、图书馆等均纳入应当加强入职人员审查的领域。

再如浙江慈溪市检察院联合相关部门出台了《性侵害未成年人犯罪人员信息公开办法（试行）》，建立了信息登记数据库；江苏淮安淮阴区检察院、法院、公安局等共同制定了《关于性侵害未成年人犯罪人员从业禁止及信息公开制度》，目前两个地方都有适用信息公开制度的案例。适用信息公开制度，有利于弥补从业禁止制度和入职查询制度的一些不足。从这个角度讲，对性侵未成年人的犯罪人员的信息予以公开这一做法是一项有积极意义的探索。但由于这一做法涉及一些保护儿童和维护犯罪人员基本权利的敏感性问题，在实务和理论界还有一些不同认识，推动起来也还需要有一套成熟的制度加以保障，所以，还有待于进一步探索和总结。

对上述探索，最高人民检察院非常关注，将加强研究指导，对一些成熟的做法将适时予以推广。

🎤 中央电视台记者： 刚才新闻发布时讲到，为了进一步推动未成年人全面综合司法保护，最高人民检察院下发了《关于开展未成年人刑事执行检察、民事行政检察业务统一集中办理试点工作的通知》，请介绍一下有关情况。

史卫忠： 为实现综合保护，最大限度维护未成年人合法权益的目标，最高人民检察院于日前制定并下发了《关于开展未成年人刑事执行检察、民事行政检察业务统一集中办理试点工作的通知》（以下简称《通知》）。《通知》要求，从2018年1月至12月起，在北京、辽宁、上海、江苏、浙江、福建、山东、河南、湖北、广东、重庆、四川、宁夏等13个省（区、市）开展为期一年的未成年人刑事执行检察、民事行政检察业务统一集中办理的试点工作。试点期间，上述业务要统一集中到未成年人检察工作部门办理。试点省份要至少确定3个市、州、分院及各自所辖的2个基层院作为试点单位。其他省份具备条件的，也可主动开展试点。

最高人民检察院下发这一通知，是在检察机关确定未成年人检察实行"捕、诉、监、防"一体化工作模式，整合未成年人刑事检察工作之后，在科学配置未检职能，进一步整合未成年人执检和民行检察而采取的又一重要部署，意义重大，有利于最大限度维护未成年人的合法权益。

近年来，检察机关顺应未成年人检察内在规律，逐步整合了涉及未成年人的侦查监督、公诉和犯罪预防职能，在加强未成年人司法保护方面取得了显著成效。但是随着未检工作的深入，我们逐渐认识到，涉及未成年人的刑事执行检察工作和民事行政检察工作同样具有自身的运行规律，不把握好这些运行规律就不能很好地实现未成年人权益的综合有效保护，难以最大限度地维护未成年人的合法权益。

根据《通知》要求，各试点单位一是要准确把握试点工作的原则和目标。开展未成年人刑事执行检察和民事行政检察业务统一集中办理，目的就是更好地适应未成年人司法保护规律，以办案为切入点，综合运用刑事、民事、行政检察职能对未成年人进行综合保护，最大限度维护未成年人合法权益。试点中，要积极贯彻"儿童利益最大化""教育、感化、挽救"等方针和原则，除采取纠正违法、提出抗诉等传统监督纠正方式外，更要注重过程保护、全面保护和综合保护，探索建立适合未成年人身心特点的方式方法。二是要突出工作重点。在刑事执行检察方面，主要开展羁押必要性审查、在押未成年人监管活动监督、未成年人社区矫正活动监督。在民事行政检察工作方面，主要开展对未成年人监护侵害和缺失的监督、家事审判监督，对发现食品药品安全、产品质量等领域侵害众多未成年人合法权益的，可以依法提出检察建议，探索开展支持起诉等工作。三是要加强总结和研究。我们将对试点单位的做法进行总结，形成可复制可推广的经验，条件成熟时在全国推行。

《北京青年报》记者： 检察机关如何回应少年司法保护政策是放纵未成年人犯罪的质疑？外界有人质疑，对犯罪未成年人"教育、感化、挽救"方针和"教育为主、惩罚为辅"原则在某种程度上是在放纵未成年人犯罪，不知道您怎么看？

史卫忠： 对涉罪未成年人，党和国家确立了"教育、感化、挽救"的方针，提出了"教育为主、惩罚为辅"原则。《刑事诉讼法》第266条、《未成年人保护法》第54条、《预防未成年人犯罪法》第44条均予以明确规定。去年党中央《关于进一步深化预防青少年违法犯罪工作的意见》（中办发〔2016〕26号文件）再次重申。党和国家关于未成年人司法保护的方针和原则是一脉相承、一以贯之的，在这一方针和原则指导下，《刑事诉讼法》特殊程序专章规定了未成年人刑事诉讼程序，确立了社会调查、法定代理人到场、附条件不起诉、犯罪记录封存等特殊制度。今年，最高人民检察院又出台了《未成年人刑事检察工作指引（试行）》，进一步规范未检司法办案活动，保障未成年人各项权益落到实处。多年来的司法实践也证明，这一方针和原则是适合国情、成效卓著的。仅在2017年，经检察机关帮教后，就有四百多名未成年犯罪嫌疑人考上了大学，这还只是我们帮教挽救的一小部分。

当然，教育与惩治是相辅相成的。惩治也是教育的重要组成部分。未成年人不同于成年人，其心智还不成熟。一味单纯的惩罚和打击，对未成年人的消极作用明显并容易造成交叉感染和重新犯罪。但这并不意味着只要是未成年人实施犯罪就一律从宽甚至不予追究。坚持教育、感化、挽救，不是司法纵容，也不是否定和排斥对未成年人严重犯罪行为的刑事处罚，必要时依法予以惩治也是一种教育手段。在具体的案件中，检察机关会根据犯罪原因、犯罪情节和后果等具体情况依法处理、区别对待。在对情节轻微，属于初犯偶犯，认罪悔罪的未成年犯罪嫌疑人依法从轻处理的同时，对性质和情节恶劣、手段残忍、后果严重的，必须坚决依法惩处；对成年人教唆、胁迫、诱骗、利用未成年人违法犯罪行为，依法从重惩处。最后必须强调的是，对未成年犯罪嫌疑人，无论怎样处理，我们都会积极地对其进行帮助教育，既不会不教而轻，也不会不教而罚。今天我们发布的就有这方面的案例。

7. 依法惩治侵害未成年人犯罪加强未成年人司法保护新闻发布会

时　　间：2018 年 5 月 29 日 10：00

地　　点：最高人民检察院

出席人员：郑新俭，时任最高人民检察院未成年人检察工作办公室主任，现任最高人民检察院第四检察厅厅长

史卫忠，时任最高人民检察院未成年人检察工作办公室副主任，现任最高人民检察院第九检察厅厅长

主 持 人：肖玮，最高人民检察院新闻办副主任、新闻发言人

议　　程：1. 通报检察机关依法惩治侵害未成年人犯罪、加强未成年人司法保护工作情况

2. 发布依法惩治侵害未成年人犯罪、加强未成年人司法保护典型案（事）例

3. 答记者问

检察机关依法惩治侵害未成年人犯罪加强未成年人司法保护工作情况通报

>> 郑新俭

各位记者朋友们：

大家上午好！

针对侵害未成年人权益案件时有发生，严重损害未成年人合法权益的实际情况，近年来，检察机关认真贯彻落实党中央关于维护社会大局稳定，保障和改善民生，以及保障未成年人合法权益的部署和要求，不断加大惩治和预防侵害未成年人犯罪力度，努力为未成年被害人提供专业有效的关爱、救助，进一步强化了未成年人司法保护，取得了较好的成效。

一、依法严厉惩治侵害未成年人犯罪，有效保护未成年人合法权益

检察机关对侵害未成年人犯罪坚持零容忍，依法从严从快审查逮捕、审查起诉，保持严打高压态势。2017年1月至今年4月，全国检察机关共批准逮捕侵害未成年人犯罪案件4.42万人，起诉6.03万人。

一是对重大突发案件快速反应，迅速打击。如在陕西米脂砍杀学生案、浙江杭州"保姆放火案"、山东威海隧道校车纵火案、河南蔚氏组织未成年人卖淫案等重大案件中，检察机关均第一时间介入侦查引导取证，确保及时、准确、有力指控犯罪。

二是对突出问题进行专项惩治。最高人民检察院于2017年挂牌督办了10起重大拐卖儿童犯罪，加大指导督办力度，目前已经起诉8起，已经收到有罪判决6起，不仅严厉打击了拐卖儿童犯罪，还依法惩治了收买被拐卖儿童犯罪。针对性侵害未成年人犯罪加大惩治和预防力度，如湖北等地检察机关连续数年部署打击性侵未成年人犯罪等专项活动取得显著成效,有效地保护了未成年人免遭侵害。

三是对严重犯罪从严追诉。如犯罪嫌疑人刘某强奸幼女案、康某杀害幼女案等案件,虽已超出20年追诉期限,但最高人民检察院经审查认为危害严重必须惩处,依法对犯罪嫌疑人核准追诉。

四是强化立案监督和侦查活动监督,防止有罪不究。全国检察机关共对侦查机关应当立案而不立案的案件监督立案402件,对应当移送而不移送的犯罪嫌疑人追捕820人、追诉1105人,追诉遗漏犯罪625条。如贵州省检察机关从媒体报道中得知,某学校老师谢某猥亵多名未成年学生仅被治安处罚,迅速进行调查并监督侦查机关立案侦查,后谢某因犯猥亵儿童罪被判处有期徒刑十五年。

五是加强审判监督,确保侵害未成年人犯罪受到应有惩罚。共对确有错误的判决裁定提出抗诉347件,其中已经改判144件。如最高人民检察院经审查认为,被告人秦某强奸、猥亵儿童一案判决适用法律错误,导致量刑畸轻,遂按照审判监督程序依法向最高人民法院提出抗诉,并指派检察官出席再审法庭发表抗诉意见。河北省检察机关以认定事实错误、量刑畸轻对于某志等人组织未成年人卖淫案提出抗诉,4名被告人分别由有期徒刑七年、四年、三年六个月、三年改判为有期徒刑十五年、十年、九年、八年。

二、加强重点领域的犯罪惩防,维护未成年人教育生存环境

一是积极参与校园安全建设。学校是未成年人接受教育并成长的重要场所。针对近年来校园安全方面存在的问题,检察机关在严厉打击侵害校园安全犯罪的同时,采取积极有效的防控措施推进校园安全建设。最高人民检察院与中央有关部门共同制定和实施防控校园安全风险、防治校园欺凌等文件,下发了《关于依法惩治侵害幼儿园儿童犯罪全面维护儿童权益的通知》,指导各地检察机关积极参与校园安全建设。去年以来,全国检察机关依法批准逮捕发生在幼儿园的侵害儿童犯罪181人,起诉231人;批准逮捕发生在中小学校园的侵犯未成年人犯罪案件3081人、起诉3923人;对学校、社会培训机构等工作人员实施侵害未

成年人犯罪的,依法提出禁止其从事密切接触未成年人职业的量刑建议102人。目前,引起社会高度关注的北京红黄蓝幼儿园、上海携程亲子园、南京爱德美幼儿园等虐童案已经提起公诉。办理案件后,检察机关还会同主管部门对案发学校进行安全检查整顿,帮助学校完善安全管理制度。此外,各地检察机关积极履行未成年人行政检察职能,先后监督有关职能部门及时整治学校周边商店向未成年学生销售"水晶泥""牙签弩""电子烟"等有毒有害玩具、不卫生食品,违规开设网吧等问题,消除安全隐患。

二是维护未成年人良好家庭环境。家庭是未成年人生存成长的重要空间。针对近年来监护人性侵害、出卖、遗弃、虐待、伤害未成年人,教唆、利用未成年人实施违法犯罪行为等犯罪频发的问题,检察机关坚持儿童利益最大化原则,加大惩治力度,共批准逮捕涉嫌犯罪的监护人588人,起诉587人。检察机关还依法开展未成年人民事检察工作,对监护人严重侵害未成年人,不宜继续监护的,共建议、支持有关部门和个人向法院申请撤销其监护权121件,并协调有关方面做好安置工作。如被告人罗某多次逼迫亲生儿子跳车"碰瓷",浙江宁波鄞州区院在指控罗某诈骗犯罪的同时,支持起诉撤销罗某监护人资格。对经评估不需要撤销监护权的案件,共开展强制性亲职教育1434次,督促监护人依法正确履行监护职责,改善家庭关系,努力为未成年人成长营造健康家庭环境。

三是关爱保护农村留守儿童。检察机关根据中央的部署,积极参与"合力监护、相伴成长"关爱农村留守儿童专项工作,去年以来共对侵害农村留守儿童的犯罪批准逮捕3223人,起诉4272人。贵州毕节市检察机关联合法院和公安机关开展外出务工人员遗弃子女专项清理和整治行动,惩处3起遗弃犯罪,推动解决当地留守儿童监护缺失问题。广西、河南、湖南、江西等地检察机关推动在留守儿童犯罪集中的地方建立"儿童家园""留守儿童维权工作站",强化留守儿童权益保护。

三、坚持专业、规范办案,关爱、救助未成年被害人

经过近年来的实践探索,检察机关逐步认识到办理侵害未成年人案件存在特殊规律，在准确、有力惩治犯罪的同时，要重点关护未成年被害人，要尽最大努力帮助他们尽快摆脱犯罪带来的不良影响，回归社会，恢复正常生活。这就需要有专业的检察队伍、专门的保护程序和特殊的保护机制。近年来，最高人民检察院通过制定《未成年人刑事检察工作指引（试行）》《关于全面加强未成年人国家司法救助工作的意见》等规范性文件，提升了未成年人检察工作质量，取得了较好的保护效果。

一是逐步实现未成年人检察工作的专业化。从 2015 年开始，我们逐步将侵害未成年人人身权利的案件归口到未检部门办理，实行审查逮捕、审查起诉、法律监督和犯罪预防一体化工作模式，在工作中注重把握和遵循未成年人检察工作理念，秉持儿童利益最大化原则，切实维护未成年人合法权益。最高人民检察院和各地检察机关注重建立专门的未检工作队伍，经过努力，目前检察机关已基本形成一支掌握未成年人检察工作规律、了解未成年被害人身心特点的专业办案力量，为有效保护未成年人合法权益打下了坚实基础。

二是进一步明确办案标准。针对侵害未成年人犯罪案件普遍存在的发现时间滞后、客观证据少、被害人表达弱、犯罪嫌疑人不认罪等特点，检察机关加强了对有关证据标准和法律适用问题的研究，充分考虑这类案件的特殊性，依法明确认定标准，既保证了案件质量，又强化了打击力度。最高人民检察院除了下发工作指引外，还连续印发了典型案例对各地工作进行指导。上海、湖北、四川等地检察机关与公安、审判机关加强沟通研究，对办理侵害未成人案件的原则、程序、证据要求、法律适用等进行规范，明确执法标准。

三是推行适合未成年被害人身心特点的办案程序和办案场所。针对办案中存在的反复询问、不当询问被害人，容易给被害人造成再次伤害的问题，我们逐步推行"一站式询问"制度，要求在询问未成年被害人时做好预案，并进行同步录音录像，确保在整个诉讼过程中只询问一次。同时，要求询问在环境轻松、温馨，具有心理干预等功能的专门办案区，以合适的方式进行，以缓解未成年被害人的紧张情绪，必要时进行心理干预。目前，全国检察机关已经建立"一站式询问"办案区314个。

四是进行同步救助。检察机关始终将对未成年被害人的关爱、救助放在工作的重要位置，在办案时对未成年被害人进行同步救助。最高人民检察院要求各地检察机关不仅要进行经济救助，还要根据未成年被害人的具体情况及时提供有针对性的其他救助。去年以来，全国检察机关立足本地实际，与政府职能部门、共青团组织、妇联、关工委、公益组织和爱心企业等密切合作，对于不能及时获得有效赔偿、生活困难的未成年人，提供司法救助4259人；对于经济困难没有聘请律师的被害人提供法律援助16930人次，河南等地检察机关还与司法行政部门签订合作协议，畅通未成年被害人法律援助渠道；对受到心理创伤的未成年人提供心理干预8996人次，山东、云南等地检察机关为一些受到严重侵害的未成年人制订实施了长达五年的心理康复计划；为身体受到伤害的未成年人提供医疗服务1468人次，浙江等地检察机关与医院合作为未成年被害人开辟绿色就医通道，有的还把办案区设置在医院，以便及时检查治疗。福建泉州等地检察院在办理两起重大拐卖儿童犯罪案件中，督促、协调有关部门安置了数十名无家可归的被解救儿童，并为一些儿童解决了落户和上学等问题。

四、积极发挥检察职能，推动建立惩防侵害未成年人犯罪长效机制

有效预防侵害未成年人犯罪是对未成年人最好的保护。近年来，检察机关一直大力推动侵害未成年人犯罪惩防机制建设。

一是深入推进"法治进校园"巡讲活动，进一步加强法治与安全教育。各地检察机关逐步实现法治进校园常态化制度化，结合案件积极开展防性侵等自护教育。针对社会反映强烈的幼儿园虐童问题，福建、河南、甘肃、黑龙江、广西、宁夏等地检察机关还深入幼儿园，对幼儿园从业人员进行法治教育，增强他们对儿童权利的保护意识，对儿童和家长进行了必要的自护防范教育。四川、贵州等地检察机关还组织学校、幼儿园管理人员旁听校车危险驾驶案等案件的庭审，开展警示教育。

二是推动建立侵害未成年人案件发现和防范机制。为破解侵害未成年人案件发现难、预防难的问题，福建漳州市院联合其他部门成立"春蕾安全员"队伍，把安全困境儿童纳入综治网格管理，有效预防、及时发现侵害未成年人犯罪案件。浙江杭州等地检察机关推动建立了强制报告制度，要求医疗机构和人员发现未成年人遭受犯罪侵害线索的要及时报告公安机关和检察机关。上海市检察机关正在联合有关部门，积极推动建立全市性侵害未成年人违法犯罪信息库和入职查询制度。

三是推动创新和加强未成年人安全管理机制。贵州、重庆、江苏、四川等地检察机关对近年来办理的学校工作人员侵害未成年学生的案件、未成年人在娱乐、宾馆等场所受侵害的案件等进行总结，分析有关部门在未成年人安全管理方面的漏洞，向党委政府专题报告、发布未检工作白皮书，提出意见和建议，督促完善管理机制，预防类似案件发生。

记者朋友们，侵害未成年人犯罪严重危害未成年人的身心健康和成长，损害人民群众根本利益和千万家庭幸福。在今后的工作中，全国检察机关将以习近平新时代中国特色社会主义思想为指引，继续充分履行法律监督职责，不断提高办案专业化规范化程度，健全完善各项机制度，与其他部门密切配合，进一步严厉惩治、有效预防侵害未成年人犯罪，最大限度地维护未成年人利益，为孩子们的健康成长保驾护航，在满足人民群众美好生活需求、推动新时代经济社会发展稳定中作出应有贡献！

谢谢大家！

检察机关依法惩治侵害未成年人犯罪 加强未成年人司法保护典型案（事）例

一、坚决依法核准追诉严惩严重侵害未成年人权益犯罪

基本案情： 1996年刘某华在河南新密市一路边，拦路强奸放学路过的8岁女童郭某，并致女童窒息死亡。事后，刘某华将女童掩埋并潜逃。数日后，女童尸体被发现。此案多年未侦破。2013年，公安机关从被害人体内提取的生物检材中发现线索，锁定犯罪嫌疑人刘某华。2017年3月，公安机关将在新疆隐姓埋名打工的刘某华抓获归案。本案虽已超过追诉时效，但考虑刘某华的犯罪对象为未成年人，且犯罪行为特别恶劣，后果特别严重，社会影响至今没有消除，河南省检察机关按程序提请最高人民检察院核准追诉。最高人民检察院经审查，依法核准追诉刘某华。2018年1月，被告人刘某华被判处死刑，缓期二年执行，剥夺政治权利终身。

典型意义： 对法定最高刑为无期徒刑、死刑的犯罪，一般经过二十年不再追诉。如果二十年后认为必须追诉的，依法须经最高人民检察院核准。除此案外，最高人民检察院还依法核准追诉了康某录故意杀人案、汪某明抢劫案等严重侵害未成年人生命健康权利的案件。在办理此类案件中，检察机关认真贯彻对未成年人特殊、优先保护原则，秉持对严重侵犯未成年人犯罪"零容忍"的理念，结合具体犯罪的性质、情节、手段、后果、社会影响、认罪态度等方面，认真审查，严格把关，依法作出核准追诉的决定，体现了坚决打击严重侵害未成年人犯罪的态度和决心。

二、挂牌督办重大拐卖儿童犯罪护航被拐卖儿童顺利回家

基本情况：近期，福建省泉州市检察院审查办理了拖木日初等13名被告人拐卖儿童、收买被拐卖的儿童案件。在依法严惩各被告人的同时，经检察机关多方努力，全案11名被拐儿童得到妥善安置。此案系最高人民检察院2017年挂牌督办7省（自治区）10起重大拐卖（骗）儿童犯罪案件的一个缩影。挂牌督办拐卖儿童犯罪案件是检察机关为促进全国"打拐"专项行动的深入开展，进一步强化对未成年人司法保护的一项重要举措。最高人民检察院下发督办通知后，各级检察机关高度重视，加强督办指导、加大办案力度，快速批捕起诉了一批拐卖儿童、收买被拐卖儿童的犯罪分子，有力地震慑了此类犯罪。目前，所督办案件中6件已判决。同时，按照最高人民检察院督办要求，各地办案中加强对被拐儿童权益保护，注重后续对被拐儿童救助安置机制建设，积极联动其他机关部门，妥善解决被拐儿童安置、抚养、入学、落户等问题，最大限度保障未成年人合法权益，工作成效显著。办理挂牌督办案件中，河北检察机关对遗漏的拐卖儿童犯罪补充起诉，山东检察机关积极向党委政府提出意见建议推进"打拐"专项治理，福建检察机关通过提高审级强化督办案件办理效果，并推动公安机关建立被拐儿童附条件落户机制，为未成年人落户、入学提供绿色通道。各地检察机关积极推动相关部门建立被拐/失踪儿童信息库，及时查找被拐儿童亲生父母，及时跟踪监护抚养动态，努力为其健康成长创造良好的环境和条件。

典型意义：拐卖儿童犯罪社会危害大，严重影响家庭幸福、社会稳定。最高人民检察院挂牌督办全国重大拐卖儿童案件，有效回应社会关切，有力打击震慑了拐卖儿童犯罪分子，收到良好社会反响。同时，与普通犯罪案件不同的是，办理拐卖儿童案件的要求更高、工作更多、压力更大。除了要快捕快诉、确保案件质量外，还要更加注重对被拐儿童的心理疏导、解救安置等工作，并积极推动形成打击、保护、救助、安置等各项工作紧密相连、各职能部门相互配合的长效机制，彰显了检察

机关严惩侵害未成年人犯罪、保护未成年人健康成长的决心与社会责任感。

三、依法提出抗诉准确认定网络猥亵儿童犯罪

基本案情：被告人骆某在社交聊天软件上，威胁、恐吓被害女童小羽，迫使其自拍淫秽图片传送给被告人观看。又以公布裸照相威胁，要求与小羽开房并欲进一步实施猥亵，后因被害人报案未得逞。湖北武汉市江汉区检察院以猥亵儿童罪对被告人提起公诉，法院只认定后一行为构成猥亵儿童罪，且系犯罪未遂，对被告人从轻处罚判处有期徒刑一年。检察机关认为，被告人虽未通过身体接触猥亵被害人，但以满足性刺激为目的，迫使被害人发送裸照，严重侵害了被害女童的性羞耻心，已经构成猥亵犯罪既遂，一审判决错误，遂依法提出抗诉。二审法院经开庭审理，采纳检察机关全部抗诉意见，改判被告人骆某有期徒刑两年。

典型意义：随着互联网的发展，利用网络实施猥亵等新型违法犯罪行为增多，司法实践中对此类行为是否构成犯罪认识不一，此案的焦点在于通过网络而非直接接触的行为是否构成猥亵犯罪。办案检察机关准确把握利用网络实施猥亵行为的本质特征，并通过抗诉得到法院认可，既有助于统一对类似新型犯罪案件适用法律的认识，为司法办案实践提供有益借鉴，又确保了对各种侵害未成年人犯罪行为的打击力度。

四、依法惩治利用儿童犯罪督促异地职能部门落实监护职责

基本案情：2016年，眭某等三人至上海、湖南、贵州等地，组织并指使何某某（女，8岁）、汪某某（女，7岁）等儿童窃取商店内手机等财物。上海青浦区检察院以组织未成年人进行违反治安管理活动罪对

眭某等三人提起公诉。2017年9月，法院分别判处眭某等三人有期徒刑，并处罚金。经审查发现，儿童何某某多次因偷盗行为被遣返原籍，但父母仍将其送回犯罪团伙；儿童汪某某的父亲向其传授犯罪手法，母亲多次带其实施盗窃犯罪。两名儿童父母拒不履行监护职责，任由孩子被利用甚至直接带其实施犯罪，情节严重，检察机关遂向该两名儿童的户籍所在地湖南省某县人民政府发出检察建议，督促其责成相关职能部门提起撤销监护权之诉。2017年9月，该县社会救助站向人民法院提起撤销监护权诉讼，法院依法撤销汪某某父母及何某某父母的监护权，并分别为汪某某、何某某指定了监护人。其后，上海检察机关继续保持与当地有关部门联系，密切关注汪某某与何某某的被监护状况。

典型意义："两怀妇女"（怀孕及怀抱婴儿的妇女的俗称）利用低龄儿童实施盗窃等犯罪，严重影响未成年人的身心健康。且实践中此类犯罪存在调查取证难、适用强制措施难、易复发、对未成年人保护不到位等问题。本案中，检察机关基于两名儿童的父母已不适宜也不可能履行监护人职责的事实，通过督促异地职能部门剥夺监护权，实现犯罪地与儿童居住地跨区域协作，司法机关与行政机关跨部门配合，解决了外流犯罪整治难、儿童保护配合弱的问题，有效衔接了未成年人刑事保护与民事保护，为形成未成年人保护合力提供了有益借鉴。

五、结合办案强化监督及时消除影响未成年人成长隐患

基本案情：2017年，江苏某地检察机关在办理一起社会闲散人员以物质诱惑、言语威胁等手段，引诱、介绍未成年在校女学生卖淫的案件中，发现涉案女生所在学校安全自护等课程缺失、校园保卫制度执行不到位、部分宾馆不按规定执行住宿和会客登记制度、部分网吧违规接纳并留宿未成年人等问题。经深入调查研究后提出了应当高度重视相关情况并完善监管的检察建议，该检察建议获市县两级党政主要领导的关注。检察机关推动教育、公安、法院、文广新局等部门，在全县范围内

开展校园安全专项治理行动，清查校园周边可能存在的安全隐患。专项行动中，2名学校校长被免职，40余家旅馆、洗浴场所和10余家网吧被依法查处整顿，3家无资质的黑网吧被关停。检察机关在对被害女学生开展心理疏导等正向引导教育的同时，在全县中小学校开展"呵护花蕾——女童防性侵行动"巡回宣讲活动，有效提升在校女学生的自我防护安全意识。

典型意义：不良社会环境对未成年人的成长影响巨大，为其提供良好健康的成长环境是全社会的责任。在办理本案中，检察机关敏锐发现涉事学校的教育、管理存在缺陷，相关行业执行未成年人保护法等法律规定不到位。这种情况在不少地方较为普遍。为此，检察机关结合办案，发现、总结、分析涉及到的问题，并有针对性提出检察建议，得到当地党委政府的高度重视，推动有关职能部门依法履行监管职责和法定义务，组织专项打击治理，及时清除了影响未成年人身心健康和诱发未成年人犯罪的社会隐患，净化未成年人成长环境，取得了很好的社会效果。

六、依托"网格化管理"平台
促进未成年人检察监督落到实处

基本案情：2017年6月13日，四川省古蔺县检察院通过"网格化服务管理平台"，发现某小学外存在客运车超员搭载学生行为，督促公安机关查处。6月15日，当地交警部门又在该小学附近查获超员搭载学生的高某某，其运营和驾驶的小型面包车严重超员，核准载客9人的车辆搭载了含10名小学生在内共17名乘客。后检察机关以危险驾驶罪对高某某提起公诉，高某某依法被判处拘役一个月，并处罚金五千元。

2017年以来，该县检察机关在政法委已有的"网格化服务管理平台"增设未成年人事件上报端口，通过检察监督督促相关职能部门依法履职，落实对未成年人的综合保护。该平台由网格员负责采集涉及未成年人权益相关信息，通过平台上报后流转至对应的职能部门，同时抄送县检察院，由检察院履行法律监督。近期，在检察院指导网格员开展"黑校车"专项信息收集行动中，又查获2起"黑校车"严重超员搭载幼儿园学生的危险驾驶案件，均已提起公诉。

典型意义：如何及时处置侵害未成年人权益的线索，是当前未成年人保护工作面临的一个突出问题。检察机关探索未成年人权益保护与网格化管理有机结合新模式，拓展了未成年人保护线索来源新领域，使侵害未成年人权益的案、事件能够及时进入监督视野，有助于充分发挥检察职能，切实把维护未成年人合法权益落到实处，进一步推动了社会化全面保护格局的形成。

七、依法打击遗弃留守儿童犯罪督促切实履行监护职责

基本案情：2017年5月，陈某相在未与外出务工的妻子商量的情况下，将自己四个年幼的孩子遗弃家中，拒不履行监护职责，致使四名儿童仅能通过向他人索要粮食、捡垃圾卖钱、依靠政府和学校的资助维持生计。贵州省某地检察机关在联合公安、法院开展打击遗弃留守儿童专项行动中发现此案。检察机关以遗弃罪对陈某相提起公诉，2017年12月，法院判处陈某相有期徒刑二年，缓刑三年。检察机关办案中，及时联系孩子母亲回乡照看孩子，开展司法救助为四名儿童申请司法救助金四万元，并监督乡政府落实被害人低保及入学保障等问题。陈某相认识到自身过错，在家乡就近寻找工作，履行起监护职责，目前四名儿童学习生活正常，心理状况良好。检察机关对四名儿童后续情况持续予以跟踪关注。

典型意义：随着我国城市化进程加快，留守儿童成为一个广受社会关注的特殊群体。因缺乏有效监护，得不到关爱，儿童保护状况堪忧，出现不少问题，尤其在中西部一些地区问题较为突出，有的甚至出现儿童被伤害、致死等极端事件，造成恶劣社会影响。检察机关聚焦留守儿

童，通过办案震慑遗弃犯罪，促使在外打工的父母切实履行监护职责，并加强对留守儿童群体的权益维护和关爱救助，传递司法温情，有效落实儿童利益最大化的原则，收到良好的法律效果和社会效果。

八、横向联动 跨省开展未成年被害人司法救助

基本案情： 2017年，湖北省某地检察机关在办理高某强奸两名亲生女儿案件时，发现未成年被害人身心遭受严重伤害。本案案发后，高某的三个未成年子女先后前去广东投奔母亲。为有效开展未成年被害人救助保护工作，消除本案对未成年被害人造成的伤害，2018年1月26日，湖北检察机关书面委托广东省深圳市检察院开展异地救助帮扶工作。受委托检察机关立即走访被害人，了解其当前生活状况和迫切需求，联合"点亮心光"社会工作服务中心组建救助团队，对被害人开展心理救助。针对被害人无学可上的困境，检察机关为弟弟联系学校接受义务教育，为姐姐联系职业技术学校学习劳动技能，并联系做好学费减免工作。目前，被害未成年人学习、生活状态良好，逐步走出心理阴影，重拾对生活的信心。

典型意义： 随着我国社会经济发展，人员流动性大，未成年被害人需要异地救助的情况日益增多。各地检察机关加强联系配合，主动而为，跨省横向联动，在依法履行司法保护的同时，注意引入社会专业力量，链接各方面资源，多元化做好异地救助工作，为破解未成年被害人异地救助难题提供了有益借鉴。

九、建立强制报告制度及时严惩侵害未成年人犯罪

基本情况： 2017年7月，浙江省杭州市萧山区检察院在办理一起严重性侵害未成年人犯罪案件中，发现本案系医院医生在接诊治疗时怀

疑女孩疑遭性侵害而报案。为破解侵害未成年人犯罪案件发现难、固定证据不及时等问题，2018年4月，浙江检察机关联合公安、卫生和计划生育部门共同出台《关于建立侵害未成年人案件强制报告制度的意见》，明确医疗机构及其工作人员在工作中发现未成年人遭受或者疑似遭受强奸、猥亵、虐待、遗弃、暴力伤害或工伤、火灾、溺水、自杀等非正常伤害、死亡情况时，应当及时向公安机关报案，并向检察机关、卫生主管部门报告备案，在医治过程中应及时记录、评估和保存相关资料，积极配合调查取证。公安机关接到报案后及时出警、迅速审查，并向检察机关通报是否立案、证据收集情况、侦查进展、处理结果等案件信息。检察机关对于重大、敏感案件提前派员介入侦查，并加强立案监督力度。《意见》建立联系人制度，畅通联系渠道；建立定期交流制度，及时研究工作中出现的新情况、新问题；建立联合培训制度，强化医疗机构医务人员的隐私保护意识、责任意识、法律意识；建立奖励表彰制度，提升医疗机构及其工作人员积极性。

典型意义：侵害未成年人犯罪案件存在着犯罪隐秘发现难、客观证据易灭失、被害人救助保护不及时等突出问题。实践中，遭受侵害的未成年人一般会到医院就诊，医疗机构具备第一时间获得未成年被害人遭受性侵害信息的客观条件。检察机关依托此条件，推动建立侵害未成年人犯罪强制报告制度，有利于第一时间发现犯罪、固定证据，提升了惩处侵害未成年人犯罪的及时性，有助于第一时间开展保护救助工作，避免未成年被害人遭受二次伤害。

十、构建春蕾安全员机制为困境儿童撑起司法保护之伞

基本情况：2017年，郑某性侵养女长达三年之久，并致其怀孕，虽曾有群众反映，但公安机关一直未予重视。春蕾安全员发现后向检察机关通报，福建省漳州市检察院对此案进行立案监督，后依法将郑某一案提起公诉，现郑某已被判处无期徒刑。

春蕾安全员机制，系福建省漳州市检察院为解决留守儿童遭侵害发现难、发现晚等问题，联合妇联、公安、法院出台《关于组建春蕾安全员队伍的工作意见（试行）》，组建以农村妇女主任为主体的2000余人、覆盖所有基层组织的春蕾安全员队伍，由检察机关对春蕾安全员进行履职知识技能培训，开通绿色通道，春蕾安全员可以就发现的问题直接联系检察机关反映情况。该机制将处于安全困境的儿童分为环境安全、环境关注、环境危险三个等级，把环境关注等级以上儿童纳入综治网格管理，统一实行建档管理、定期走访、实时介入等系列工作机制，推动预防未成年人受害工作由被动受案向主动预防转变。依托春蕾安全员机制，检察机关联合职能部门关停3家在学校周边容留留守儿童上网娱乐的网吧、游戏厅。

典型意义：春蕾安全员机制依托群众组织扎根基层，容易发现侵害留守儿童合法权益的优势，创新了未成年人受害案件线索的发现机制，进一步整合了困境儿童救助保护资源，为实现未成年人检察专业化与社会化有效结合，构建未成年人司法保护社会化支持体系，有效拓展检察机关开展法律监督的渠道作出了有益尝试。

答记者问

《法制日报》记者： 近年来，在未成年人司法保护方面，检察机关的作用越来越突出。我们也发现，过去未成年人检察的工作职责主要是教育、挽救涉罪未成年人，近年来逐渐强调惩治侵害未成年人犯罪、加强未成年被害人保护救助。这是基于什么考虑呢？

郑新俭： 在过去很长的时间里，未成年人检察的职责只是办理未成年人涉嫌犯罪案件，对未成年犯罪嫌疑人进行教育、感化、挽救。2015年，最高人民检察院开始推动将侵害未成年人犯罪案件纳入未成年人检察部门受案范围，把打击惩治侵害未成年人犯罪，保护救助未成年被害人放在了同等重要的位置。这一变化有其深层次的原因。

一是为了更好地贯彻落实党和国家、人民群众关于未成年人权益保护的部署、要求。以习近平总书记为核心的党中央多次对关爱未成年人做出部署，要求全社会都要了解少年儿童、尊重少年儿童、关心少年儿童、服务少年儿童，为少年儿童提供良好的社会环境。党的十九大提出要坚持以人民为中心，把人民群众对美好生活的需求作为奋斗目标，要求加强和改善民生，实现幼有所育、教有所学。全国两会期间，很多代表委员也要求司法机关加大对侵害未成年人犯罪的惩治力度，维护未成年人合法权益。这些是我们进一步强化未成年人司法保护，严厉打击、有效预防侵害未成年人犯罪的基本遵循。

二是基于未成年人司法理念的转变。早期的未成年人检察工作具有一定的功利性，主要目的是有效应对未成年人犯罪问题，维护社会稳定。近年来，检察机关逐步树立儿童利益最大化的理念，要求平等保护所有未成年人的合法权益，在继续深化对未成年犯罪嫌疑人教育、感化、挽救的同时，必须加大惩治、预防侵害未成年人犯罪的力度，关爱、救助未成年被害人。

三是基于未成年人保护的现实需要。孩子是每一个家庭美好生活的核心，是全社会最为宝贵的财富，但当前性侵、拐卖、伤害等侵害未成年人犯罪多发，重大恶性案件时有发生，人民群众反映强烈。为了维护人民群众的美好生活，维护社会和谐稳定，必须把惩治侵害未成年人犯罪作为检察机关非常重要的工作内容。

四是基于对未成年人司法规律的深刻认识。我们逐步认识到，办理侵害未成年人犯罪案件同样要遵循未成年人司法的特殊规律，其目的不仅是要惩治犯罪，更要帮助未成年被害人恢复正常；不仅在证据把握、法律适用上有其特殊性，而且要适用适合未成年人身心特点的办案机制。在新时代，人民群众要求高品质司法服务，被害人及其家庭不仅要求我们严厉打击犯罪，还希望在诉讼中得到司法机关的关注、尊重和帮助。我们将侵害未成年人犯罪案件统一由未检部门办理，就是为了实现办案的专业化、规范化，提升办案效果和司法品质，更好地保护未成年人。

新华社记者：近年来，侵害未成年人犯罪形势如何，有哪些特点？

史卫忠：党和国家高度重视打击预防侵害未成年人犯罪工作，进一步加强了未成年人保护，取得一定成效。一些地方2017年全年办理的侵害未成年人犯罪案件数量同比也有所下降。但从近年来的发展趋势和全国整体情况看，侵害未成年人犯罪案件仍呈多发态势。主要有以下几个特点：

一是侵害未成年人犯罪呈现上升趋势。2017年，全国检察机关共逮捕侵害未成年人犯罪嫌疑人4万多人，起诉近6万多人。以猥亵儿童罪这一罪名为例，近五年来一直呈现上升态势。从各地统计来看，不少地方侵害未成年人犯罪案件呈现出上升态势，个别地方上升幅度较大，而且重大恶性案件时有发生，不少案件犯罪次数多、被害人多、时间跨度长。

二是从犯罪类型看，在提起公诉的案件中，性侵害和伤害案件占据较大比例。其中，校园暴力案件在未成年人侵害未成年人案件中的比例较高。而在成年人侵害未成年人犯罪中，强奸、猥亵儿童、强制猥亵、组织卖淫等性侵害案件比例较大,不少地方达60%多。

三是从被害对象看,留守儿童、低龄儿童受侵害的问题突出。从全国整体情况看,侵害留守儿童犯罪占总数的7.08%,在一些留守儿童集中的地方比例则更高。一些地方的性侵案件中,7成以上的被害人为14周岁以下儿童。

四是从犯罪主体看,在侵害未成年人犯罪案件中,尤其是性侵案件中,熟人作案的比例高于陌生人,有些地方甚至有70%到80%案件犯罪嫌疑人和被害人是邻居、亲戚、朋友、师生等关系。

此外,还需要注意的是随着网络时代的发展,涉网侵害未成年人犯罪案件增多,有相当比例的未成年人是通过网络结识不法分子,进而被侵害,目前还出现了利用网络而非直接接触猥亵未成年人的新类型案件。我们这次发布的武汉检察机关抗诉的猥亵儿童案就是这种情况。未成年人网络安全问题亟待解决。

《光明日报》记者: 检察机关在办理侵害未成年人犯罪案件中有什么问题和困难?怎么解决这些问题?

郑新俭: 侵害未成年人犯罪案件有其特殊性,在办理这类案件中确实遇到了一些困难和问题。主要存在发现难、查证难、指控难等问题。

一是案件发现难。比如性侵案件、监护侵害案件、虐童等犯罪案件,由于未成年人的自护意识、法治意识不强,遇到侵害后不愿、不敢甚至不知道寻求帮助。应当说此类案件还有相当一部分没有被发现,一些被害人长时间多次受到侵害而侵害者没有被绳之以法。有的即使发现了,由于证据问题,最终被认定的犯罪次数也比实际发生的少。

二是报案不及时。有些案件发生后,被害人的家长出于保护被害人名誉、怕破坏家庭邻里关系等,不愿意报案,而是选择私了,有的监护人自己就是侵害人,导致报案不及时,给案件查办带来难题。

三是证据调查难。很多案件发生在封闭私密场所,没有目击证人,有的没有监控录像,同时未成年被害人表达能力弱、不会保留证据,犯罪嫌疑人又往往不认罪,导致这类案件普遍存在客观物证少、直接证据少等问题,给侦查、指控带来很大困难。

为了破解这些难题，有力、准确地惩治侵害未成年人犯罪，检察机关与其他政法机关密切配合，主要做了以下工作：

一是一些疑难重大的侵害未成年人案件，检察机关会提前介入侦查，引导侦查机关尽可能全面地收集各种证据，为案件顺利诉讼打下基础。

二是考虑这类案件的特殊性，客观准确把握证据标准。检察机关在办案过程中全面审查案件的背景、报案经过、被害人的认知表达能力和陈述的客观性稳定性、间接证据的印证情况、取证的合法性等，进行综合判定。最高人民检察院已经下发了一些典型案例，制定证据审查指引，明确证据标准，指导准确指控犯罪。

三是推动专业的办案队伍建设。一些地方检察机关不但加强了自身队伍的专业化建设，还推动当地公安机关建立了未成年人案件专门办案组织，在提高案件质量方面发挥了积极作用。我们建议要进一步加强包括未成年人警务、未成年人检察和未成年人审判在内的未成年人司法制度建设，以提高办案的质量和效果，为我们的孩子提供更专业的保护。

四是推动建立侵害未成年人案件有效预防和及时发现机制。越早报案越有利于查处犯罪，刚才新闻通报里已经介绍了检察机关在这方面的探索。我们也呼吁监护人在发现孩子被侵害后要及时报案；呼吁我们每一个公民，发现未成年人受到侵害的要及时报案。应当认识到不报案就不能对侵害儿童的犯罪进行惩处，也不利于发现问题并进行有针对性的防范，这不仅在纵容犯罪，也会对我们的儿童造成更大的伤害。

《中国日报》记者：近年来，未成年人遭遇性侵的案件还是时有发生，您觉得主要原因有哪些？就预防性侵害未成年人方面检察机关有什么建议？

郑新俭：从检察机关办案实践来看，导致当前性侵害未成年人发生的原因是综合的。

一是社会上一些低级趣味的淫秽色情信息，包括儿童色情信息，还在通过网络等渠道流传，屡禁不绝。一些人包括未成年人受这些不良信息的影响实施了性侵害未成年人犯罪。有些青少年则沾染了不良生活习气,交往不慎受到侵害。有的甚至"自愿"、主动成为被侵害的对象。

二是家长存在监护看管不到位、警惕性不强等问题。有的父母离异,有的家长外出打工,疏于对子女的看护,导致孩子成为犯罪分子的侵害对象。性侵害留守、流动儿童的问题比较突出。

三是学校、社会培训机构重视文化学习,轻视安全管理,人防技防不到位,尤其是在招录聘用工作人员时,没有进行品行和人格甄别,导致一些工作人员利用职务便利性侵害未成年人。

四是一些地方社会治理薄弱,对流动人口和留守儿童管理服务不到位,对处于危险状态的未成年人不能及时发现和干预,网吧、娱乐、宾馆等场所违法接待未成年人的问题仍比较突出。

五是对未成年人法治教育、性教育和自护教育不到位,有些未成年人缺乏自护意识,有的受到性侵害后自己还不知道,有的受到性侵害后不知道该怎么办。

为此,除了加大对性侵害未成年人犯罪的打击力度外,还要从以下方面加强防范工作:

一是重视家庭教育与保护。父母或其他监护人应加强对未成年人的关爱,关注他们的需求、上网和交友情况,及时发现他们的异常,并对孩子进行科学的性教育,切实负起监护、看护责任。在发现孩子受到侵害后,要注意保留证据,抛开一些不必要的顾虑,及时报案。要对一些弱势群体家庭提供亲职方面的指导,帮助他们提高监护能力。

二是完善学校、培训机构等与未成年人密切接触行业的安全管理制度。尤其是在招收工作人员时,要进行品德和心理的审查、甄别。性犯罪重犯率比较高,有必要推行性侵害未成年人犯罪信息库和入职查询制度、性侵害未成年人犯罪信息公开制度。检察机关也愿意加强与学校、教育主管部门的合作,切实推动校园安全建设。

三是进一步创新和完善相关社会治理。要发挥学校老师、基层组织工作人员的作用,把安全困境未成年人纳入网格化治理,加强管理和保护。要切实加强未成年人网络保护,消除严重危害未成年人身心健康的不良信息。要下大力气整治娱乐场所、网吧等接待未成年人问题。下一步工作中，检察机关将加大未成年人行政检察监督力度，监督相关职能部门切实负起未成年人保护职能。我们也建议在今后修改《未成年人保护法》和《预防未成年人犯罪法》，制定《未成年人网络保护条例》时，对相关问题进一步明确和完善，明确责任，增强执行力。法律尤其是要对未成年人淫秽色情信息进行特别规制，包括明确认定标准、强化网络经营者的责任、加大惩治力度等，体现特殊保护，为未成年人营造良好环境。

四是加强未成年人预防性侵害教育。我们在办案中发现，犯罪分子往往选择那些性格懦弱、内向、不爱表达的孩子作为性侵害对象。于是，我们在开展法治进校园巡讲活动中，专门研发了预防性侵害课程，老师、家长反映非常好，孩子们通过巡讲也知道什么是性侵害、遇到性侵害如何保护自己的权益，还有几个受过性侵害的孩子勇敢地站出来举报犯罪，实践证明开展未成年人预防性侵害教育非常有必要。

《检察日报》记者：刚才的新闻通报里，讲到了对未成年被害人的司法救助问题，近年来检察机关对未成年被害人的司法救助与过去相比有什么发展变化？

史卫忠：最根本的变化是对未成年被害人的司法救助更加体现了儿童利益最大化的司法理念。未成年人正处在身心成长期，遭受不法侵害往往严重影响其健康成长，需要国家机关、学校、家庭、社会各方面和全体公民给予特别的关心和爱护。因此办理侵害未成年人案件不仅仅是审查事实证据、就案办案，更重要的是还要关注案件中的未成年被害人的成长。所以，近年来，我们强调对未成年被害人的救助要充分考虑未成年人身心特点以及当下和未来发展的客观需要，给予特殊、优先和及时保护，避免"给钱了事"的简单化做法。具体来讲，未成年人司法救助有以下新发展：

一是救助更加精准、多元。针对未成年被害人的具体需求，提供了经济救助、心理疏导、身体康复、司法援助、支持起诉、技能培训、转学、安置等多种帮助，既要解决未成年人生活面临的困难，也要帮助安排好他未来的学习成长。有时候可能为一名被害人提供多项救助，有的会进行长期救助。比如，刚才新闻通报中讲到的山东一起恶性案件的未成年被害人，她的身心受到严重的伤害，这不是仅仅靠经济援助就能解决的，也不是做一两次心理干预就能够康复的，当地检察机关为她申请了专项基金，制定了长达五年的心理康复计划，一直跟踪到她成年。

二是救助更加主动及时，救助的范围也进一步扩大。根据规定，司法救助有依职权启动和依申请启动两种形式，而检察机关对未成年被害人的救助更多的是依职权主动启动，而且是优先办理，救助也更加及时。在救助范围上，并不限于刑事案件中的未成年被害人，还包括刑事被害人的未成年子女，以及一些侵权、抚养费纠纷等民事案件中符合条件的未成年当事人。有的地方还尝试开展了对服刑人员未成年子女、困境未成年人的救助。

三是一些地方检察机关探索了异地救助的做法。根据有关规定，司法救助要由办案单位所在地的检察机关管辖。但是，当前我国人口流动比较大，有一些流动的未成年被害人也需要司法救助，一些地方检察机关就在这方面进行了探索。我们这次公布的案例中，就有深圳检察机关应湖北检察机关的委托，对一名打工人员的两名子女提供了心理疏导、就学、技能培训等系列救助。又如，山东发生一起丈夫杀死妻子的案件，他们的小孩目睹了杀人过程，身心受到很大伤害，回到江苏原籍后生活又很困难。最高人民检察院及时协调江苏检察机关对这个孩子进行了经济、心理和教育方面的救助。

今年2月，最高人民检察院对各地检察机关近年来的做法进行了总结，制定下发了《关于全面加强未成年人国家司法救助工作的意见》，将会更加有力地推进这项工作。

上海卫视记者：有学者提出，加强未成年人司法保护，需要社会力量参与，需要社工和心理咨询师等专业人士介入。请问：检察机关就此做了哪些工作，有什么打算？

史卫忠：刚才讲到，未成年人司法的目的是帮助涉案未成年人顺利回归社会，包括未成年犯罪嫌疑人和未成年被害人，这就要落实特别程序，提供支持和救助，满足他们回归社会的专业需求，要做大量的专业的工作，比如社会调查、心理疏导、技能培训等。这些只靠检察官是完不成的，需要全社会来共同参与，特别是需要专业人士的介入。这就需要有一个社会支持体系，这也是世界各国少年司法制度普遍的做法。近年来，最高人民检察院对这项工作高度重视，提出了加强未成年人检察专业化、规范化、社会化的发展思路，其中社会化就是要加强与社会力量的配合，努力推动未成年人检察社会支持体系建设。

最高人民检察院和各地检察机关在社会化方面进行了积极努力，得到各级党委、政府和社会各界的大力支持，对强化未成年人司法保护发挥了非常积极的作用。目前主要有三种渠道：一是依靠党委领导，主动加强与综治、民政、教育、医疗等职能部门，以及共青团组织、妇联、关工委等群团组织的沟通配合，发挥各部门的职能优势，为涉案未成年人提供支持，比如帮教、未成年人安置、入学、司法社工组织的培育等。很多地方的检察机关就与团组织有着密切合作关系。二是争取政府支持，利用政府购买服务、申请专项经费等方式，在办案中引进青少年司法社工、心理咨询师等专业力量提供服务，如进行社会调查、帮教考察、心理疏导等。上海、北京等地依托政府支持，有着较为成熟的社工体系。三是与公益组织、爱心企业和志愿者密切合作，建立了未成年人观护基地，提供技能培训、就业安置、帮教、陪伴等支持。

尽管社会化建设取得了较大进展，但也面临四个主要问题：一是社会力量参与未成年人司法办案还缺乏法律依据。二是这项工作受当地经济社会条件的影响很大。经济社会发展相对落后的地方，面临着经费不足、专业力量缺乏等问题，工作很难开展。三是缺乏长效工作机制。政府购买服务有时会因采购项目的变化而不能持久。而司法社工、心理咨询师等专业力量的服务又缺乏明确评估标准，有的工作质量不高。四是缺少一个专门的机构来转介不同专业需求，需要检察官自己多方联系，效率有待提高。

为了推动这项工作的发展，今年2月，最高人民检察院与团中央签署了《关于构建未成年人检察工作社会支持体系合作框架协议》，目的就是发挥双方各自优势，通过建立未成年检察社会服务机构、培育社工组织等举措，推动未成年人检察社会支持体系建设，并为推动整个未成年人司法社会支持体系建设积累经验。目前，我们正在按照协议的要求开展相关工作。今年下半年，最高人民检察院也会组织未成年人检察社会支持体系建设座谈会，研究部署相关工作。

8. 未成年人检察社会支持体系建设试点工作新闻发布会

时　　间：2019年4月11日10：00

地　　点：最高人民检察院

出席人员：史卫忠，最高人民检察院第九检察厅厅长

　　　　　王锋，共青团中央维护青少年权益部部长

　　　　　席小华，首都师范大学教授、北京青少年社会工作研究院执行院长

主 持 人：王松苗，最高人民检察院办公厅（新闻办）主任、新闻发言人

议　　程：1. 通报近年来检察机关与共青团组织推动未成年人检察社会支持体系建设的有关情况

　　　　　2. 通报未成年人检察社会支持体系建设试点工作安排和下一步工作打算

　　　　　3. 发布未成年人检察社会支持体系建设工作典型案（事）例

　　　　　4. 答记者问

推动未检社会支持体系建设有关情况通报

>> 史卫忠

各位记者朋友们:

大家上午好!

未成年人司法要求我们在办案的同时,尽力帮助那些受到犯罪侵害的未成年人尽快走出困境、正常生活,同时也要对犯罪的未成年人进行教育挽救,促使其走上正途,回归社会。为此,就需要开展必要的社会调查、心理干预、人格甄别、行为矫正、社会观护、技能培训等工作。而高质量做好这些工作,离不开社会力量,尤其是专业力量的支持。拥有健全的社会支持体系,是成熟未成年人司法制度的特殊内容和主要标志。近年来,检察机关一直在着力推进未成年人检察社会支持体系建设,不少地方发展较快,取得明显成效。特别是2018年2月,最高人民检察院、共青团中央共同签署了《关于构建未成年人检察工作社会支持体系合作框架协议》。近期,按照合作框架协议的部署和要求,双方经过认真审核、共同研究,确定了北京市海淀区人民检察院、共青团海淀区委等40个工作基础好、具有区域代表性的地方开展未成年人检察社会支持体系建设试点,以进一步推进这项工作更加深入、全面发展。现将有关工作情况向大家通报如下:

一、未检社会支持体系建设与未检工作共同发展共同进步

自1986年上海市长宁区人民检察院成立全国第一个少年起诉组到2018年12月最高人民检察院成立专门负责未成年人检察工作的第九检察厅,未成年人检察工作走过了30多年的发展历程。在这一历程中,未检社会支持体系和未检工作相伴而生、共同促进、共同发展。

一是从20世纪80年代开始,未检工作在萌芽、探索阶段,就提出了"司法保护一条龙"和"社会保护一条龙"建设相结合的思路。当时

主要是加强与综治、共青团、关工委等相关职能部门和社会组织的联系与衔接，邀请热心未成年人保护工作的干部群众、"五老"（老党员、老专家、老教师、老战士、老模范）等社会力量参与未成年犯罪嫌疑人帮教和犯罪预防工作，共同构筑未成年人犯罪的综合防控和教育挽救体系，产生了积极效果。

二是2000年后，未检工作逐步进入发展、深化阶段，各地检察机关主动探索尝试了社会调查、合适成年人、社会观护、附条件不起诉、心理矫正、法律援助、刑事和解、羁押必要性审查等一系列特殊检察制度，有的已经被修改后的刑事诉讼法所采纳。这一发展对社会支持体系建设提出了更高的要求，一些地方检察机关开始探索引进社会工作者、心理咨询师参与未成年人检察工作，有的还利用爱心企业、社区服务站等建立起涉罪未成年人观护基地。一方面，社会专业力量的介入提高了检察机关办理未成年人案件的专业化水平；另一方面，未检专业化的需求也推动了社工队伍等专业力量的发展。

三是进入2012年以后，最高人民检察院进一步加强对未检工作的顶层设计，并逐步强化了未检社会支持体系建设。2012年，全国第一次未成年人刑事检察工作会议提出要大力促进政法机关办理未成年人刑事案件配套工作体系和未成年人犯罪社会化帮教预防体系建设。2016年，全国未检工作30年座谈会系统提出要大力推进未成年人检察专业化、规范化、社会化建设的发展思路，把未检社会化建设放在和专业化规范化建设同等重要的位置来谋划和推进。全国未检社会支持体系建设由此进入了快速发展期。2018年2月，最高人民检察院与共青团中央签订了《关于构建未成年人检察工作社会支持体系合作框架协议》，标志着未检社会支持体系建设进入了新的发展阶段。

二、当前未检社会支持体系建设的基本情况和主要特点

一是加强了顶层设计。最高人民检察院、共青团中央《关于构建未成年人检察工作社会支持体系合作框架协议》的签订，为社会支持体系建设的科学发展奠定了基础，本次试点工作即是框架协议的内容和成果之一。去年10月，最高人民检察院专门组织召开了全国未成年人检察社会支持体系建设座谈会,邀请共青团中央等部门、专家学者参加,共同研究交流未成年人检察社会支持体系建设工作,并就相关工作提出了明确要求。此外,我们还指导、推动各地结合本地实际,探索推进社会支持体系建设。如湖北等省级检察院积极推动省人大在地方性立法中对未成年人司法社会支持体系建设作出规定,为社会支持体系建设提供法律支持。福建、宁夏等省级检察院联合预防青少年违法犯罪专项组、共青团组织等单位就社会支持体系建设、培养和引入专业未成年人司法社工等工作制定下发规范性文件。京津冀三地检察机关共同签署了《京津冀检察机关未成年人检察工作协同发展协议书》,明确在社会调查、附条件不起诉监督考察等方面加强协作配合,共同推动京津冀社会支持体系建设。

二是党委政府更加重视和支持。北京、云南等省级检察院争取财政、民政部门支持,将落实特殊程序、购买社会服务、培育社会力量等工作纳入办案经费,确保经费保障的长效性和安全性。浙江省检察院联合团省委等部门制定文件,把未检社会支持工作列入政府购买清单,被列入浙江省儿童发展"十三五"规划十大实事项目。上海市检察院与市预青专项组会签《关于建立上海市未成年人检察社会服务体系的合作协议》,在市、区两级全部建立未成年人检察社会服务指导中心,受理检察机关涉案未成年人司法保护需求,并根据实际需要转介至预青专项组27家成员单位或专业社会组织提供服务,同时对服务效果进行评估。云南省德宏州检察院积极争取州委州政府支持,拨款1000万元,成立德宏州未成年人综合保护中心,建立了未成年人司法保护社会支持平台。

三是专业司法社工作用更加突出。上海市通过政府购买服务或者申请青少年项目,引入专业社工等专业力量,建立覆盖全市的社会观护体系。四川省成都市检察机关与专业社工组织合作,社工组织能够提供社会调查、帮教考察、合适成年人到场、未成年被害人综合救助、心理干预、犯罪预防和亲职教育等各个方面的支持。截至2018年9月,江苏各地检察机关通过自行合作、政府采购的方式引入53家社工组织、451名社工开展社会调查、心理咨询、合适成年人到场等工作。

四是志愿者、爱心企业更加踊跃参与。重庆市检察机关充分发挥"莎姐"品牌效应,组建起包括律师、心理咨询师、教师、代表委员等在内的1000多名"莎姐"志愿者服务队伍。浙江省检察机关积极探索由检察官主导,青少年事务社工、志愿者、爱心人士等参与的多元化观护帮教模式,尝试剥离帮教职责,回归司法办案主责主业。福建省石狮市检察院与石狮市阳光太太志愿者服务队合作,将其作为"石狮市未成年人帮教中心"链接的社会公益志愿者资源,先后接收未成年被害人70余人到该队成员所在的企业就业,学习一技之长。山东省齐河县检察院会同相关部门,制定了《关于构建"爱心父母团"参与涉案未成年人刑事诉讼的意见》,选任30名志愿者成立爱心父母团,已帮教10余名涉罪未成年人。

五是工作制度机制进一步健全。浙江省检察院积极建议省委平安办将不起诉考察帮教、法律援助、合适成年人参与诉讼落实情况三个考核项目,纳入平安浙江建设考核,助推了未检社会支持体系的快速发展。上海市检察院与市社区青少年事务办公室会签《涉罪未成年人帮教与维权工作合作备忘录》,将观护帮教、附条件不起诉监督考察、社会调查、合适成年人到场等均纳入青少年事务社工的职能范围,并由检察机关划拨专门经费提供资金支持。福建省检察院与团省委会签《关于在未成年人检察工作中引入青少年司法社工的意见》,通过借助司法社工在社会学、心理学等领域的专业优势,增强帮教挽救工作的效果。江苏省检察院制定了《关于推进和规范涉罪未成年人观护教育工作指导意见》,推动全省观护基地建设常态化、制度化和长效化。

三、社会支持体系建设有力促进未检工作质量和水平的提升

一是对罪错未成年人帮教工作更加精准有效。北京等地方借助专业社工机构,对罪错未成年人社会调查实现了全覆盖。司法社工的介入,推动帮教考察工作更加到位有效,为更多未成年犯罪嫌疑人适用附条件不起诉创造了条件。2018年,全国共对未成年犯罪嫌疑人作出附条件不起诉6959人,比附条件不起诉制度开始适用的2013年上升了一倍。借助专业力量,一些地方检察机关引入人格甄别和心理干预制度,实施

有针对性的个性化科学化帮教方案，四川、浙江、上海等地还建立强制性亲职教育制度，促进监护人提高监护能力，充分发挥家庭应有的教育矫正作用。广东省深圳市检察机关针对每名未成年犯罪嫌疑人成立了由办案人员、社工、心理咨询师组成的帮教小组，探索推行精准帮教模式，其中97.5%的未成年人没有重新犯罪。上海市2010年以来对5000余名涉罪未成年人开展社会观护帮教，其中99.4%的未成年人没有重新犯罪。一些地方还由社工参与，开展了保护处分、临界预防工作。2016年以来，全国共有1869名未成年犯罪嫌疑人经检察机关帮教后考上大学。

二是对未成年被害人的保护救助更加及时有效。最高人民检察院专门下发了《关于全面加强未成年人国家司法救助工作的意见》，要求对未成年被害人进行多元化综合救助。近年来，检察机关为数万名未成年被害人提供司法救助、心理干预、司法援助等救助措施。山东、云南等地检察机关为一些受到严重侵害的未成年人制订实施了长达五年的心理康复计划。应湖北检察机关的委托，广东深圳检察机关对两名外来未成年被害人提供了心理疏导、入学和技能培训等一系列救助。这些都离不开社会力量的参与和支持。浙江、上海、河南等地检察机关还推动建立被害人需求转介机制，检察机关根据被害人需要，通过工作平台及时链接社工、医疗、心理干预、教育、就业等有关社会资源介入，为被害人提供救助，进一步提高了未成年被害人保护救助的及时性、有效性。

三是推动了权益保护和犯罪预防工作。山东省德州市武城县检察院打造的未成年人检察监督信息平台在德州全市推广，目前已经有701个机关、事业单位参与，信息员队伍达4万余人。河南新乡市检察院牵头联合13家单位，建立"小荷青少年维权中心"，构建起司法机关、职能部门、社会组织及公益组织规范有序、共同参与的全面、全程、全方位的未检工作模式。湖北、浙江杭州、福建漳州等地依托社会力量探索建立了侵害未成年人案件强制报告制度、安全困境儿童信息员制度，对于破解侵害未成年人发现难、预防难的问题，发挥了积极作用。重庆"莎姐"志愿队成员在接受培训后还积极开展未成年人法治宣传和自护教育工作。上海市预防青少年违法犯罪专项组、市检察院、团市委等部门共同制定了《上海市进一步推进重点青少年群体服务管理和预防犯罪工作实施意见》，对青少年事务社工参与未成年人司法保护工作进行规范，逐渐形成了司法机关与社会力量协作开展一般犯罪预防的工作机制。

但是我们也应当看到，未检社会支持体系建设与未成年人司法保护的发展、需求相比，还存在一些问题和薄弱环节：一是缺少法律依据。法律并未对社会力量参与未成年人司法作出规定，导致社工、观护基地等地位、工作结果性质、效力不明。二是缺乏工作规范、工作标准。社工观护、心理干预等缺少服务流程、质量标准、效果评估、责任承担等方面的规范，既导致有些地方工作质量参差不齐，也导致购买服务方对工作效果无法评估，影响进一步发展。三是专业力量薄弱。整体上我国青少年司法社工队伍起步较晚，专业力量不足，有些地方更是缺少司法社工、心理咨询等专业力量，导致专业需求无法满足或者服务效果不好。四是经费保障不到位，影响合作机制稳定。目前各地工作经费的主要来源包括申请专项经费、政府购买服务、申请青少年项目经费等，无法保证延续性、稳定性，有的地方甚至没有经费，不利于工作的发展、队伍的培养，制约工作质效。五是缺少统一的转介机构。这导致资源分散，公安、检察、法院各有一套，办案中需要检察官自己去多方联系，费时费力。

接下来，我们将主要做好以下工作：一是推动各级检察机关与共青团组织密切沟通、配合，充分发挥各自优势，共同研究探索建设未检社会支持体系的路径和机制，推动试点工作深入开展，实现未成年人案件专业化办案与社会化保护无缝衔接。二是注重研究制定社会支持体系相关工作规范，推动专业力量培训培育机制，提升服务能力和水平。三是积极参与未成年人保护法的修改，争取在该法中对社会支持体系建设作出规定。

记者朋友们，未成年人检察是一项系统性、综合性工程，除检察机关与各级团组织协作配合外，还离不开行政机关、社工组织、爱心企业以及社会各界的支持、配合与帮助。在今后的工作中，我们将坚持以习近平新时代中国特色社会主义思想为指引，大力推进未成年人检察社会支持体系建设，进一步提升未成年人检察工作质量与效果，在满足人民群众美好生活需求、推动新时代经济社会发展稳定中作出新的更大贡献！

谢谢大家！

关于联合开展未成年人检察社会支持体系建设试点工作的说明

>> 王　锋

各位记者朋友们：

　　大家好！感谢各位一直以来对未成年人保护和预防青少年违法犯罪工作的关注与支持。共青团是党联系青少年的桥梁和纽带，维护青少年合法权益是共青团的重要职责。多年来，共青团积极开展未成年人保护和预防青少年违法犯罪工作，推动构建未成年人司法保护体系。比如，配合全国人大常委会法工委、全国人大社会建设委等，修订《未成年人保护法》《预防未成年人犯罪法》；配合有关部门，出台深化预防青少年违法犯罪工作文件；与公检法司等合作，建设未成年人司法保护社会支持体系；联合民政部，加强青少年事务社工队伍建设，目前已达10.6万人；建设12355青少年服务台及网络平台，联系近7000名热心公益事业、关注青少年工作的法律、心理专家等。

　　众所周知，未成年人还处在身心成长的发展阶段，未成年人违法犯罪不只是其个人原因，更多是受家庭、社会、学校等环境影响，不能简单用成年人的案件处理办法。从司法实践上讲，需要特别程序，涉及心理抚慰、回访帮教、社会融入等环节，目的是最大限度地保护涉案未成年人不脱离社会，以帮助其将来能正常回归社会。在最高人民检察院的重视下，未成年人检察工作成为检察系统的一项重要工作。今年两会上，最高人民检察院张军检察长在报告中多次提到未检工作的做法和成效，人大代表、政协委员和社会各界反响热烈。

　　由于未成年人案件的办案程序比普通案件的多，因而对未成年人开展工作要求更加细致、耐心，检察官的办案任务很重。从国际惯例和基层实践看，引入专业社会机构和力量可以有效提供社会调查等方面的基础性支持。为此，共青团中央、最高人民检察院联合构建未成年人检察工作社会支持体系，并于2018年2月签署《关于构建未成年人检察工作社会支持体系合作框架协议》，就完善未成年人司法保护、加强青少年法治宣传和犯罪预防、强化未成年人权益保护等方面探索工作机制。其中，检察机关在未成年人检察"捕、诉、监、防"一体化工作格局中，着力实现专业化办案与社会化保护配合衔接；共青团积极参与社会治理创新，动员社会力量给予未成年人司法保护方面的支持。

按照"试点引路，示范带动"的思路，最高人民检察院和共青团中央于去年9月份联合下发通知，在各地选择部分工作基础好、创新积极性高的地市、县区，开展相关试点工作。经各省级检察院、团委踊跃申报，最高人民检察院与团中央联合组织评审，拟在北京市海淀区等40个地区开展未检社会支持体系建设试点工作，以购买服务的方式委托北京超越青少年社工事务所等40余家社会服务机构实施具体项目。

以上是未检社会支持体系建设试点工作的背景情况。下面，我向大家简要介绍下一步工作的具体考虑。

一是明确工作目标。推动试点地区检察机关、共青团组织深化合作，围绕加强未成年人刑事、民事、行政合法权益司法保护，社会力量参与未成年人司法保护的内容、流程和标准等，强化部门联动，争取政策保障，整合社会力量，探索建立未成年人检察工作社会支持体系的路径和机制，实现未成年人案件专业化办案与社会化保护配合衔接。争取通过试点，形成一批可复制、可推广的经验模式。

二是细化试点内容。第一，强化联动机制。试点地区检察机关、共青团组织要建立信息共享、干部交流、工作会商机制，共同研究解决青少年权益保护、犯罪预防领域的新情况新问题，加强未成年人案件办理中的联动，推动建立跨部门合作机制，加强未成年人司法各环节的衔接以及行政保护与司法保护的衔接。第二，搭建承接平台。试点地区要依托12355青少年服务平台、青少年社会工作服务机构等已有机构，或新组建未成年人司法社会服务机构，推动相关试点任务。第三，规范工作流程。试点地区检察机关在办理未成年人案件过程中，通过委托或服务申请等方式向本地未成年人司法社会服务机构提出工作需求。未成年人司法社会服务机构接受委托或申请后,提供针对性的支持服务,或转介给有关职能部门、社工机构、社会组织实施,并负责做好跟踪督导、质量评估、总结归档等工作。第四,实施服务项目。通过政府购买服务、项目化运作等方式,支持和引导承接机构向相关未成年人提供亲职教育、心理疏导、行为矫治、技能培训、困难救助等专业服务,并协助开展观护帮教、附条件不起诉监督考察、合适成年人参与刑事诉讼、社会调查、司法救助、社会救助、临时安置等工作。试点地区检察机关、共青团组织要在资金支持、业务指导、人才培养、完善机制等方面给予保障。

三是总结试点成效。按照循序渐进、逐步推开的原则,全国层面拟开展3个轮次的未检社会支持体系建设试点工作,每轮试点为期1年。今年确定的40个地方(名单附后)为第一轮试点单位,覆盖全国31个省(区、市),具有广泛的代表性。试点单位的确定,重点关注申报项目的可行性、创新性、示范性,坚持优中选优、宁缺毋滥并兼顾地域代表性的原则。为推动试点工作扎实开展,我们专门拿出280万元的配套经费,给予每个试点地区6万元到8万元不等的支持,并组织专家提供人员培训、业务督导等工作保障。省级检察院、团委在试点过程中给予政策配套和工作指导,最高人民检察院、共青团中央也将通过开展联合调研等方式掌握情况、给予指导。2020年3月,一年试点期满后,最高人民检察院、共青团中央将组织对试点地区的工作成效开展审核评估,并通报评估结果。

各位记者朋友,构建未成年人检察工作社会支持体系是落实未成年人司法特殊理念和诉讼程序,推动建立中国特色未成年人司法制度的重要一步。下一步,我们将在深入总结试点工作经验的基础上,研发符合我国国情和需求的未成年人司法社会工作服务指南,进一步提高未成年人司法社会支持体系的规范化、专业化水平,努力为促进未成年人保护、预防青少年违法犯罪、服务青少年健康成长尽一份力。

再次感谢各位记者朋友的关心和支持。也欢迎大家在今后的试点工作中，多宣传报道各地情况，为青少年成长共同营造良好的社会环境。

谢谢大家！

未成年人检察社会支持体系建设工作典型案（事）例

一、链接多方力量　综合救助受侵害的孩子
——未成年被害人小尹救助案

基本案情：被告人马某某因与被害人小尹（案发时7岁）父亲有纠纷，而当街持刀砍断了小尹的右手，并以断肢要挟小尹父亲向其支付50万元作为赎金。虽然断肢及时再植，但是小尹身心均遭受巨大创伤。

广东省广州市检察院在依法指控被告人马某某故意伤害、敲诈勒索犯罪的同时，通过团市委链接社会各方力量，迅速联动，共同为小尹制定一套综合救助保护方案。一是法律援助。由君诺未成年人保护公益服务中心指派专职律师作为诉讼代理人，无偿代理案件中的刑事附带民事诉讼，并在判决生效后继续跟进判决的执行问题。二是社工介入。由团组织所属"青年地带"站点服务承接机构启创社工中心提供个案跟进服务，通过每周家访制度，以谈心、游戏、外出活动等多种形式持续跟进被害人的康复情况、学习情况及家庭生活情况，及时向检察官沟通相关信息，并形成个案介入报告提交检察机关。三是心理救助。针对被害人与其家人在案件发生后的焦虑、恐惧的状态，在团市委的协助下，检察机关委托广州市惠爱医院对被害人以及其父母、哥哥进行心理危机干预，对由案件产生的抑郁、焦虑、恐惧情绪进行有效疏导。社工在介入的过程中发现，目睹案发全过程的被害人哥哥在心理康复方面仍存在障碍，并及时向检察机关反映。检察机关即与社工协商进一步开展心理评估疏导的方案，必要时再次启动心理疏导程序。被害人及其家人的负面情绪得到了缓解，尤其是被害人，从恐惧封闭的状态重新恢复到活泼开

朗的性格，愿意走出家门，融入社会，呈现出可喜的转变。四是经济救助。检察机关通过社工了解到，被害人因经济困难而不得不停止了康复治疗。为此检察机关主动启动了国家司法救助程序，创新建立起检察机关、医院及医务社工机构三方合作的模式，由检察院将救助金拨付到医院账户，医务社工监督该笔费用的使用情况，确保国家司法救助金全部用在被害人的治疗上。

典型意义：本案是检察机关与团组织合作，构建并运用未成年人检察社会支持体系，为未成年被害人提供支持的典型案例。案件中，检察机关根据涉案未成年人具体情况，提出社会服务需求，由团组织有效链接社会资源加入到未成年人综合司法保护社会支持体系，形成联动工作机制，在未成年被害人的身体康复、心理疏导、法律援助、司法救助等方面提供及时全面的帮助与支持。

二、检团共建帮扶平台　救助未成年被害人
——未成年被害人小阳救助案

基本情况：2017年11月，北京市东城区检察院在办理一起性侵害未成人犯罪案件中发现，8岁的被害人小阳患有巨结肠、心脏病等多种先天疾病，家庭贫困，这次性侵害又对她造成了严重心理伤害，可谓雪上加霜，让整个家庭陷入巨大的困境之中。检察机关及时与共青团组织联系，通报了小阳的情况。共青团北京市委对此高度重视，组建了包括团组织、检察机关、专业心理机构在内的帮扶工作小组，及时介入该案。帮扶工作小组赴密云看望小阳，调查了解实际需求，同时对小阳进行心理测评和心理疏导。根据小阳的需求，团市委多方筹集资金，一方面协调北京儿童医院为小阳治理身体上的疾病，另一方面依托北京林业大学心理小组为小阳每周进行一次心理治疗。经过一年多的努力，小阳的身体已得到有效治疗，心理状况也明显好转，相关帮扶救助工作仍在进行之中。

典型意义：对涉及未成年人的案件及时专业地介入，开展有效的心理、法律、经济等援助，是未成年人保护工作的重要组成部分。本案中，小阳既是刑事案件被害人，又是困境儿童，共青团组织积极发挥组织优势，整合资源，链接资金、医疗等资源，给予小阳身体、心理全方面的救助，尽力帮助她回归健康、快乐的童年，帮助她的家庭重拾了信心和希望。

三、实施精准帮教天才少年由"黑客"变"白客"
——未成年犯罪嫌疑人小刘帮教案

基本案情：未成年人小刘为了炫耀其电脑技能，吸引更多人加入其建立的QQ群，非法获取大量公民个人信息并放在群中，供群成员随意下载。后小刘被公安机关以侵犯公民个人信息罪立案侦查。2017年8月，案件移送江苏省淮安市淮阴区人民检察院审查起诉，检察机关经社会调查了解到小刘爱学习、能钻研，对网络技术有兴趣有天分，一贯表现良好，属于初犯，结合其犯罪情节轻微、认罪悔罪态度好等情节，依法对其作出附条件不起诉决定。同时成立了由检察人员、司法社工、学校老师等组成的帮教小组，制定了有针对性的帮教考察方案。根据方案，在附条件不起诉考验期间，检察机关对小刘进行了法治教育，学校团委、社工定期和小刘谈话，了解他的思想动态，对其进行心理疏导，引导他把天分和技术用于正途。在此期间，经检察机关批准，小刘利用自己的网络技术协助警方破获一起特大网络传销案件。他还积极参与网络安全建设，协助有关部门堵塞网络安全漏洞，由一名"黑客"变成著名"白客"，在国家互联网应急中心官方网站的"白帽子原创积分排名"居于全国前列。2018年12月，淮安市淮阴区人民检察院对小刘作出不起诉决定。

典型意义：涉罪未成年人可塑性很大，容易改造，但如果处理不当，将来又可能变本加厉危害社会。本案中，检察机关联合团组织、司法社工、心理疏导专业人员等多方社会力量，量身制定帮教方案，精准实施帮教，确保其认识到自身错误，转而利用专业特长服务社会，最大限度地挽救失足未成年人，为国家保住了一个有用之才，取得了良好的效果。

四、引入司法社工实现专业化办案和社会化帮教深度融合
——未成年犯罪嫌疑人小白等人帮教案

基本情况：2018年8月，未成年人小白和小龙因涉嫌寻衅滋事罪被公安机关刑事拘留，后移交河南省郑州市金水区人民检察院审查逮捕。金水区检察院指派司法社工介入该案，对犯罪嫌疑人的成长经历、家庭背景、社区环境、犯罪原因进行了客观评估和深入调查。鉴于二人都是在校学生，属于初犯偶犯，认罪悔罪，具有自首情节，金水区检察院对二人作出了不批准逮捕的决定。根据社会调查还发现，二人已经给自己贴上了"犯人"的标签，有自暴自弃的心理和行为问题，为了帮助他们激发自身向上潜能、矫正不良行为，检察官会同司法社工专门为二人制定了有针对性的个性化帮教方案。司法社工邀请小白和小龙作为志愿者参加社区为留守儿童开展的"四点半课堂"活动、困境儿童帮扶等各种志愿服务活动30余场。在检察官和司法社工的共同见证下，二人从最初的被动参与逐渐转变为主动参与、积极参与，并从两千余名候选人中脱颖而出，获得了金水区2018年度"优秀社区志愿者"的荣誉称号。二人在志愿服务中不断成长，进而变成了"更好的自己"。最终，金水区法院依法对小白和小龙判处了缓刑。

典型意义：专业的未成年人司法社工，能够从社会学和心理学的角度矫正未成年犯罪嫌疑人的偏差行为，不断挖掘、肯定他们的内在价值，帮助他们正确认识自己，激发自己的潜能，从而使他们更好地成长和回归社会。本案中，检察机关引入司法社工参与未成年人特殊检察制度中的社会调查、合适成年人到场、心理疏导、心理测评、观护帮教等

工作，实现专业化办案和社会化帮教的深度融合，为涉案未成年人提供更科学、更专业的帮助和教育。

五、坚持个性化帮教帮助涉罪少年重圆梦校园
——未成年犯罪嫌疑人小杨帮教案

基本情况：2017年，广西壮族自治区柳州市检察机关对涉嫌盗窃犯罪的未成年人小杨依法决定附条件不起诉，并根据团市委与市检察院的合作协议，将他交由团市委孵化指导的柳州市青少年服务中心开展考察帮教。

小杨原在一所中等职业技术学校学习汽修，学校得知他涉嫌盗窃犯罪后，将其开除。因此，父母很担心小杨的未来，找到司法社工及检察官，希望能够帮助小杨重返校园。司法社工经和小杨沟通，得知他也非常希望回到学校继续学习，但无奈已被学校开除。另外，父母希望小杨今后能够考大学，而小杨自己则希望学习烹饪技术，将来可以开个餐饮店，双方僵持不下，关系对立。为了化解小杨家庭的矛盾，司法社工与心理咨询师共同策划了几场亲子拓展活动，为小杨及其父母创造相互了解的机会。检察官与司法社工还多次家访做双方思想工作。通过一个暑假的努力，小杨父母同意他学习烹饪，但此时已过报名时间，小杨面临无校可上的问题。团市委得知这一情况后，及时和几所学校进行了沟通，由于小杨在暑假期间以志愿者身份参与了由团市委组织的"菜场娃娃"公益活动并被评为优秀志愿者，一所技校同意接收小杨学习烹饪专业。小杨非常珍惜这次学习机会，在校学习期间表现良好。附条件不起诉考验期满后，检察机关对小杨作出了不起诉决定。

典型意义：在这个案件中，专业司法社工参与到未成年犯罪嫌疑人小杨的帮教中，发现并激发他向上的一面，鼓励他回归正途。团组织也发挥组织特长，帮助他协调解决学校问题，为他回归社会创造条件。在

司法机关、团组织和专业司法社工共同开展了专业有效精准的帮教工作，有效教育挽救了未成年犯罪嫌疑人。

六、建立"未成年人保护联盟"有效开展罪错未成年人帮教工作

——未成年犯罪嫌疑人小张等人帮教案

基本案情： 2018年暑假期间，犯罪嫌疑人小张（男，16岁）伙同妹妹（11岁）到福建省石狮市某中学宿舍楼，盗窃现金人民币4728元。石狮市检察院在对案件进行审查的同时，通过当地成立的"石狮市未成年人保护联盟"工作平台，委托团属社工组织对小张进行社会调查。经审查案件和社会调查发现，小张系外来务工人员子女，某中学高三毕业生，刚收到大学录取通知书。在暑假期间，父亲因摔断腿回老家，母亲也回老家照顾，兄妹二人只能靠小张打暑期工生活。但由于打不到工，案发时兄妹二人已经几天没吃饭，便实施了盗窃。案发后，赃款已退还，被害人也均表示谅解。小张所在学校也反映他在校期间表现良好。检察机关经研究，依法对小张作出相对不起诉决定，同时又通过"联盟"联动团市委、教育局，成立由检察官、司法社工、学校等共同组成的帮教小组，制定帮教方案。开展帮教工作：一方面与小张定期联系，通过举办"青春成长法护航"法治培训班，组织参观法治教育基地、旁听刑事案件庭审、开展心理辅导、上专题法制课、组织军训等，开展全方位的教育帮扶。另一方面鉴于小张家境确实困难，联盟还帮其取得助学贷款，解决了他的生存问题。最终，小张得以顺利赴大学报到。同时，由于小张妹妹案发时只有11岁，帮教小组也专门为其建立了未成年人帮扶档案，开展帮扶工作。2019年，小张妹妹顺利升入中学学习。

典型意义： 2018年，石狮市检察院联合团市委等12家未成年人保护职能部门共同组建"未成年人保护联盟"，出台未成年人保护十项措

施，共同构建未成年人保护体系，开展未成年人权益维护和犯罪预防工作，取得了明显成效。本案中，检察机关借助"联盟"对涉案未成年人进行了社会调查、帮教、救助等一系列工作，及时挽救了一名因生活困难而走上歧途的未成年人。

七、跨省协作　共同帮教助力涉罪未成年人顺利回归社会

——涉罪未成年人异地考察帮教案

基本案情：2016年6月，上海市长宁区公安机关依法查处了一家在网络上进行卖淫嫖娼违法活动的"保健中心"，先后抓获涉案人员9人，其中包括年仅17岁的外来未成年人琪琪。经查，琪琪在该组织中担任客服，主要负责接单、排班和电话回访，无违法犯罪前科。2017年7月，琪琪因涉嫌协助组织卖淫罪被长宁区检察院取保候审。长宁区检察院认为琪琪依法可能被判处一年以下有期徒刑，因有悔罪表现，在听取相关意见后，依法作出了附条件不起诉的决定，考验期为7个月。此时，琪琪家长提出了让琪琪回某省户籍所在地接受帮教的请求。2017年8月，长宁区检察院和琪琪户籍所在地检察机关进行沟通，签订了共同帮教协议，决定通过远程跟进等方式进行该案的帮教计划。长宁区检察院还委托上海市阳光社区青少年事务中心长宁工作站参与相距上千里的"联合诊疗"。

在附条件不起诉考验期间，一方面，户籍所在地检察机关通过召开训诫教育会、赠阅图书、心理疏导等多种形式对琪琪进行实地帮教；另一方面，案发地上海的社工组织，根据检察机关的帮教协议制定个性化、精准化的帮教服务，并运用网络，与琪琪建立微信联系，及时动态了解琪琪表现等情况。考察期间，琪琪几次像许多涉罪未成年人一样，对自己的前途感觉迷茫，产生思想波动，社工及时捕捉到这些信息，并对琪琪开展有针对性的心理疏导，帮助其重构自我。在两地"联合诊疗"帮教下，琪琪顺利通过了帮教考察，检察机关对其依法作出了不起

诉的决定。

典型意义：该案属于异地帮教的典型案例。考虑到案发时琪琪系未成年人，又是初次犯罪，为最大限度教育感化挽救涉罪未成年人，上海市与某省检察机关开展了跨越千里的异地考察帮教协作。两地检察机关坚持实地考察与网络监督相结合，综合运用训诫教育、心理疏导等多种方式，更加全面、细致地进行社会规范的指导和帮教，促进涉罪未成年人真正认识到自己的罪错行为，改过自新，重新融入了社会。

八、多部门联动　及时救助困境儿童

——困境儿童小胡救助案

基本案情：2017年12月8日，四川省成都市锦江区某社区志愿者向成都云公益发展促进会报告，其社区内有1名未成年女孩小胡（5岁，父亡，跟随母亲）长期无人监管。次日，云公益帮助小胡进入成都市未成年人救助中心，并将相关情况报告锦江区检察院。锦江区检察院立即联系街道协助开展工作，同时引入云公益专业社工对小胡开展心理干预，对小胡母亲胡某的监护能力进行调查和评估。根据社工社会调查，发现胡某存在长期吸食毒品，多次带小胡共同盗窃，对小胡进行殴打等监护侵害行为，已具备剥夺监护权条件。检察机关固定相关证据后，会同区未保中心、派出所、民政局、滨河社区及云公益发展促进会召开联席会议，一方面建议民政部门向法院申请撤销胡某的监护权，另一方面为小胡成长共商共建支持性计划。2018年5月，法院判决撤销胡某监护权，小胡也进入成都市儿童福利院接受监护，并于同年9月顺利进入某小学一年级就读。目前小胡生活于双亲健全的"模拟家庭"，学习生活状态良好，心态积极乐观向上。

典型意义：检察机关在开展未成年人民事行政检察工作中，充分发挥法律监督职能，联动社区共建未成年人综合保护工作机制，积极调动社区志愿者发现监护缺失、监护侵害线索。对发现的监护缺失、监护侵害案件，一方面引入专业社工为相关未成年人提供包括心理干预、走访调查、监护人监护能力评估、跟踪服务等方面的支持；另一方面开展跨部门协作，通过联席会议明确职责，为未成年人远离监护侵害、妥善进行监护安置以及未来生存、就学等问题共建长期性综合救助计划，及时救助困境儿童，切实保障他们健康成长。

九、建立青少年维权长效机制及时救助困境未成年人

——涉案困境未成年人救助案

基本情况：2018年12月，山西省临汾市检察机关在办理一起丈夫家暴妻子致死案中，发现案件当事人的两名未成年子女小花、小朵（12岁、9岁）陷入了困境，就委托团市委所属的"青少年维权专员"开展救助工作。"青少年维权专员"经过调查了解发现，小花、小朵目睹了父亲将母亲家暴致死的经过，心理受到巨大伤害。同时，由于没有其他成年亲属愿意对二人进行监护和抚养，只能由所在村委会代为监护。村委会虽然为小花、小朵安排了寄养家庭，但由于种种原因，寄养家庭也已更换过多次。

经过调查，根据孩子的情况，维权专员制定并实施了具体帮扶方案：一是聘请专业心理咨询师，为小花、小朵开展心理干预。二是积极与寄养家庭、小花、小朵进行沟通，帮助他们增进感情，改善关系，尽力为小花、小朵创造正常、稳定的家庭环境。三是与民政等部门沟通落实救助政策，并通过市检察院为未成年人申请到2万元司法救助金，解决燃眉之急。通过一系列干预措施，孩子的心理创伤正在慢慢愈合，逐步开始正常的学习和生活。

典型意义：当地团组织对未成年人社工进行培训，组建了"青少年维权专员"队伍，以加强未成年人权益保护工作。本案中，"青少年维权专员"能够根据涉案困境未成年人的个性化需求，链接各方资源，对他们进行综合有效的救助，发挥了未成年人司法社会支持体系的应有作用。

十、依托专业力量积极探索保护处分制度

——何某某等三人保护处分案

基本案情： 2018年6月，何某某（15岁）因琐事报复王某甲，纠集十余人前往上海市嘉定区某中学，对王某甲实施殴打，造成王某甲轻微伤。其间，围观人员拍摄了王某甲被殴打视频并上传互联网，引发网民关注，造成恶劣社会影响。上海市嘉定区人民检察院在审查时发现本案的纠集者和主要殴打者是三名未达刑事责任年龄的未成年人，遂对他们作出保护处分决定：首先，对这三名涉罪未成年人进行训诫教育。其次，将他们安置在专门学校，与三名未成年人及其家长签订观护帮教协议，委托区未成年人司法社会服务中心的青少年社工对他们开展行为矫治、心理疏导及观护帮教等工作。最后，针对三名未成年人家长存在监管不力的问题，要求家长到专业机构接受强制性的亲职教育，以提高他们监护管教能力。目前，三名涉罪未成年人正在接受矫正之中。

典型意义： 近年来，社会对未达刑事责任年龄未成年人违法犯罪问题反映强烈，高度关注。而我国目前法律对实施犯罪的未达刑事责任年龄未成年人、有严重不良行为的未成年人缺少有效应对的矫正措施。因缺乏具体程序和配套制度，《刑法》中对因不满16周岁不予刑事处罚的，"责令他的家长或者监护人加以管教"或者"由政府收容教养"的制度难以落实到位。上海市嘉定区检察机关针对这一问题，与公安机关、教育行政部门、民政部门、共青团等单位联合会签《嘉定区建立未成年人保护处分制度的工作协议》，探索罪错未成年人保护处分制度，依靠社会力量对有严重不良行为未成年人、未达刑事责任年龄的涉罪未成年人进行教育矫治，取得了很好效果。

答记者问

《检察日报》记者：开展未成年人检察社会支持体系建设的意义是什么？最高人民检察院和共青团中央签订《关于构建未成年人检察工作社会支持体系合作框架协议》一年多来，最高人民检察院、共青团中央主要做了哪些工作？

史卫忠：未成年人检察突出强调遵循儿童利益最大化的理念，始终关注未成年人的成长和发展，以帮助涉案未成年人脱离困境、回归社会为基本任务，这决定了除了要履行一般的司法专业职能外，还要主动承担教育、矫正、预防、维权等特殊功能。所谓未检社会支持，是指检察机关之外的各种部门或组织为涉案未成年人回归社会所能提供的各种帮助行为。在没有社会支持体系的情况下，诸如社会调查、心理疏导、监督考察、安置培训等工作不得不由检察人员去做、去联系，形成了所谓的"全能司法官"。但检察官毕竟不是万能的，加之案多人少的矛盾突出，导致有些工作做不了，也做不好，进而影响了未成年人司法保护的质量和效果。特别是其中有不少工作与社会的方方面面紧密相连，需要有专业的社会力量才能更好地完成。因此，一方面，它表现为社会各界对未检工作的具体支持，使司法办案和社会工作保持有效衔接，形成未成年人司法保护的合力；另一方面，它体现了全社会对未成年人健康成长的关心，实质上更是未成年人社会关爱保障体系建设，是一种工作机制和方式的改革创新，有助于进一步推进社会治理体系现代化，构建全民共建共治共享的格局。而从世界范围内看，成熟的未成年人司法制度都有一个健全完善的社会支持体系。我国各地实践也证明，凡是未检工作质量和效果比较好的地方，都有良好的社会支持体系做支撑。

一直以来，我们把加强社会化建设作为未成年人检察工作的重要支撑，主动加强与共青团、行政机关、社工组织、社区、企业等的联系与配合，积极推进未成年人检察社会支持体系建设，进一步规范了未成年人检察司法办案工作，提升了教育、挽救涉罪未成年人和关爱、救助未成年被害人的工作成效，促进了涉及未成年人的犯罪预防工作，这对于促进涉案未成年人顺利回归社会，全面维护未成年人合法权益具有重要意义。

自2018年2月《关于构建未成年人检察工作社会支持体系合作框架协议》签署以来，最高人民检察院第九检察厅、共青团中央权益部作为具体负责落实的业务部门，主要做了以下三项工作：一是去年10月，组织召开了全国未成年人检察社会支持体系建设座谈会，由检察机关、共青团组织、民政、社工组织以及专家学者参加，研究提出进一步加强未成年人检察社会支持体系建设意见和举措，推动相关机制制度不断完善。二是引领推动了各地未成年人检察社会支持体系建设。在最高人民检察院、共青团中央合作协议的引导下，各地检察机关进一步认识到建设未检社会支持体系的重要性和方法路径，积极主动加强与本地共青团组织等方面的协作配合，推动未检社会支持体系建设，培育和发展专业司法社工力量，取得了明显成效。北京、上海等12个省份的检察系统、团组织已经签署省级层面未检社会支持体系合作协议或类似文件。河北、吉林、江苏等11省份已经达成签署意向或形成文本初稿，拟于近期签署。天津、内蒙古、黑龙江等8省份尚未签署协议，但是开展了实质性合作，并积累了许多行之有效的经验做法。我们和团中央权益部部署试点工作后，各地申报积极，从申报材料看也确实做了很多工作。我们共同评审确定了40个地区作为试点单位，就是其中的代表。三是积极推动相关制度机制建设。比如，我们正在研究制定涉案未成年人观护教育基地建设指导意见、办理涉及未成年人犯罪案件工作规定，其中就包括建立未成年被害人"一站式"询问救助机制，引入社会力量参与等内容。此外，目前各政法机关、专家学者和社会各界也对未成年人司法社会支持体系建设的重要性、必要性达成一致认识，共同推动在修改《未成年人保护法》等法律时作出规定。

共青团杂志记者：共青团中央为什么要积极参与未成年人检察社会支持体系建设？共青团在这方面有什么优势？主要涉及哪些工作

内容？

王锋：代表和维护青少年权益，是党赋予共青团的重要职责。在未成年人保护、预防未成年人犯罪工作领域，共青团组织一直是倡导推动者和积极参与者。我们在实际工作中发现，一些复杂性未成年人案件处理涉及未成年人警务、未成年人检察、少年法庭、社区矫正、心理抚慰、回访帮教、社会融入等方方面面，牵涉部门多，工作任务重，专业要求强，单靠某个部门难以完成，必须充分借助各部门的协调力量，构建起少年司法的社会支持体系，实现"专业化办案"与"社会化保护"有机结合。

共青团作为党领导的群团组织，能够充分发挥社会动员优势，积极参与社会治理创新，弥补检察机关工作力量的不足，协助构建未成年人检察工作社会支持体系。刚才我也向大家介绍过，从2014年起，共青团中央配合民政部积极加强青少年事务社工队伍建设，截至2018年底，已有各地青少年事务社工10.6万人。此外，我们通过12355青少年服务台和网络平台，联系了近7000名法律、心理专家。依托这两支专业队伍和培育联系的10余万家社会组织，使共青团配合公检法司机关做好未成年人司法保护有了专业支撑。在基层实际工作中，各地共青团与检察机关一直保持良好的工作互动，先行先试，探索累积了很多符合地方需求、行之有效的合作模式，也为我们完善未检社会支持体系提供了宝贵经验。

就检察机关和共青团组织开展未成年人检察社会支持体系建设来说，目前主要涉及两个方面的内容。一方面在部门合作上，共同组建专门的未成年人司法社会服务机构，规范未成年人刑事诉讼特别程序流程，以政府购买服务等方式实现未成年人司法社会服务项目化运作，逐步完善实体化注册、专业化运作，建立完善检察机关和共青团组织的教育培训、会商研讨、干部交流等合作机制。另一方面落实到具体工作和个案中，检察机关未检工作机构在办案过程中提出工作需求，社会服务机构向涉罪未成年人、未成年被害人以及民事、行政案件未成年当事人提供必要的社会服务，主要包括协助开展附条件不起诉考察帮教、社调查、合适成年人到场、心理疏导、法庭教育、社会观护、被害人救助等工作。

《中国青年报》记者：我们了解到，将选择40个地区开展未成年人检察社会支持体系建设试点，为什么选择这40个地区开展试点？是如何考量的？请举例说明。

王锋：最高人民检察院和共青团中央联发试点工作通知后，各地申报非常踊跃。最高人民检察院第九检察厅和共青团中央权益部联合评审论证，综合考虑申报单位的资金保障、工作力量、既有经验、工作项目、预期成效和创新性等方面内容，确定了北京市海淀区等40个地区开展未检工作社会支持体系建设试点工作。考虑到这项工作的普遍性，每个省至少确保有一个试点地区。

在这40个地区中，有的来自工作基础较好的省份，可以发挥示范引领作用，贡献已有工作经验。如上海市各区均挂牌成立了未成年人检察社会服务中心，接受区检察机关委托，向涉罪未成年人、未成年被害人、民事、行政案件未成年当事人等提供帮教矫治、保护救助等社会服务。广西柳州市检察院与团市委签订合作协议，大力开展政府购买社会服务，引入和培育青少年司法事务社工及志愿者队伍，上线"掌上未成年人检察工作"App"柳北未检"。有的地区虽然起步晚一些，但也逐渐具备了工作力量，通过试点可以有效推进本地区的工作。如内蒙古呼和浩特市检察院与团市委合作，建立了专门的司法社工机构，将以此次试点为契机，加强司法社工培养力度，深入开展社会调查、合适成年人到场、判决前后观护等服务。

全国各地工作基础、青年社会组织发育情况不一，先期确定40个地区，既有助于掌握面上整体情况，也有助于对每个地区情况的精准分析，以便准确研判具体实施过程中的共性问题和典型经验，真正发挥试点"试验田"的作用。同时也是一个工作信号，对将来全面推广起到示范引领的作用。

《新京报》记者：社会工作者参与试点工作中将发挥哪些作用？目前参与未检工作的社会工作者队伍建设情况如何？

席小华：在过去的十多年间，社会工作者与检察机关合作开展了涉诉未成年人社会调查服务、帮教服务、合适成年人服务以及刑事犯罪被害未成年人救助服务。通过以上社会服务，呈现出社会工作专业参与未检工作独特的优势和价值，也发挥了不可替代的重要作用。

首先，通过为涉诉未成年人开展专业服务，有效实现了对其再次犯罪的预防。社会工作者利用其专业的知识、理念与方法帮助涉诉未成年人改变偏差的认知和行为习惯，帮助其搭建顺利回归社会的支持体系，有效实现了对其再次犯罪的预防。

其次，社工的专业服务也给检察官的工作提供了重要支持。社会工作者提供的社会调查等各类服务，既是检察工作规范化的要求，也是检察工作科学化、人性化的要求，而社会工作服务的有效跟进，为检察工作规范化、科学化、人性化发展提供了重要保障。

最后，社工专业服务的跟进也是青少年权益保护的重要保障。在基层实践中，检察部门推动社工承担合适成年人服务，为刑事犯罪被害人提供专业服务。这些服务有效维护了未成年人的合法权益不受侵害，并实现了刑事司法综合保护的理念与目标。

自21世纪初起，社会工作者开始与检察机关合作开展专业服务，在服务机制的探索、服务体系的搭建、服务内容的完善、服务水平的专业性提升等方面都积累了诸多成果。在参与未检社会工作人才队伍建设方面，可以从以下两个方面来总结：

其一，在青少年司法社工专业化发展方面。目前我国有300多所大学开办了社会工作专业，其中有一部分高校确立了司法社会工作这一重要人才培养方向。2015年，中国社工教育协会成立了司法社会工作专业委员会，指导全国高校司法社会工作人才培养工作。以上工作是我国司法社会工作人才队伍专业化建设的重要基础，也是未检工作可以依托社会工作专业力量开展服务的专业基础。

其二，在青少年司法社工职业化发展方面。目前我国一些社会工作专业力量较强的省市已经开展探索司法社会工作人才的使用机制，并推动社会工作者积极参与未成年人检察工作。比如上海、北京、广东、云南等省份,已经建立了稳定的经费保障体系、司法社会工作者人才使用机制,以上举措有效促进了青少年司法社工的职业化发展。

但同时,我们也发现社会工作人才队伍建设方面存在一些问题,需要在试点中得到解决:

首先,我国围绕检察机关工作提供服务的社会工作者总体而言数量较小,且专业性亟待提升。除了我上面提到的部分省市,我国大部分地区需要检察机关积极发现、寻找和培育社会工作组织和人才,组建专门性和专业性人才队伍,并最终做到为其所用。同时应尽快建立未成年人检察社会工作服务规范体系和服务标准,并加大社会工作人才的培训和督导工作,以确保社会工作服务的专业性和有效性。

其次,我国尚未建立起明确的未成年人检察社会工作专业服务的保障体系。既然明确了社会工作专业力量参与的作用和价值,所以在试点中需要探索建立社会工作人才服务的保障体系,这是推动未成年人检察社会工作人才队伍建设的瓶颈问题,需要通过试点加以解决。

最后,在制度层面,希望通过试点的经验积累,制定社会工作参与未检工作的制度体系,以确保此类服务和未成年人检察社会工作人才队伍建设的健康快速发展。

法制网记者:请问在推进未成年人检察社会支持体系的专业化、规范化和共享化建设方面,有什么打算?

史卫忠:当前,涉及未成年人的犯罪形势不断发展变化。未成年人检察社会支持体系也需要进一步推进专业化、规范化和共享化建设。我们认为,专业化是立身之本,规范化是发展之要,这是确保社会支持体系建设质量和效果的根本保证;而共享化则是大势所趋,是实现社会资源利用最大化、全面促进社会治理体系现代化的重要方式。比如,未成年人司法社工不仅需要学习相应理论知识,还需要进行大量的案例实践,才能确保专业化,才能提供更加优质的服务、更高水平的支持。

针对当前未成年人司法社工队伍不稳定、专业素质有待提高、服务标准不明确等问题,我们将加强与共青团中央、有关研究机构的配合,做好以下几方面的工作:一是发挥检察机关的自身优势,在引入司法社工参与检察工作时,开展有计划、分步骤的岗前培训,帮助司法社工提升法学素养,提高专业水平。二是多方协作形成合力,利用检校、检团等良好协作关系,共建多方合作培育培训机制。三是针对当前缺乏资源配备标准、职业标准、社会服务效果无法有效评估等问题,我们将联合相关部门、社工机构代表等,采取外包课题、共同开发等形式,研究制定有关未成年人司法社工工作指引和标准,积极推动完善社工服务绩效管理和人才激励制度,引导社工服务机构自觉优化内部管理,提升服务能力和水平,激发社工工作活力,提高司法服务质效。四是提高公众对司法社工的认知度、认可度,促进司法社工市场健康、持续发展。五是推动在《未成年人保护法》等法律中对社会力量参与未成年人司法办案作出规定,为社会支持体系建设提供法律依据。

9. 充分发挥未检职能 推动加强和创新未成年人保护社会治理新闻发布会

时　　间：2019年5月27日10：00

地　　点：最高人民检察院

出席人员：史卫忠，最高人民检察院第九检察厅厅长

王锋，共青团中央维护青少年权益部部长

兰青，全国妇联法律帮助中心主任、权益部副部长

主 持 人：肖玮，最高人民检察院新闻办副主任、新闻发言人

议　　程：1. 通报近年来检察机关推动加强和创新未成年人保护社会治理体系建设主要情况

2. 发布推动加强和创新未成年人保护社会治理十大典型案（事）例

3. 答记者问

检察机关推动加强和创新未成年人保护社会治理体系建设情况通报

>> 史卫忠

各位记者朋友们：

大家上午好！

党的十九大对加强和创新社会治理作出部署，要求加强社会治理制度建设，完善党委领导、政府负责、社会协同、公众参与、法治保障的社会治理体制，提高社会治理社会化、法治化、智能化、专业化水平。未成年人涉嫌犯罪或者权益受到侵害，往往与其所处的不良社会环境有关。因此，加强未成年人保护，解决未成年人问题及其背后的深层次社会问题，是加强和创新社会治理体系的重要内容。近年来，检察机关深入贯彻落实党的十九大精神，不断强化未成年人检察工作，同时积极延伸职能，依靠各级党委领导，与民政、教育、共青团、妇联等密切配合，齐抓共管，共同维护未成年人成长成才，在加强和创新社会治理方面取得明显成效。在"六一"儿童节到来之际，我们向大家通报有关工作情况。

一、推动预防未成年人违法犯罪机制建设，预防和减少未成年人违法犯罪

一是探索涉罪未成年人精准帮教机制。检察机关在办案中坚持宽容不纵容，2018年以来到今年4月共对罪行较重的未成年犯罪嫌疑人批准逮捕3.89万人，起诉3.17万人，保持必要的司法惩戒；对涉嫌轻微犯罪的未成年犯罪嫌疑人坚持依法从宽处理，不批准逮捕1.27万人，不起诉1.42万人。更加严格规范地落实未成年人刑事案件特别程序，2018年以来共作出附条件不起诉8187人，帮教考察期满后不起诉4700人，

起诉238人。推行心理干预、亲职教育等科学帮教手段，依靠专业力量开展精准帮教，案件办结之后坚持跟踪帮教，确保涉罪未成年人顺利回归社会。曾因涉嫌盗窃犯罪被北京市朝阳区检察院附条件不起诉的小陈、小闫，勇敢地与伤害无辜老人的犯罪分子搏斗，2018年11月被授予"见义勇为"奖。他们及时将消息告诉了帮教过他们的未检检察官，让检察官倍感欣慰。

二是推动建立罪错未成年人临界预防机制。针对社会反映强烈的未成年人犯罪低龄化和未达刑事责任年龄未成年人犯罪问题，四川资阳、上海浦东等地检察机关借助信息化、大数据手段，从高危未成年人信息化、网格化、社会化、专业化预防帮教着手，打造出了具有当地特色的未成年人临界预防、保护处分工作模式。截至2018年底，四川资阳检察机关已对40名高危未成年人开展帮教，其中帮助13名辍学少年重返校园，帮助17名未成年人就业，救助5名困境未成年人。河南登封市检察院争取党委、政府支持，联合团委、教育、专家等多方力量共建"贝蕾关爱课堂"，建立以强制亲职教育为核心的帮教体系，至今已有效帮教510名罪错未成年人及其背后的"问题家庭"。今年4月，"贝蕾关爱课堂"还成功对流窜盗窃的4名外地未达刑事责任年龄未成年人及其监护人进行了帮教。最高人民检察院已经把建立罪错未成年人分级干预制度列入五年检察改革规划，目前已经启动相关调研工作。

三是推动健全完善重点青少年群体管理服务工作。重庆等地检察机关在参加扫黑除恶专项斗争中，针对涉嫌黑恶犯罪未成年人中闲散未成年人居多，"学历低、年龄低、认同感低"的特点，分析认为除了家庭、个人问题外，相关部门督查、管理不到位、社会引导缺位也是重要原因。因此向公安、教育行政等部门等发出检察建议，推动加强重点部位防控，健全学生学籍管理机制，严防辍学肄业或被劝退开除的学生被黑恶犯罪势力拉拢，共劝返失学辍学学生1569人，从源头上减少未成年人涉黑恶犯罪的发生。福建莆田城厢区检察院在参与"青少年零犯罪零受害社区（村）"试点工作中，发现辖区未成年人小林辍学无业，经常出入网吧且夜不归宿，接触了不少社会上的闲杂人员，家长无力管教，就把小林作为重点观护帮教对象，与社工等共同开展帮教工作，帮助小林戒除严重不良行为，找到一份工作，做到自食其力。

二、惩防结合，刑民并用，推动健全完善侵害未成年人权益惩防工作机制

一是推行专业化办案机制，准确有力惩治侵害未成年人犯罪，有效保护救助未成年被害人。最高人民检察院推行由专门的未检检察官办理侵害未成年人案件，同时对齐某强奸、猥亵儿童案等典型案例进行整理，下发第十一批指导性案例，进一步统一办理侵害未成年人犯罪案件的法律适用和证据审查标准。2018年以来，全国检察机关共批准逮捕侵害未成年人犯罪5.42万人，起诉6.76万人，成功指控了米脂砍杀学生案和携程亲子园、红黄蓝幼儿园虐童案等一批社会高度关注的侵害未成年人犯罪案件，使犯罪分子得到应有的制裁。湖北省检察机关利用指导性案例中关于准确认定"公共场所当众猥亵"的要旨，成功抗诉一起教师在集体宿舍猥亵女生案。同时，检察机关还推行"一站式"办案救助机制，采取适合未成年人身心特点的办案方式，避免给未成年被害人造成二次伤害，并为未成年被害人提供法律援助、司法救助、心理干预、医疗康复等救助，尽力帮助他们和家人渡过难关，让他们感受到国家和社会的支持、关怀。

二是牵头建立健全侵害未成年人违法犯罪预防和及时发现机制。在上海闵行、浙江慈溪、江苏淮安、广东广州花都等地探索的基础上，上海市检察机关在党委、政法委的支持下，联合16家单位建立了全国首个省级涉性侵害违法犯罪人员信息库和入职查询制度，以防止有性侵害未成年人违法犯罪前科人员从事与未成年人密切接触的行业。浙江杭州等地检察机关推动建立了侵害未成年人案件强制报告制度，要求医疗机构和人员发现未成年人遭受犯罪侵害线索的要及时报告公安和检察机关。2019年3月，湖北省检察院联合教育、公安等部门出台首个省级侵害未成年人权益案件强制报告制度，规定了教育、医疗、救助管理及福利机构、村（居）民委员会及其工作人员的强制报告义务。制度下发不久，就有相关人员报告了一起案件线索，并据此破获一起性侵多名未成年人的严重犯罪案件。性侵害未成年人违法犯罪信息库和入职查询制度也已被最高人民检察院列入五年改革规划。

三是推动加强侵害未成年人犯罪案件易发多发行业和领域的管理。为从源头上减少侵害未成年人案件的发生，全国检察机关共就加强未成年人密切接触行业和领域的行政管理发出检察建议 1973 份，就治理营业性网吧、娱乐场所和宾馆等违法接待未成年人问题发出检察建议 1186 份。2018 年 9 月，江苏省南京市江宁区检察院针对案件中暴露出的辖区娱乐行业违规接纳未成年人的突出问题，依法建议主管部门对涉案娱乐场所进行行政处罚，并对全区所有歌舞娱乐场所、网吧接待未成年人问题开展排查工作，净化未成年人成长环境。四川省广元市利州区检察院发现校外培训机构工作人员侵害未成年人案件多发，管理混乱的问题，建议并推动主管部门开展校外培训机构专项治理活动，查处校外培训机构 254 家，责令整改 6 家，关停 79 家不具备办学条件的机构，同时建立了校外培训机构管理制度。

四是加强未成年人公益诉讼检察工作，维护未成年人群体合法权益。2018 年 1 月，根据最高人民检察院的部署，17 个省份开展了为期一年的未成年人刑事执行检察、民事行政检察业务统一集中办理试点工作，试点期间在涉及未成年人食品药品安全、产品质量领域，共发出诉前检察建议 297 件，提起公益诉讼 8 件。对其他侵害众多未成年人合法权益的问题发出检察建议 711 件，支持起诉 9 件。2018 年 6 月，浙江省宁波市江北区检察院针对当地景区只对身高 1.2 米以下的儿童免票问题，联合区监察委、法制办向物价部门发出《关于完善部分景点儿童票政策的建议书》，并监督完成整改。

三、发挥检察职能作用，积极参与平安校园、法治校园建设

一是积极参与防治校园欺凌工作。2018 年以来，共批准逮捕校园欺凌犯罪案件 3407 人，起诉 5750 人，有效震慑校园欺凌犯罪。最高人民检察院下发的第十二批指导性案例中，选择了一起由校园暴力引起的正当防卫案件，明确未成年人在受到校园暴力侵害时，可以进行正当防卫，任何人都可以依法介入保护，以维护被侵害学生合法权益。

二是推动健全完善校园安全管理机制。2018年10月,最高人民检察院结合办案和调研,向教育部发出《中华人民共和国最高人民检察院检察建议书》(高检建〔2018〕1号),建议推动幼儿园、中小学校园安全建设,有效预防和减少教职员工性侵害幼儿园儿童、中小学学生违法犯罪发生。最高人民检察院同时将检察建议书下发各地,要求各级检察机关结合本地实际,共同做好监督落实工作。教育部高度重视,迅速下发《关于进一步加强中小学(幼儿园)预防性侵害学生工作的通知》等规定。各省级政府领导也对落实好"一号检察建议"作出批示,提出要求。各地检察机关、教育主管部门、学校、幼儿园加强沟通配合,迅速采取一系列落实措施,推动建立健全校园安全管理和幼儿园儿童、未成年学生保护工作机制。2018年以来,全国共发出关于校园安全建设的检察建议3472份。上海长宁区检察院在办理携程亲子园虐童案中,针对案件反映出的托育机构没有设立标准,也无明确监管部门等问题,由该院担任市政协委员的领导提出相关政协提案,推动上海市政府在全国率先出台了《3岁以下幼儿托育机构管理暂行办法》等一系列管理制度,堵塞管理漏洞。

三是深入开展检察官担任法治副校长和"法治进校园"全国巡讲活动,参与校园法治建设,提升师生法治意识。2018年9月,最高人民检察院张军检察长亲自担任北京市第二中学的法治副校长并为同学们上了法治课,以上率下推动检察官担任法治副校长工作。目前全国共有1.73万名检察官担任中小学法治副校长,其中有3096名检察长。检察官法治副校长们不但定期为师生上法治课,还和学校一起编写法治教程,研究制定法治教育计划,配合做好有不良行为学生的帮扶工作。最高人民检察院加强和教育部的沟通,共同推动校园安全建设,联合部署为期三年的全国法治进校园巡讲活动,创新了学校法治宣讲模式。2018年以来,全国检察机关共深入校园开展法治巡讲5.16万次,覆盖5.7万所学校和3803.48万名师生,受到普遍欢迎好评。目前,我们正在研究制定检察官担任法治副校长和"法治进校园"巡讲活动工作制度,更好地发挥检察官在校园法治建设中的作用。

四、落实中央决策部署，积极参与农村留守儿童和困境儿童保护

一是依法从重从严惩治侵害农村留守儿童和困境儿童犯罪。2018年以来共批捕、起诉侵害农村留守儿童犯罪2969人，起诉3593人。江苏镇江市检察院在办理刘某溺杀8岁留守儿童案中，严格审查证据，依法提起公诉，并提出判处死刑的量刑建议，得到法院采纳。湖北、福建、陕西等多地检察机关联合公安机关、法院部署开展严厉打击侵害农村留守儿童犯罪专项行动。上海市检察院第二分院指导辖区基层院集中办理发生在医疗机构的遗弃儿童案件，共有4名监护人因拒不履行抚养义务被追究刑事责任，2名儿童的监护人在法律震慑下将其子女领回。

二是加强对留守儿童和困境儿童民事行政权益的保护，助力精准脱贫攻坚。四川、江苏、浙江、宁夏、山东、广西等地检察机关主动链接各方社会资源，推动"事实孤儿"、服刑人员未成年子女等困境儿童得到及时安置救助。在最高人民检察院部署开展的未成年人刑事执行检察、民事行政检察业务统一集中办理试点工作中，试点单位对监护人侵害、遗弃、忽视未成年人，导致未成年人处于危险状态的，依法建议、支持有关部门、个人申请法院判决撤销监护权89件，同时提供安置、就业就学、心理疏导等司法救助4750人次。如崔某性侵害、虐待亲生子女，孩子母亲也不管不问，导致几个孩子陷入生存困境，检察机关在依法追究崔某刑事责任的同时，建议民政部门申请法院剥夺了二人的监护权，由民政部门进行监护，尽力为被害人创造健康监护环境。江苏省检察机关通过支持起诉，成功帮助11名未成年人向监护人追索抚养费。

三是推动建立健全农村留守儿童和困境儿童保护长效机制。江苏苏州吴江区检察机关在办理一起外来务工人员杀死幼子案时，积极调研流动儿童、困境儿童权益保障问题，得到党委、政府和相关职能部门的高度重视，推动依托网格化社会治理联动指挥平台搭建困境儿童保护三级网络。福建漳州，四川泸州、资阳、广元，河北阜平等地也在当地党委、政府的支持下，推动未成年人权益综合保护网格化管理，及时发现、救助处于困境的未成年人。四川省成都市检察院的"亮晶晶"未检团队长期从事留守儿童法治宣传和关爱工作，每年元宵节都会邀请留守儿童和家长共同组织元宵"爱心趴"，已经成为当地知名品牌。

五、密切配合，齐抓共管，形成未成年人保护工作合力

检察机关始终坚持双赢共赢多赢的理念，争取党委政府支持，与有关行政机关、群团组织等在未成年人保护方面积极沟通，相互支持，努力形成齐抓共管的良好局面。

长期以来，最高人民检察院、共青团中央等单位共同在全国开展青少年维权岗创建活动，有力激励了各地未成年人保护工作的发展。近年来，最高人民检察院指导各地检察机关依法履行检察职能，积极参与共青团中央牵头实施的"青少年零犯罪零受害社区（村）"试点工作等重要工作。特别是，2018年2月最高人民检察院、共青团中央共同签署了《关于构建未成年人检察工作社会支持体系合作框架协议》，部署了未检社会支持体系建设试点工作，推动健全完善未成年人司法社工等专业社会力量参与涉案未成年人帮教、救助工作机制，提高未成年人司法保护的质量和效果。

最高人民检察院和全国妇联加强沟通配合，积极参与《反家庭暴力法》等法律法规的制定和修改工作。2018年底，全国人大常委会副委员长、全国妇联主席沈跃跃同志还专门到最高人民检察院调研妇女儿童权益保护工作。在检察机关办理案件中，有的地方妇联依托专项救助资金、志愿者、妇女儿童保护项目，为涉案未成年人帮教维权提供心理干预、身体康复、安置、技能培训和入学等支持，效果很好。下一步，最高人民检察院、全国妇联将研究制定检察机关与妇联开展合作的框架协议，明确双方合作的原则、范围、方式，推动双方资源共享，共同发展，互利共赢。

最高人民检察院和教育部在促进校园安全和校园法治建设方面有着广泛深入的合作，比如我们共同开展了"法治进校园"巡讲活动。最高人民检察院在向教育部发出"一号检察建议"之前，和教育部就检察建议的内容进行了充分沟通，共同商定要推动地方政府和教育行政部门落实。在建议发出之后，还共同制定方案，联合赴地方督导调研，研究起草规范性文件，确保"一号检察建议"落到实处。

最高人民检察院积极参与民政部牵头的农村留守儿童关爱保护和困境儿童保障工作部际联席会议，和民政部在农村留守儿童和困境儿童保护方面有着密切合作。在涉案未成年被人的安置、救助和临时寄养等方面，检察机关、民政部门也共同做了大量工作。今年2月，福建省检察院、公安厅、民政厅共同制定实施了《关于妥善安置打拐解救儿童的意见（试行）》，进一步畅通打拐解救儿童安置渠道，确保实现儿童利益最大化。

此外，不少地方检察机关也联合有关部门建立了办理未成年人案件联动配合机制。四川雅安于2018年牵头与行政机关建立了未成年人"110"指挥中心，实现未成年人保护信息共享、部门协同、依法快处，共建保护未成年人健康成长社会支持体系。云南德宏州检察院针对边境地区未成年人案件特点，推动建立未成年人综合保护中心，形成州委领导、政府统筹的未成年人保护工作格局，通过打造未成年人数据信息、案件联合办理、国际合作交流、保护监督等六大平台，实现对未成年人的综合保护。

记者朋友们，习近平总书记曾经讲过"全社会都要负起青少年成长成才的责任"。在今后的工作中，全国检察机关将以习近平新时代中国特色社会主义思想为指引，依法履行检察职能，与其他部门进一步加强配合，积极参与推进社会治理体系和治理能力现代化建设，为保护未成年人健康成长、满足人民群众美好生活需求，维护社会和谐稳定、保障国家长治久安作出应有贡献！

谢谢大家！

推动加强和创新未成年人保护社会治理十大典型案（事）例

一、出台省级层面强制报告制度多部门联合搭建未成年人健康成长防护网

基本情况：针对侵害未成年人的犯罪案件存在发现难、报告难、干预难、联动难、追责难等一系列问题，2019年3月，湖北省检察院联合省教育厅、省公安厅、省民政厅、省司法厅、省卫生健康委员会制定实施了《关于建立侵害未成年人权益案件强制报告制度的工作办法（试行）》，在全省实施侵害未成年人权益案件强制报告制度。该《办法》规定了强制报告制度遵循的原则、适用情形、报告主体、报告程序以及违反规定应承担的法律责任等，要求教育、医疗、福利救助机构、村（居）民委员会及其工作人员在工作中发现未成年人遭受或者疑似遭受侵害等情况的，应当及时向公安机关报案，并向本部门主管行政机关报告备案，由主管行政机关向同级检察院通报情况，不得瞒报、漏报、迟报，以确保部门之间信息及时、准确、全面的共享。强制报告制度下发不久，湖北省某市检察院根据某中学教师报告的一条案件线索，及时监督公安机关立案查处了一起强奸未成年人的重大恶性案件。

典型意义：为了破解侵害未成年人案件发现难的问题，湖北省检察院联合相关部门经过多次协商，制定出台了首个省级层面多部门联动的强制报告制度，强化了相关人员的报告责任，形成了保护未成年人的合力，为未成年人健康成长搭建"防护网"。

二、推动构建校园内外"防火墙"阻断黑恶势力向未成年人渗透

基本情况：2018年11月，重庆市检察院深入开展扫黑除恶专项斗争中发现，黑恶势力向未成年人渗透趋势明显。黑恶势力通过在网络平台传播帮派结义、刀具耍酷等江湖文化，夸大、歪曲兄弟义气，并以辍学、无业未成年人和遭受校园欺凌的在校生为重点发展对象，招募、引诱、威逼未成年人加入黑恶势力团伙，在网吧、宾馆、KTV等娱乐场所结伙作案，社会影响恶劣。针对上述情况，重庆市检察院分别向市公安局和市教委发出检察建议，推动构建校园内外立体防控机制，阻断黑恶势力向未成年人渗透：建立健全网上巡查机制，由市公安局开展网络专项巡查，及时处置614条有害信息；建立健全校园周边综合治理机制，由市公安局联合市文化旅游委、市场监管局开展校园周边网吧专项整治行动，共排查网吧5400次，查处违法经营网吧69家，取缔"黑网吧"及违规网吧20家；建立健全防范辍学机制和校园欺凌监管预警机制，由市教委劝返失学辍学学生1569人，并与市检察院共同开展了"防性侵、防欺凌、防诈骗"法治宣传月等活动。

典型意义：黑恶势力利用未成年人心智不成熟、辨别是非能力差的弱点，拉拢、引诱甚至威逼他们加入黑恶团伙，从事违法犯罪活动，这既严重影响社会安全稳定，又会毁掉众多孩子的一生。重庆市检察机关利用检察建议推动加强网吧、宾馆、娱乐场所违法接待未成年人等突出问题的治理，加强对失学、闲散等重点未成年人群体的管理和保护，从源头上防止他们被黑恶势力拉拢，对于治理未成年人违法犯罪，确保扫黑除恶专项斗争取得预期目标，意义重大。

三、建立多部门联动机制保障困境流动儿童合法权益

基本情况：2018年，江苏省苏州市吴江区检察院在办理杨某杀害

幼子一案中，发现未成年被害人杨某某父亲下落不明，其常年跟随患有精神疾病、限制刑事责任能力的母亲杨某外出流动打工，时常陷入生活困境，直至被母亲杀死。为此，吴江区检察院结合本案中暴露出的问题开展类案调研，发现困境流动儿童权益保障存在发现难、协调难、救助难等问题，因此向区民政局制发困境流动儿童网格化排查、应急响应、积极干预、各部门联动救助、开展分类保护的检察建议，推动民政局落实辖区内困境流动儿童的筛查和帮扶工作。该院撰写了《当前困境儿童保障工作仍比较薄弱》的情况反映，引起当地党委政府和民政部门高度重视，相关部门主动联系检察院共同商讨困境流动儿童权益保护。2018年5月，苏州市吴江区检察院协调区公安、司法、民政、网格化治理联动指挥中心、精神病防控办公室、妇联等单位，建立了多部门联动救助及困境流动儿童保护区、镇、村三级网络全覆盖机制。截至目前，已有2名困境流动儿童依托该机制被及时发现，得到心理帮扶、监护干预等有效救助。

典型意义：在社会保障机制发展完善过程中，困境流动儿童因其流动性，成为发现难、救助难的特殊群体。检察机关结合办案，深挖案件背后的困境流动儿童权益保障机制问题，针对性提出检察建议，推动相关职能部门齐抓共管、相互配合，探索建立了困境流动儿童权益多部门联动保护机制，取得良好社会效果。

四、共建"未成年人110指挥中心" 切实维护未成年人合法权益

基本情况：针对未成年人保护信息共享难、衔接难、保护难的现状，四川省雅安市雨城区检察院主动作为，牵头与区政府法制办、团区委会签《雨城区构建"行政与司法无缝对接，建立未成年人健康成长社会支持体系"制度实施意见》，共建"未成年人110指挥中心"。该中心设在雨城区检察院，具有收集侵害未成年人权益线索、及时介入调查核

实、召集联席会议、指导联动处置和保护效果评估5大职能。由检察院依托派驻检察官、12309检察服务中心、"两法衔接"平台等5种途径，全面收集监护侵害、监护缺失、食药品安全、违规允许进入不适宜场所等14类影响未成年人健康成长的信息线索。经指挥中心核实后，通知相关行政机关召开联席会议拟定工作方案，并将具体处置事项交由担负职责的行政机关办理，由检察机关对处置过程和保护效果进行监督。该指挥中心运行以来，办理侵害未成年人权益案件9件，共收集影响未成年人健康成长的线索95条。

典型意义：司法、行政机关对于保护未成年人健康成长均担负重要职责，实践中信息共享难、衔接难、保护难的问题严重影响工作成效。"未成年人110指挥中心"是由检察机关牵头建立的线索共享和联动处置指挥平台，通过履行五大核心职能，确保各类侵害未成年人权益的线索都能得到全面收集和高效处置。该指挥中心的建立，起到了监督司法行政机关认真履行未成年人保护职责的作用，并促进各履责主体在工作中形成合力，是检察机关创新参与社会治理的有益探索。

五、推动幼托行业治理协力填补幼儿权利保护漏洞

基本情况：2018年，上海市长宁区检察院在办理社会高度关注的携程亲子园虐童一案中发现负责携程亲子园日常运营的相关公司均无幼托经营资质。针对此类幼儿托育机构没有明确的设立标准，也无明确监管部门等管理漏洞的问题，上海市长宁区检察院形成专项报告，推动上海市政府出台了《关于促进和加强本市3岁以下幼儿托育服务工作的指导意见》和《3岁以下幼儿托育机构管理暂行办法》，市教委、市公安局、市卫计委等16家职能部门又联合制定《上海市3岁以下幼儿托育机构设置标准（试行）》，明确类似幼儿托育机构的设立标准和监管单位。上述规定出台后，上海市长宁区检察院梳理未成年人保护相关法律规定，为全区40余家幼托机构及幼儿园的近80名老师及保育员开展

"呵护无忧童年"法治教育,以案释法,强化其未成年人保护意识。

典型意义:检察机关办理侵害未成年人典型个案,在确保案件依法办理的前提下,全面履行检察监督职能,针对案件中暴露的问题,积极推动强化相关未成年人服务管理,预防类似侵害未成年人案件的发生,是检察机关推动未成年人保护社会治理体系建设的重要内容。

六、"三位一体"联动监督纠正不当执行儿童门票优惠政策

基本情况:2018年5月,浙江省宁波市江北区检察院在开展普法教育活动时,发现辖区内景区仅以身高为标准对1.2米以下儿童实行免票政策,违反国家发改委相关规定。该院遂启动法律监督程序,并将上述信息通报区监察委和区法制办,阐明景区做法与国家政策不符,区物价局未严格履行监管职责,致使青少年未能享受本该享有的门票价格优惠政策,同时商请三部门协作开展专项监督,得到区监察委和区法制办的支持和认同。2018年6月5日,区检察院联合区监察委、区法制办共同向区物价局发出要求严格执行儿童门票优惠政策的书面建议,后又组织"圆桌会议"多次与区物价局进行沟通。区物价局及时规范辖区相关景点落实6周岁以下"超高"儿童免票政策。与此同时,区检察院及时跟踪回访,对景区网络售票渠道未同步调整提出口头纠正意见,促使线上线下儿童门票优惠政策得到全面落实。

典型意义:景区仅以身高作为未成年人享受门票价格优惠政策的唯一标准长期存在且十分普遍。检察机关结合社会热点和群众关切,敏锐发现监督线索,积极参与社会治理,依托检察监督、政府法制监督、监察监督"三位一体"监督体系,切实提升监督刚性和实效,有效纠正了侵害未成年人合法权益的行规陋习,展现了检察机关在推动社会治理、促进依法行政、维护社会公益等方面的职能作用。

七、推动成立未成年人帮教救助基金
实现社会司法多元化救助

基本情况：广东省江门市检察院在办理叶某某故意杀人案时发现，当前未成年人司法救助的范围有限，不能囊括所有的涉案未成年人，而且需要经过多层审批，耗时较长，救助金额有限，导致救助效果不够显著，于是尝试吸收社会力量，推动多部门参与未成年人救助工作。2018年4月，在市政协和市民政局支持下，江门市检察院推动成立了广东省首个由市慈善会管理的涉检未成年人帮教救助基金——"护苗帮教基金"。该基金成立初期，募集社会各界的爱心捐赠善款50余万元。为严格管理基金使用和充分发挥基金作用，江门市人民检察院参与制定了《江门市慈善会护苗帮教基金管理办法》，明确规定了申请主体、申请程序、申请额度等内容，规定除对涉检未成年人发放救助金外，还可以通过委托第三方购买服务为未成年人提供心理辅导矫治、技能培训、继续学业以及创业资助等资金帮扶，由"输血式"救助变"造血式"救助。目前，该基金会已发向8名未成年人发放救助金近5万元。

典型意义：仅仅由检察机关通过司法救助未成年人，力量始终有限。检察机关推动多部门成立涉检未成年人帮教救助基金——护苗帮教基金，将社会资源引入未成年人救助工作，充分发挥社会力量，及时全面提供多元化帮助举措，进一步拓宽了未成年人救助的渠道及思路，以更好地帮助未成年人。

八、构建校外培训机构长效监管机制
呵护未成年人全面发展

基本情况：2018年，四川省广元市利州区检察院在办理校外培训机构老师性侵儿童案时发现，校外培训机构存在无证经营、设施简陋安全隐患突出、培训人员无教师资格等严重问题，同时行政职能部门监管缺位。该区检察院即向区教育局发出落实对校外培训机构的监督管理职责、建立校外培训辅导安全风险提示制度和对培训机构的评价退出机制等内容的检察建议。区教育局立即采取行动，联合相关单位和部门对254家校外培训机构进行检查，要求6家有证照机构暂停办学、限期整改，责令关停79家不具备办学条件的机构，并向检察院书面回复整改情况。随后，该区检察院与区教育局会签了《关于进一步加强未成年学生校外教育培训机构防性侵害监督管理工作实施意见》，并以专项报告推动区委区政府两办印发《未成年学生校外培训托管机构监督管理办法》，对校外培训、托管机构的准入、人员资质、安全投入、与110联网等问题作出详细规定。在区检察院的监督下，目前该区已经形成了对校外培训、托管机构的长效监督管理格局。

典型意义：针对校外培训机构安全隐患突出，培训机构老师侵害未成年学生案件时有发生的"乱象"，检察机关积极履行未成年人检察职能，全面调查后以检察建议推动相关职能部门开展清理整治，消除影响未成年人健康成长的安全隐患。在此基础上，推动党委、司法、教育等部门共同构建对校外培训机构的长效监管机制，为中小学生健康成长和全面发展营造良好的社会和法治环境。

九、上下联动保障学生舌尖安全
多部门共筑食品安全屏障

基本情况：2018年，江苏省南通市检察院在指导办理王某某等人生产销售伪劣产品、生产销售不符合安全标准的食品等案中，发现多家学校存在食材采购人员鉴别能力不足、学校把关不严、校外培训辅导机构无食品加工餐饮服务许可、无餐饮加工服务人员的健康证明等问题。为此，南通市检察院向市食安办通报相关调研情况，并联合食安办出台了《关于开展"保障舌尖安全，呵护祖国花朵"学校及学校周边食品安全联合专项整治行动的通知》，在全市范围内开展食品安全大检查。2018年6月，南通市县两级检察院联合食药局、教育局、公安局、城管局等部门，共对44家中小学、幼儿园及学校周边沿街商铺进行了飞行检查，当场提出整改意见20余条。针对检查过程中发现的新问题，全市检察机关向教育局、市监局等部门发出检察建议3份，办理涉未行政公益诉讼案1件。工作中，南通检察机关先后联合市监局制定《关于建立食品药品安全监管领域公益诉讼协作机制的实施意见》，与教育局、市监局、卫计委等部门制定《2019年校园及周边食品安全工作要点》，共同建立健全校园内外食品监管体系。

典型意义：近年来校园食品安全问题屡屡被曝，引起公众高度关注。南通市检察机关对校园食品安全犯罪保持零容忍态度，依法严厉打击，同时又不止步于惩治犯罪，对办案过程中发现的问题充分履行监督职能，携手多部门加大对食品监管的执法力度，进一步规范学校及周边商铺、校外培训机构食品生产经营秩序，推动形成长期有效合理良性的学校食品监管体系，努力为广大学生筑起食品安全屏障。

十、建立"童模"保护机制
落实涉众未成年人权益检察监督

基本情况：2019年4月，"童模妞妞被踹视频"在网上流传，童模群体权益保护问题迅速引发社会关注，童模辍学、超时拍摄、遭受辱骂殴打、违法代言等问题凸显。"妞妞事件"后，浙江省杭州市滨江区检察院在省、市两级院的指导下，积极开展涉众未成年人权益保护法律监督，多次对辖区内"童模妞妞被踹"事发拍摄基地进行走访调查，听取各方意见，与区市场监督管理局、共青团滨江区委会商研判，并于2019年5月会签《关于规范童模活动保护未成年人合法权益的意见》。该《意见》明确童模活动范围，对活动场所、内容、强度等作出详细规定，如规定不得让儿童穿戴有违公序良俗的服饰进行拍摄，不得因童模活动使儿童辍学或变相辍学等。同时明确童模行业从业人员及监护人的责任，突出强调不得使用或变相使用童工，不得实施殴打、辱骂等虐待行为等。同时，相关职能部门定期检查，发现问题及时进行干预。必要时，检察机关可通过公益诉讼等形式对童模进行司法保护。

典型意义：互联网经济的发展使儿童模特成为新兴产业，同时也暴露出儿童权益保护相关问题。为此，检察机关充分发挥监督职能，主动与行政执法机关和未成年人保护机构密切协作，推动建立检察机关牵头的童模保护机制，共同对童模行业中存在的损害未成年人权益的行为进行监督规范，给童模穿上"法律保护服"，携手为未成年人权益保护提供坚实保障。

答记者问

中央广播电视总台央广记者： 最高人民检察院去年发出的"一号检察建议"在社会上产生了很大影响，请详细介绍一下，检察机关在推动落实"一号检察建议"方面，主要采取了那些措施？目前有哪些进展和问题？在后续工作推进中如何加强"一号检察建议"的落实，有何具体举措？

史卫忠： 在决定制发"一号检察建议"的同时，最高人民检察院就高度重视检察建议的落实问题，要求把"一号检察建议"做成刚性做到刚性，在推动校园安全建设方面取得实实在在的效果，形成示范标杆。因此，一是在起草检察建议稿的过程中，征求了教育部的意见，对相关内容进行了修改，确保"一号检察建议"的针对性、可行性，以得到教育部的认同和支持。二是在向教育部发出检察建议的同时，还下发各地，要求各地检察机关结合本地实际做好落实。三是今年以来，最高人民检察院联合教育部或者单独派员赴四川、河北、江西、上海、江苏、福建、甘肃、内蒙等省市进行调研督导，深入中小学、幼儿园，检查督促"一号检察建议"的落实。

从目前的情况看，不但教育部高度重视，制定一系列加强校园安全建设，有效预防校园性侵害的制度、举措外，基本上所有省级政府分管领导都对这项工作作出了批示，提出了要求。各地检察机关和教育行政部门、学校都积极行动起来，推动"一号检察建议"的落实。一是开展联合督导。如宁夏检察机关共联合教育部门深入42所中小学、幼儿园开展督查暗访工作，对农村、城乡结合部、曾经发生过性侵案件的中小学校和幼儿园进行重点监督检查。黑龙江省大庆市院联合市教育局开展专项督察活动，通过抽查、听汇报、查看治理台账、实地检查问询等方式对全市幼儿园、中小学校进行专项督察，对发现的问题提出建议及整改期限。江苏省在检查督导过程中，向纪委监察委移送违法违纪线索10

人。江苏泰兴市院在起诉一起小学教师猥亵儿童案的同时，将学校负责人刘某隐瞒犯罪的线索移送纪检监察部门。二是推动建立预防校园性侵害长效机制。比如湖北、上海等地以落实"一号检察建议"为契机，推动在省级层面建立教师准入制度和侵害未成年人违法犯罪强制报告制度。各地检察机关、教育行政部门也普遍建立了联席会议制度，加强工作沟通。三是开展专项行动。比如河北省石家庄市教育局专门组织了"师风师德提升活动年"。四是进一步加强法治进校园活动，强化师生法治教育和自护教育。重庆、福建等地一些同学在听了法治课后，还勇敢地站出来举报性侵害违法犯罪。

但我们在工作中发现，包括一些检察人员在内，对落实好"一号检察建议"的重要性没有充分认识，导致工作停留在面上。一些地方学校领导、老师对"一号检察建议"的主要内容并不知晓。个别地方学校仍然存在着没有建立安全制度或者安全制度虚化的问题。比如，我们在调研督导中仍然发现一所学校由男性宿管员管理女生宿舍，某地前不久甚至又发生了男性宿舍管理员猥亵女生的案件。对此，我们已督促有关学校进行立即整改，并对涉嫌犯罪人员依法追诉。

上述问题也说明，全面深入落实好"一号检察建议"并不容易，不可能一蹴而就。因此，最高人民检察院前不久下发了关于进一步做好"一号检察建议"监督落实的通知，建立了监督工作制度和工作台账，明确监督的方式方法和重点，要求各地检察机关把监督"一号检察建议"的落实作为一项经常性的工作抓实抓好。我们要求上级院主管部门、院领导在赴基层进行调研时，把"一号检察建议"的督导工作作为必选工作内容。同时监督落实好"一号检察建议"也是检察官担任法治副校长、开展法治进校园的重要职责。最高人民检察院也会定期通报各地工作情况，和教育部进一步密切配合，把这项工作持续深入推进。

中国青年网记者：共青团在推动未成年人保护社会治理创新方面有什么举措？特别是与检察机关开展了哪些合作？

王锋：谢谢您的提问。代表和维护青少年权益，是党赋予共青团的重要职责，也是共青团参与社会治理创新的重要领域。一直以来，各级共青团依托未成年人保护委员会和预防青少年违法犯罪专项组，配合相关部门着力优化未成年人成长环境、共同促进未成年人健康成长。第一，推动出台和完善未成年人相关政策法规。在人大立法方面，目前正在配合全国人大工作机构，进行《未成年人保护法》《预防未成年人犯罪法》的修订工作。这两部未成年人的重要法律，今年已列入全国人大常委会立法规划，正在紧锣密鼓的修订中。在国家规划方面，牵头落实《中长期青年发展规划（2016—2025年）》，建设50个部委协调联动机制，推动出台系列青少年发展相关政策，其中未成年人保护和预防未成年人犯罪是两个重点领域。在政策文件方面，配合中央办公厅，制定实施关于深化预防青少年违法犯罪工作、关于加强专门学校建设和专门教育工作等文件；配合中央网信办、司法部等部门，推动出台关于未成年人网络保护等条例，推动形成未成年人相关政策体系。第二，畅通未成年人利益诉求表达渠道。利用每年"两会"重大契机，连续十多年持续开展"共青团与人大代表、政协委员面对面"活动，依托政协共青团、青联界别等制度化安排，借助人大、政协的社会利益表达功能，针对未成年人保护议题发出集中呼吁，有效促进解决未成年人相关热点问题。比如，今年"两会"期间，聚焦未成年人网络保护、快递小哥社会保障等问题，通过人大代表、政协委员形成提案、议案，促进政府部门和社会各界关注重视。日常工作中，依托党委、政府各类议事协调机制，加强与各成员单位协调联动，在社会保障、福利救助、预防犯罪等领域为未成年人代言，推动未成年人相关政策措施落地见效。三是深化未成年人保护各项工作。建设专业队伍，联合民政部、财政部等部门，建设青少年事务社工队伍，目前已达10.6万人；建设12355青少年服务台及网络平台，联系近7000名热心未成年人公益的法律、心理等专家。推进专项行动，联合有关部门实施"为了明天"预防青少年违法犯罪工程，开展"净网""护苗"专项行动，抵制网络有害信息，强化未成年人文化市场监管；实施"护校安园"行动，防治校园欺凌，加强校园周边娱乐场所、网吧治理。开展专题活动，深化关爱农民工子女、青年志愿者助残"阳光行动"、大学生志愿服务"西部计划"等，为未成年人办实事。建设专门机制，健全"青少年维权岗"等机制，创建"青少年零犯罪零受害社区（村）"，营造未成年人成长良好环境。

下面，简要介绍与检察系统合作开展预防未成年人犯罪情况。近年来，未成年人犯罪引发的社会热点问题比较多。大家知道，未成年人处在身心成长阶段，其违法犯罪成因复杂，很多是受家庭、学校、社会等环境影响。根据国际通用的未成年人司法理念，办理未成年人犯罪案件，不能简单套用成年人方式，而要建立一套未成年人独立的司法体系。1999年，我国颁布《预防未成年犯罪法》，明确"实行教育、感化、挽救的方针，坚持教育为主、惩罚为辅的原则"。2012年，《刑事诉讼法》修订，增加"未成年人刑事案件诉讼程序"专章，规定"严格限制适用逮捕措施""合适成年人询问时在场制度""未成年人法律援助""社会调查""附条件不起诉""犯罪记录封存"等特别程序。这些方针、原则和措施，目的就是最大化帮助涉罪未成年人更好地回归社会。未成年人案件处理涉及未成年人警务、未成年人检察、少年法庭、社区矫正、心理抚慰、回访帮教、社会融入等方方面面，牵涉部门多，工作任务重，专业要求强，必须充分借助各部门的协调力量，构建起少年司法的社会支持体系，实现"专业化办案"与"社会化保护"有机结合。为此，共青团中央、最高人民检察院于2018年2月，签署《关于构建未成年人检察工作社会支持体系合作框架协议》，探索未成年人司法保护和犯罪预防工作机制。其中，检察机关重在打造未成年人检察"捕、诉、监、防"一体化格局，共青团重在发挥10万名青少年事务社工和7000名法律、心理专家等作用，共同建设未成年人检察社会支持体系。去年9月，两家联合下发通知，在全国遴选试点单位。今年4月11日，在这个新闻发布厅面向社会发布40个试点地区及相关机构、项目。这项工作在各位记者朋友的支持下，目前看社会反响良好。下一步，我们将总结未成年人检察工作社会支持体系建设经验，努力将这一做法推广到未成年人司法实践的各环节，研发符合我国国情的未成年人司法社会工作服务指南，推动落实未成年人司法特殊理念和诉讼程序，努力建立中国特色未成年人司法制度，为促进未成年人保护、服务未成年人健康成长作出应有贡献。

《中国妇女报》记者：全国妇联在参与未成年人保护工作中发挥了积极的作用，请您结合实践中的一些探索，谈谈对创新未成年人保护社会治理体系建设的看法。

兰青：长期以来，妇联组织与各级检察院都有密切的合作，采取多种形式保护未成年人。去年年底，全国人大常委会副委员长、全国妇联主席沈跃跃率调研组到最高人民检察院就共同做好妇女儿童权益保护工作进行调研，探讨进一步加强合作，建立常态化制度化的联系沟通机制，加强妇女儿童权益保障领域重点难点问题的研究，推动解决妇女儿童关心关切的现实问题。我们现在也在会商框架协议，将合作制度化。最高人民检察院、张军检察长高度重视未成年人保护工作，针对性侵、拐卖、虐待等伤害未成年人犯罪持续多发的情况，推行专业化办案机制，并发挥检察监督职能，准确有力惩治侵害未成年人犯罪。特别是针对齐某强奸、猥亵多名女童，拒不认罪，仅被判处十年有期徒刑，最高人民检察院抗诉后改判无期徒刑，向教育部发出最高人民检察院第一号检察建议，推动相关问题的解决，在社会上产生了很大反响，我们对此特别赞赏。全国妇联历来高度重视未成年人保护工作，始终秉持儿童利益优先的理念，参与相关立法、开展家庭教育指导、提供个案维权服务、公益服务支持等工作，并指导基层妇联积极配合相关部门探索建立社区儿童保护体系。一是在源头参与方面。通过参与法律政策的制定修改，关注和推动解决儿童暴力伤害的防控、惩治等问题，推动完善儿童权益保障的法规政策体系，加大未成年人法律保护的力度。通过与检察院、法院等司法机关合作，探索建立家事调解、家事调查、社会观护、亲职教育、心理疏导、司法保护、教育从业禁止等制度，联合发布依法维护妇女儿童权益十大案例，为司法实践提供参考，参与建立全方位的司法保护体系。二是在个案维权方面。畅通妇联信访、12338热线等投诉受理机制，及时处置涉及未成年人权益的投诉，积极推动解决一批涉及未成年人权益的家暴、性侵的典型案件和舆情热点事件，指导基层妇联团结社工、心理咨询师、律师等社会力量，为受害儿童及其家庭提供法律咨询、法律援助和心理帮助等综合性维权服务。三是在开展家庭教育指导方面。通过实施"家家幸福安康工程",开展家庭文明创建、家庭教育支持、普法宣传等行动,引导家长、家庭、社会为未成年人营造良好的成长环境。四是在提供公益服务支持方面。利用自有公益平台,积极开展困境儿童、困境家庭关爱公益服务项目,为有需要的儿童及其家庭提供贴心的关爱服务。五是在探索创新未成年人保护社会治理方面,连续多年在西南地区开展儿童权利倡导和社区儿童保护体系项目试点,推动建立基层党组织领导、政府牵头、多部门合作、社会组织广泛参与的社区儿童保护工作机制,探索儿童权益问题的识别、报告、干预和处置的社区经验,为高危有风险的未成年人提供个案跟踪服务。我们在实践中认识到,创新未成年人社区保护机制至关重要。为此建议,要强化基层儿童保护网络建设,利用好社区儿童之家等工作阵地,建立一支专业化的社区儿童工作队伍,为未成年人保护提供基础性保障。要实现基层未成年人保护社会治理机制常态化运行,关键在于"下沉社区",凝聚多部门力量联动服务。要建立"事先宣传教育预防、事中发现报告和干预调处、事后救济矫治"的"三级预防模式",促进高效利用有限的基层公共服务资源,及时准确地识别和干预儿童成长过程中的种种问题,防患于未然。下一步,我们跟最高人民检察院积极合作,促进各级妇联与检察院紧密合作,为保障未成年人合法权益作出更多的贡献。

《南方都市报》记者:最近未成年人食品安全问题备受关注,检察机关在监督和惩戒未成年人食品安全违法犯罪事件方面做了哪些工作?

史卫忠:食品安全重于泰山,未成年人正处在生长发育的关键时期,食品安全更应予以特殊保障。检察机关一直高度重视未成年人食品安全问题,综合运用惩治、预防、监督、教育等多种手段,严厉惩戒和预防未成年人食品安全犯罪,督促相关部门依法履职,守护食品安全防线。

一是严厉打击涉及未成年人食品安全的刑事犯罪活动。对涉及未成年人的生产、销售不符合安全标准的食品、有毒有害食品等犯罪活动,予以坚决打击。对于重大案件检察机关还坚持提前介入,引导侦查活动,必要时挂牌督办。2018年以来,全国共批准逮捕此类犯罪嫌疑人30人,起诉64人。二是开展未成年人食品安全公益诉讼工作。在2018年初部署的全国未成人刑事执行检察、民事行政检察集中统一办理试点工作中,各试点单位把办理涉未食品药品安全领域公益诉讼作为重点,一年里共发出诉前检察建议188件,提起公益诉讼2件,提起刑事附带民事公益诉讼6件。2018年4月,宁夏中宁县某小学学生因购买校园周边小商店食品引发中毒事件引起社会关注。中宁县检察院经过调查发现部分中小学周边商店销售"三无"食品、"五毛"食品、过期食品等突出问题,即向市场监督管理局发出加强整治的诉前检察建议并监督落实。中宁县市场监督管理局以学校、幼儿园及周边等为重点区域,先后开展了学校食堂、"五毛"食品、校园周边食品等专项整治活动,对16家经营户下达了责令改正通知书,没收了不合格食品1325袋,对843家餐饮单位、72所供餐学校、35所幼儿园、4659名从业人员进行了检查,下达责令改正通知书224份。2018年8月,湖北武汉江汉区检察院在履职过程中发现辖区内16所幼儿园均未办理《食品经营许可证》或《食品经营许可证》过期而为幼儿提供餐饮服务,依法建议食品药品监督管理局对有关问题进行整治。三是注重开展校园食品安全问题的法治宣传。通过法治进校园、检察官担任法治副校长等方式,宣讲食品安全法律知识,提高学生食品安全意识和自护能力。

10. 依法严惩侵害未成年人犯罪 保护未成年人健康成长新闻发布会

时　　间：2019 年 10 月 20 日 10：00

地　　点：最高人民检察院

出席人员：史卫忠，最高人民检察院第九检察厅厅长

　　　　　龚志勇，公安部刑事侦查局副局长

主 持 人：肖玮，最高人民检察院新闻办副主任、新闻发言人

议　　程：1. 通报检察机关从严惩处侵害未成年人犯罪有关情况及下一步工作打算

　　　　　2. 通报公安机关从严打击侵害未成年人犯罪有关情况及下一步工作打算

　　　　　3. 发布 13 名未检检察官公益宣传片

　　　　　4. 发布依法严惩侵害未成年人犯罪、加强未成年人司法保护典型案例

　　　　　5. 答记者问

检察机关依法严惩侵害未成年人犯罪 保护未成年人健康成长工作情况通报

>> 史卫忠

各位记者朋友们：

大家好！

近年来，针对侵害未成年人犯罪持续上升态势，全国检察机关依法充分履行职能，与公安、审判等机关密切沟通配合，严厉打击侵害未成年人犯罪，推动健全完善惩防机制，加强未成年人司法保护，取得了一定成效。2018年1月至2019年10月，全国检察机关共批准逮捕侵害未成年人案件8.06万人，起诉10.07万人，其中2018年全年批捕、起诉人数同比分别上升18.39%和6.82%；2019年前10个月批捕、起诉人数同比分别上升22.95%和28.63%。在全国各界深入贯彻落实党的十九届四中全会精神，推动社会治理体系和治理能力现代化建设，全国人大常委会修订《未成年人保护法》《预防未成年人犯罪法》之际，我们特向大家通报检察机关打击预防侵害未成年人犯罪工作情况。

一、严厉惩治重大、多发侵害未成年人犯罪

一是严厉打击侵害未成年人重大恶性犯罪。对陕西米脂县赵某砍杀学生案、辽宁葫芦岛韩某驾车冲撞学生案、浙江杭州莫焕晶放火案等案件，检察机关依法快捕、快诉，提出死刑量刑建议，被告人均被判处死刑立即执行。在云南富民县李某故意伤害案中，被告人李某因与紫某有矛盾，残忍地往紫某年仅6岁的儿子身上泼硝酸，导致被害儿童严重伤残，检察机关对李某从严指控，李某被判处死刑并已经执行。

二是坚决打击黑恶势力侵害未成年人犯罪。检察机关按照中央统一部署，会同公安机关等部门，深入开展扫黑除恶专项斗争，严厉打击黑恶势力侵害未成年人权益、拉拢胁迫未成年人参与黑恶组织等犯罪活动。被告人吴某等人在浙江杭州以实业公司为幌子实施"套路贷"、开设赌场等违法犯罪，诱骗在校未成年学生参与赌博，并实施敲诈勒索，致多名被害人辍学，部分被害人因此试图自杀。检察机关对该案依法从严指控，吴某等 12 人被判处 20 年至 3 年不等有期徒刑。

三是突出打击性侵害未成年人犯罪。性侵害犯罪在侵害未成年人犯罪中占有较大比例，我们坚持严厉打击，绝不放过任何一个案件。2018 年 1 月至 2019 年 10 月共起诉性侵害未成年人犯罪 3.25 万人。河南省检察机关对尉氏县赵某、李某、刘某、周某等人强奸未成年人，组织、强迫未成年人卖淫一案从严提出指控，主犯赵某、李某被判处死刑。

四是依法惩治未成年人侵害未成年人犯罪。检察机关坚持双向保护原则，对于未成年人侵害未成年人犯罪案件，情节较轻的，依法引导犯罪嫌疑人向被害人赔偿、道歉，争取达成刑事和解；对于犯罪情节较重的，坚持依法惩戒，保持司法震慑。2018 年 1 月至 2019 年 10 月，全国检察机关共起诉校园暴力犯罪案件 6962 人。江西省兴国县检察院在办理以未成年人姚某为首的"天眼帮"黑社会性质组织犯罪案中，认为姚某虽然是未成年人，但他指挥或直接实施了强奸，组织、强迫、介绍卖淫，引诱幼女卖淫等严重侵害其他未成年人的犯罪行为，从严提出 19 年有期徒刑的量刑建议，被法院采纳。

二、依法打击重点领域犯罪，加强重点未成年人群体保护

一是打击监护侵害犯罪，促进家庭保护。检察机关坚持依法惩处监护侵害案件，并积极适用亲职教育、撤销监护权等措施，解救监护困境未成年人。2018 年 1 月至今年 10 月，全国共批准逮捕遗弃、虐待未成年人犯罪 119 人，起诉 257 人。单亲妈妈王某遗弃儿子，导致孩子长期在福利院生活。上海市长宁区检察院发现后，将案件线索移送公安机关立案侦查，以遗弃罪追究王某刑事责任，检察机关提起公诉时，提出了下发禁止令实施强制亲职教育的量刑建议。后王某被判处有期徒刑 3 年，缓期 5 年，并接受强制亲职教育，在社工监督和帮助下履行监护职责。

二是打击托幼、培训机构侵害犯罪。当前，托幼、培训等机构在

未成年人生活、学习中发挥着重要作用，发生在这类场所的侵害犯罪严重影响未成年人成长成才，始终是检察机关关注的重点。平潭县某少儿培训中心工作人员蒋某等人以蹲马步、蛙跳、不允许吃午饭、殴打的方式，对7岁儿童吴某进行虐待。案发后检察机关第一时间介入，会同公安机关，快侦快捕快诉，3被告人以虐待被看护人罪被判处有期徒刑。张某在无照开办的书苑教授书法，期间分别对四名幼女进行猥亵。江苏省南京市鼓楼区人民检察院及时介入侦查引导取证，引导公安机关又排查出两名学生被猥亵的事实。检察机关从严提出指控，张某被判处有期徒刑8年，刑满5年内禁止从事教育类相关职业。

三是打击侵害留守儿童、困境儿童犯罪。这类未成年人更需要社会的关爱保护，必须切实维护他们的合法权益。2018年1月至2019年9月，全国检察机关共批准逮捕侵害留守儿童犯罪3944人，起诉4660人。贵州省纳雍县检察院起诉的李某强奸、猥亵多名留守儿童案、江苏省连云港市检察院起诉的钱某强奸、杀害留守儿童钱某案等，被告人一审均被判处死刑。

三、推行专业化办案，实现精准有效打击

一是准确把握侵害未成年人案件证据标准。侵害未成年人案件有着直接证据少、被告人不认罪、被害人辨别表达能力弱的特点，检察机关注意加强对此类案件证据审查的理论和实务研究，确保准确把握证据标准，成功公诉一批"零口供"侵害未成年人犯罪案件。比如最高人民检察院成功抗诉的齐某猥亵儿童、强奸儿童案就是一起典型的被告人不认罪案件，后来该案被作为指导性案例下发，有力指导各地办案工作。河南省检察机关2019年以来起诉"零口供"案件53件，法院均作出有罪判决。梅某强奸案中，面对犯罪嫌疑人百般抵赖、被害人不配合、客观性证据缺乏的情况，浙江省宁波市海曙区检察院及时介入侦查引导取证，引入心理专家对被害人进行心理辅导，帮助其作出如实陈述，完善证据链条，准确指控，最终梅某被法院判处有期徒刑7年。2019年7月，最高人民检察院以北京市朝阳区检察院为创新实践基地，积极探索建立儿童证言审查、权利保障的规则及特殊程序。

二是准确适用法律处理疑难新型案件。犯罪嫌疑人李某对着一儿童自行手淫，北京市顺义区检察院在办理此案时，根据最高人民检察院第十一批指导性案例确立的要旨，准确认定这种行为与接触型猥亵儿童犯罪本质、危害相同，以猥亵儿童罪对李某提起公诉，法院作出有罪判决。江苏省宿迁市宿豫区检察院在提前介入靳某组织未成年女性在KTV有偿陪侍案时，认为未成年人有偿陪侍严重违法，严重损害未成年人身心健康，属于违反治安管理活动的行为，因此本案应当定性为组织未成年人实施违反治安管理活动罪，遂商公安机关调整取证方向。后靳某某被以该罪名判处有期徒刑6年。

三是专业化精细化审查案件。针对侵害未成年人犯罪案件的特殊性，检察机关推行专业化办案，注重综合运用法学、儿童心理学、教育学等知识，引入专业力量审查案件，确保案件质量，提升办案效果。如山西省孝义县检察院在办理王某强奸案时，聘请心理咨询师对被害儿童进行心理疏导，在此过程中依据心理学知识发现被害人可能对被害事实有所隐瞒，检察官和心理咨询师密切配合进一步耐心询问，被害人又陈述了犯罪嫌疑人对其猥亵的事实，经查证予以证实。

四、加强监督配合，形成打击合力

一是坚持提前介入侦查，加强与公安机关、人民法院的沟通配合，统一执法标准，确保案件顺利诉讼。宁夏回族自治区石嘴山市大武口区检察院与公安机关会签文件，规定对于性侵害未成年人案件，公安机关对被害人进行询问时，均第一时间邀请检察院派员提前介入。大武口区检察院院共提前介入性侵及其他重大案件21件21人，没有出现无罪判决或存疑不起诉情况。四川省成都市检察院审查汪某某多次强奸猥亵多名幼女案时发现，本案除被害人陈述外再无其他有力指控证据，就会同公安机关进行深入分析研究，进一步完善证据锁链，起诉后法院对事实全部予以认定，判处汪某某无期徒刑。

二是加强立案监督和侦查活动监督，确保犯罪分子得到应有惩罚。2018年以来，检察机关共对侵害未成年人犯罪案件监督立案1299件，追捕漏犯1664人，追诉漏犯1700人。福建省福清市检察院办理的某小学老师刘某性侵害小学生案，检察官与办案民警协作配合，加强取证工作，在刘某只承认 8 起犯罪事实的情况下，侦查终结时认定 16 起，审查起诉中又追加认定 12 起，后刘某被判处有期徒刑 11 年。

三是加强审判监督，确保犯罪分子罚当其罪，维护司法公正。2018年以来，全国检察机关共对侵害未成年人犯罪案件提起抗诉 546 件，目前已改判 249 件。王某为谋财绑架其亲属的 4 岁女儿，并将其投入污水管道中溺死，一审被判处死刑缓期两年执行。山东省淄博市检察院认为被告人王某手段残忍，后果严重，判处死刑缓期执行量刑畸轻，依法提出抗诉。山东省检察院经审查支持抗诉，省检察院陈勇检察长亲自列席省高法审委会发表支持抗诉意见，省高法最终改判被告人王某死刑立即执行。

五、积极参与未成年人保护社会治理

一是以贯彻落实"一号检察建议"为契机，积极推动校园安全建设。2018 年，最高人民检察院向教育部发出加强校园安全管理、预防校园性侵害的"一号检察建议"，指导各地检察机关加强督导落实。张军检察长多次亲自调研督导"一号检察建议"的落实，在云南等地还深入乡村小学实地查看，对发现的问题要求整改。"一号检察建议"发出之后到 2019 年 6 月，各地检察机关单独或者联合教育部门查访中小学校、幼儿园 24696 所，发现安全管理隐患问题 3239 个，督促整改 2465 个。河南省检察机关主动争取党委、政府支持，联合相关部门制定出台《关于关爱未成年人健康成长防范打击性侵未成年人犯罪工作的意见》等 6 个规范性文件，构建预防和惩治性侵未成年人犯罪的长效机制。

二是督促有关部门加强重点领域、重点群体未成年人保护工作。重庆、江苏、北京、天津等地检察机关就治理营业性网吧、娱乐场所和宾馆违法接待、容留未成年人，未成年人辍学失学等问题发出检察建议 1186 份，一批违法经营场所被整顿、关停，一些辍学未成年人得以重返学校，清除了未成年人被侵害或者违法犯罪的土壤。2018 年，福建省南安市检察院共受理酒店、娱乐场所内发生的侵害未成年人犯罪案件近 10 件 20 人。该院经过调研分析后，向主管部门发出检察建议，推动开展专项整治，并建立长效管理机制，有效解决娱乐场所雇用、接待未成年人问题，2019年该市休闲娱乐场所仅发生侵害未成年人案件1件2人。

三是进一步加强未成年人法治宣传教育工作。2016年最高人民检察院、教育部联合开展了为期3年的"法治进校园"全国巡讲活动，到今年6月份，共组织法治巡讲9.65万次，覆盖10.8万所学校和8050万名师生。2019年6月，我们又组织"法治进校园"全国巡讲团再出发，走进"三区三州"活动，为贫困地区的孩子们送去了优质法治和自护教育课，助力脱贫攻坚。2018年9月，张军检察长受聘担任北京二中法治副校长后，连续两年向师生和家长、相关职能部门讲授法治课，以上率下，推进检察官担任法治副校长工作，全国共有近两万名检察官担任中小学法治副校长，其中包括32名省级院检察长。这些工作大大提高了广大未成年人法治意识和自护意识、维权意识。重庆市一名乡村学校男生在听了"莎姐"未检团队防性侵法治课后，勇敢向公安机关举报了本校保安猥亵女生线索。2019年5月，在安徽省滁州市检察机关开展的"携手关爱，共护明天"检察开放日活动中，一位参加活动的老师反映本校女生可能被社会人员猥亵，检察机关经过了解，迅速将案件线索移送公安机关立案侦查，目前该案已作出有罪判决。

六、推动建立惩治和预防侵害未成年人犯罪长效机制

一是推动"一站式"办案取证机制建设。针对因询问方式不当导致取证质量不高，放纵犯罪，或者反复询问造成"二次伤害"问题，最高人民检察院推行"一站式"询问救助机制，全国共建立环境温馨，具备取证、心理疏导、身体检查、同步录音录像等功能的"一站式"询问救助办案区330多个。通过实行一站式询问，一方面提高初次询问质量，实行同步录音录像，为有力指控犯罪奠定基础，另一方面有效保障了被害人合法权益和身心健康。

二是加强性侵害未成年人违法犯罪信息库和入职查询建设。上海、重庆、贵州、四川等省级院先后牵头公安、教育等部门建立了省级层面的入职查询制度，录入有性侵害未成年人违法犯罪前科人员信息，要求与未成年人密切接触行业在招收工作人员时进行入职查询，以防止有性

侵害未成年人违法犯罪前科人员从事与未成年人密切接触的工作。目前上海已查出 10 名密切接触未成年人行业工作人员有相关违法犯罪劣迹，均已被清退。

　　三是推行强制报告制度。湖北省检察院联合教育、公安等部门出台首个省级侵害未成年人权益案件强制报告制度，规定教育、医疗、救助管理及福利机构、村（居）民委员会及其工作人员发现未成年人遭受或者疑似遭受性侵害的，有及时报告义务。制度下发不久，就有相关人员报告了一起案件线索，据此破获一起性侵多名未成年人的严重犯罪案件。四川省蓬安县检察院在医院设立"未检联络员"，落实侵害未成年人违法犯罪强制报告义务，及时发现一起性侵害案件线索移送公安机关，被告人徐某已被判处有期徒刑 12 年。

　　四是推行 12309 检察服务中心未成年人保护专区建设。近期，12309 检察服务网"未成年人司法保护"专区已经开通，全国四级检察机关实现网上服务有专区、电话接听有专人、实体接待有专席，专门受理有未成年人案件的控告、申诉和司法救助申请并及时办理，为未成年人提供更及时有效的保护。

　　上述制度中，前三项已经被《未成年人保护法》修订草案吸收，最高人民检察院也正在联合相关部门着手建立全国层面侵害未成年人犯罪案件强制报告制度等制度。

　　记者朋友们，未成年人健康成长关系到国家未来和民族复兴。在今后工作中，全国检察机关将以习近平新时代中国特色社会主义思想为指引，以深入贯彻党的十九届四中全会精神和即将通过的修订后《未成年人保护法》，充分履行未成年人检察职能，不断强化法律监督，健全完善机制制度，努力提升办案和保护工作能力，与其他部门密切协作配合，大力惩治、积极预防侵害未成年人犯罪，为广大未成年人提供更加全面的司法保护，用心守护每一个孩子的健康成长，努力在新时代为人民谋幸福、为民族谋复兴的征程中作出应有的贡献！

　　谢谢大家！

公安机关依法严惩侵害未成年人犯罪保护未成年人健康成长工作情况通报

>> 龚志勇

各位新闻界的朋友们：

大家上午好！

公安机关历来高度重视未成年人保护工作，严厉打击侵害未成年人的各类违法犯罪活动。近年来，针对未成年人的性侵犯罪活动危害严重、影响恶劣，公安部部署各地公安机关坚持打击、防范、治理多管齐下，强化线索摸排、立案侦查和案件侦办工作。2019 年 1 月以来，破获了一批重特大案件，遏制了此类案件的高发态势。

为严厉打击、系统治理性侵违法犯罪活动，特别是重点打击针对未成年人的性侵违法犯罪活动，切实维护人民群众合法权益，2020 年，公安部刑侦局将会同有关部门在全国范围内部署开展为期半年的打击治理性侵违法犯罪专项行动，严厉打击、系统治理、整体防范性侵违法犯罪活动，切实保护人民群众特别是未成年人的合法权益。主要采取如下工作措施：

一是从快侦破各类性侵案件。采取专项行动的方式，严厉打击性侵违法犯罪活动，要求各地公安机关统筹破案资源，及时破案，一办到底。同时，进一步加大对性侵积案的侦办力度，对重大积案逐案梳理研究，确定侦查方向和主办责任人，尽快破案，全力满足人民群众的破案期待。

二是树立侦查与保护并重的理念，试点并逐步推行"一站式取证"，加强对受害未成年人的保护。公安机关将会同检察机关等部门，在全国部分地区试行未成年人性侵案件"一站式取证"。即公安机关接报未成年人性侵案件之后，公安机关刑侦部门、技术鉴定部门、检察机关等部门同步到场,一次性开展询问调查、检验鉴定、未成年人权益保护、心理抚慰等工作,在询问调查的同时注重对未成年人的心理关爱和隐私保护,避免二次伤害。在试点基础上,将组织调研总结,适时在全国推广,形成高效稳定的多部门联动工作机制。

三是建立信息化防控机制。公安机关将加强对历年来各类性侵违法犯罪人员信息的梳理掌握,加强情报研判、重点人员管理和活动轨迹监控。同时对有关已经判决生效的性侵违法犯罪人员信息,将向有关部门推送和提供查询服务,全力遏制此类犯罪。

下一步,全国公安机关将以对党和人民高度负责的态度,继续保持对此类犯罪的高压严打态势,密切关注犯罪形势,主动研判分析,在强化案件侦查、重拳出击的同时,加强防范宣传教育,切实维护广大群众人身权益和社会治安稳定。

同时,公安机关提醒广大未成年人和家长,未成年人体力智力发育不成熟,认知能力、辨别能力和反抗能力都比较弱,为了有效避免受到不法伤害,一是要加强监护和关爱,增强未成年人保护意识。家长要加强对未成年的监护和关爱,教会未成年人学习掌握应对突发情况,在危险环境下自救和求救的方法。此外,在酒吧、迪厅、营业性歌舞厅等环境复杂的场所,以及外出旅游或夜晚出门时尽量有成年人陪同或结伴出行,不给犯罪分子留下可乘之机。二是警惕不法网络侵害。近年来,部分不法分子以互联网为媒介,打着"个性交友""童星招募"等幌子,诱骗、胁迫未成年人进行"裸聊"或发送"裸照""裸体视频"等方式进行"隔空"猥亵的违法犯罪行为有蔓延之势。"隔空"猥亵是性侵未成年人犯罪的新形态,区别于传统的身体接触方式,具有隐蔽性更强、危害更广的特点。广大家长要多引导孩子提高自我防护意识。三是及时报案。未成年人一旦遭受性侵害要及时向公安机关报案,利用法律武器保护自己的权益。

13 名未检检察官公益宣传片（文案）

禁 毒

1. 韩辉： 很多人认为毒品只是那些"坏孩子"的事，实际上毒品离那些"好孩子"也不遥远。尤其是新型毒品有着各种好看可爱的伪装，它们已经盯上了我们的孩子。

缺乏辨识能力的孩子很容易在不知不觉中接触到新型毒品，这些五花八门的新型毒品不仅会给孩子的身体带来不可逆转的伤害，甚至会让他们走上以贩养毒的深渊。

请孩子们远离那些花花绿绿的"小糖果"。这个世界上从来没有不会成瘾的毒品。请爸爸妈妈们一定保持警惕，多关注孩子的异常变化，多教会孩子自我保护。

我是检察官韩辉。避免新型毒品对孩子的伤害，需要全社会的共同努力。

2. 赵颖： 我见过形形色色误入歧途的孩子，最让我痛心的却是那些因为好奇沾染毒品的孩子。他们对于毒品危害的无知，让我惊心，毒品在有些孩子眼里只是生日聚会的时候加的一点"料"，这些可怕的魔鬼正在无声无息地蔓延到校园这片净土。

毒品是个人、家庭，乃至社会、国家，都不能承受之重。打击毒品犯罪，守护校园明天。

我是未检检察官赵颖，让我们一起对校园毒品说"不"。

预防监护侵害

3. 于爽：法庭，是我惩恶扬善的战场；检察官，是我人生最重要的定义。

但我也是一名普通的母亲，在我眼中每个孩子都是放弃翅膀来到人间的天使。让我最无法理解、最不能容忍的是在一些案件中，竟然还有抛弃孩子、利用孩子、残害孩子的亲生父母，他们把孩子当成了私人物品，毫不珍惜、随意处置！

孩子不仅仅是父母的，也是国家的！作为国家监护人，我们依法惩治那些侵害子女的不合格父母，全力解救陷入困境中的孩子。

我是未检检察官于爽，在我的岗位上守护希望，守望明天。

4. 王真瑱：六年的未检工作经历让我深刻体会到父母在孩子成长过程中的重要作用。

溺爱，忽视，打骂，或是让他们任性妄为，或是让他们自闭害怕，或是让他们痛失性命，每每遇到这样的案件，我都会感叹，如果父母能用正确的方式关心教育孩子，那么他一定不会变成现在这样。

父母是孩子的第一任老师，改变一个孩子，首先要改变他的家庭，我真心希望所有的爸爸妈妈都能在陪伴孩子成长的路上，多一些沟通少一些争吵，多一些包容少一些责备，多一些耐心少一些急躁。

我希望通过自己的努力，让孩子们有爱相伴，与爱同行。

预防侵害未成年人犯罪

5. 周萃：我叫周萃，是湖南省长沙市岳麓区人民检察院的一名未检检察官。

当看到孩子受到侵害，却因为年幼无法完整陈诉受害经过，犯罪嫌疑人也因此拒不认罪时,未检检察官的职责告诉我,一定不能让施暴的凶手逍遥法外。我们是专业的未检检察官,面对幼儿受害者,我们依然会尽力将坏人绳之以法。我想告诫那些大灰狼,不要以为孩子小就可以有恃无恐,侵犯孩子必将受到法律的严惩!

我也想告诉那些受到侵害的孩子和家长,请相信我们,勇敢地举报犯罪,斩断伸向孩子的黑手!

6. 韩哲昊:儿童性侵是全球全社会的话题,对于受害者来说,这种伤害可能伴随他的一生。

假如你是母亲,面对女儿遭遇侵害,你将如何保护自己的孩子?假如你是教师,面对学生遭遇猥亵,你是否懂得揭露犯罪,责无旁贷?假如你是路人,面对弱小遭遇欺凌,你会选择逃避还是拯救?

对性侵未成年人违法犯罪行为说不,举报可能存在的性侵未成年人案件,是我们每一个大人应尽的义务。

面对受伤害的孩子,我想说:"孩子,请不要自责,这不是你的错。"

面对施暴者,我要说:"不要以为孩子们弱小就可以任意欺凌,在他们的背后还有无法撼动的法律力量和一群正义的人们。"

预防校园欺凌

7. 陈晓钧:未检工作七年,我接触过形形色色校园欺凌事件的当事人。

面对校园欺凌,单纯地以暴制暴或忍气吞声显然都不是最佳选择。在一起校园欺凌案件中,被侵害人正当防卫导致了施暴者受伤,法律最终制裁了校园欺凌犯罪,保障了被侵害人正当防卫的权利。

我想告诉同学们,校园欺凌中没有胜利者,欺凌别人最终受害的是你自己。同学是缘分,请珍惜你的同学。

我是未检人陈晓钧。

8. **夏添**：说到校园，你脑海里浮现的是什么？我会想到蓝天、白云、操场、绿荫。

但是校园里也有阴霾，在我们办理的案件中就有这样一些孩子，面对矛盾冲突，选择暴力解决，冲动之下打伤同学、触犯法律，给自己的青春蒙上灰色。

青春代表力量、勇气、激情，但青春不为暴力代言。

我想对孩子们说，冷静和理智地处理同学间的纠纷，才是勇气和成熟的表现，任何时候，法律的底线都不能触碰，珍贵的校园记忆不应留下无法抹去的遗憾。

我是未检检察官夏添。

困境儿童保护

9. **吴媛贞**：有这样一些孩子，他们有家却从未感受过亲情，他们渴望被爱，却总是被人遗忘。因为父母没有尽到监护职责，他们陷入困境。

生活的无助和情感的缺失，往往让他们一不小心就误入了歧途。这些孩子更需要被关注。

作为一名检察官，我们履行法律监督职责，推动各方力量帮助他们脱离困境，因为他们是国家的孩子。你们若得温暖，国家便温暖。

我是未检检察官吴媛贞，我是你们的守护者。

10. **方芸**：我喜欢和孩子们在一起，但我的职业却不是老师，我是一名未检检察官。

爸爸妈妈是孩子的第一保护神。弱小的孩子需要家庭更多的保护和关注，但是我却看到有些孩子亲情陪伴缺失，家庭监护缺位，从而给了坏人可乘之机，也让孩子陷入了危险之中。

坏人的恶必须严惩，家人的过也不能忽视。

在打击犯罪的同时，我们也一直在探索亲职教育、强制报告，努力让悲剧不再发生。

法律不应止步于家门之外，守护成长，我们一直在路上。

预防未成年人犯罪

11. 陈晓曦： 当下，不少校园里的孩子为了面子而超前消费，对物质的渴望让他们迷失。在办案过程中，我们遇到过在网络上冒充代购诈骗钱财的孩子，因为想买一双名牌球鞋而走上违法的歧路，这样的孩子让人又生气又心痛。

作为未检检察官，我想对孩子们说，不要被虚荣蒙住了眼睛，不要被物欲折断了本应翱翔的翅膀，青春最闪耀的光芒是踏实奋斗后的成长。

我是检察官陈晓曦，努力守护着孩子们的青春岁月。

12. 宋朵： 年少的我们都是有梦的孩子，天马行空，但是梦想的道路没有捷径。

在我们身边有这样一些未成年人，过早走入社会，在一夜暴富的思想和身边人的怂恿下误入歧途，成为了电信网络诈骗中的一员，付出惨痛的代价。

我想告诉孩子们，君子爱财，取之有道。青春是用来奋斗的，不是用来挥霍的，逆风的方向才适合飞翔。

我是检察官宋朵，我为孩子的梦想护航。

未成年人食品安全

13. 赵扬帆： 我是赵扬帆，一名未检检察官。

我喜欢这里的书声琅琅和青春飞扬，校门口，爸爸妈妈们都会叮嘱孩子们"注意安全啊"，可偏偏有人盯上了学校周围，放学路上，向孩子们贩卖着不健康的食物。我不愿 120 急救的警铃打断琅琅书声，我不愿一声哭泣传来，破碎了爸爸妈妈满满的希望。

忽略食品安全就是纵容金钱对生命的掠夺；无视校园食品安全，就是放任现在对未来的残害。

作为国家监护人、公共利益代言人，我们不但会严厉追究食品安全犯罪，还会提起公益诉讼，维护孩子们的利益，让校园这一方天地恢复它应有的平安与纯净。

依法严惩侵害未成年人犯罪
加强未成年人司法保护典型案例

一、重拳惩处　严厉打击伤害无辜儿童犯罪

基本案情：李某与紫某因矛盾发生争执，将紫某家面包车烧毁，被法院判处拘役六个月。2017年，李某刑满释放后到紫某家中寻找紫某未果，对放学回家的紫某之子（案发时6岁）报复泄愤，将硝酸浇在该童头上，致该童头面部及全身多处皮肤被严重灼伤，构成重伤二级，容貌重度毁损，构成二级伤残，全身多处体表形成瘢痕，构成八级伤残。公安机关对该案立案侦查，云南省昆明市人民检察院对李某以故意伤害罪提起公诉，因其伤害未成年被害人手段特别残忍，情节特别恶劣，后果极其严重，建议对其判处死刑。法院采纳检察机关量刑建议，判处李某死刑立即执行，剥夺政治权利终身。在案件办理过程中，检察机关积极开展对被害人的司法救助，并通过司法救助绿色通道、中华少年儿童慈善救助基金会等渠道为该童筹集救助款20余万元。

典型意义：为泄私愤，对无辜儿童实施严重暴力犯罪，严重侵害未成年人身心健康，对此类案件应当从严从重惩处。本案，检察机关依法对犯罪分子提出从严惩处的量刑建议，体现了司法机关对严重侵害犯未成年人暴力犯罪的"零容忍"态度和重拳严厉打击的力度。

二、及时介入侦查　坚决严惩驾车冲撞学生恶性犯罪

基本案情：韩某某因生活琐事，预谋"驾车撞人"以宣泄情绪、报

复社会。2018年11月，韩某某驾驶机动车至辽宁省某小学门口，逆向加速冲撞返校的学生队伍，造成6名未成年人死亡，20人受伤（18人系未成年人）。案发后辽宁省葫芦岛市人民检察院第一时间成立专案组及时介入侦查，提出意见，配合公安机关全面收集、固定证据，快速审查，及时确认了韩某某的完全刑事责任能力和故意犯罪心态，综合全案犯罪事实，以危险方法危害公共安全罪对韩某某提起公诉，并提出判处死刑的量刑建议。法院判处韩某某死刑立即执行。

典型意义：本案是一起驾车冲撞学生队伍造成多人伤亡的恶性危害公共安全犯罪案件，检察机关及时介入侦查，加强与公安机关衔接配合，依法从严从快办理案件，提出判处死刑的量刑建议，彰显司法机关对此类犯罪依法坚决予以严惩的态度。

三、从严从快　惩处校园门口捅刺学生犯罪

基本案情：赵某某将生活、工作受挫归因于曾就读的中学所致，遂产生报复该校学生的恶念。2018年4月27日，赵某某携带三把刀具在该校门口等候，待放学之际持匕首迎面冲向学生连续捅刺，共造成9人死亡，4人重伤，7人轻伤，1人轻微伤。案发后，司法机关立即启动快速反应机制，检察机关及时介入侦查，第一时间参与讯问、现场勘验等活动，配合公安机关全面依法收集、固定证据。案发次日，陕西省榆林市米脂县人民检察院以涉嫌故意杀人罪依法将赵某某批准逮捕；5月28日，陕西省榆林市人民检察院依法提起公诉；7月10日，法院以故意杀人罪判处赵某某死刑立即执行，剥夺政治权利终身。

典型意义：本案是在校园周边捅刺学生的重大恶性案件，检察机关及时介入侦查，与公安机关分工协作、相互配合，依法从严从快从重批捕起诉，加大指控犯罪力度，充分发挥法律震慑作用，切实维护校园周边安全。

四、严打黑恶犯罪　坚决遏制拉拢侵蚀未成年人态势

基本案情：2017年2月至2018年2月，吴某等人以共同出资成立某实业有限公司为幌子，吸纳形成了包括多名未成年人在内的黑社会性质组织。依托软、硬暴力手段面向未成年人群体开设赌场，引诱未成年人参与赌博并欠下赌债，后对这些未成年人及其家人实施敲诈勒索。在较短时间内实施聚众赌博29场，敲诈勒索19起，非法敛财人民币百万余元，陷入其中的未成年人55名，其中在校学生13名。该组织成员还诱骗少女吸食违禁品后实施性侵。经公安机关侦查终结，浙江省余杭区人民检察院于2018年10月，对吴某等人以涉嫌组织、领导、参加黑社会性质组织罪、赌博罪、聚众斗殴罪、开设赌场罪、敲诈勒索罪、非法侵入住宅罪、强奸罪依法提起公诉。2018年12月，法院依法判处吴某等十二人有期徒刑二十年至三年不等。结合案件办理，检察机关向教育部门发出检察建议，推动加强校园管理和学生安全教育。

典型意义：本案中，以吴某为首的黑社会性质组织引诱未成年人参与赌博，并借赌博之名进行多种违法犯罪，将黑恶势力的黑手伸向未成年人和校园，社会影响恶劣。公安机关、检察机关、人民法院对此类犯罪行为严厉打击，坚决遏制黑恶犯罪向未成年人领域蔓延。

五、依法核准　坚决追诉严重侵害未成年人权益犯罪

基本案情：1997年7月28日，朱某在江苏徐州市某小区，入室抢劫致幼童彭某死亡，作案后逃离现场。此案多年未侦破。2018年，公安机关通过指纹比对发现线索，将犯罪嫌疑人朱某抓获。2019年2月，江苏省检察机关层报最高人民检察院对朱某核准追诉。最高人民检察院经审查认为，本案虽已超过追诉时效，但考虑朱某的犯罪对象为年仅10岁的未成年人，犯罪性质特别恶劣，后果特别严重，社会影响至今没有

消除，依据1979年《中华人民共和国刑法》第七十六条规定，于2019年5月6日对犯罪嫌疑人朱某作出核准追诉决定。

典型意义：对法定最高刑为无期徒刑、死刑的犯罪，一般经过二十年不再追诉。如果二十年后认为必须追诉的，依法须经最高人民检察院核准。在办理此类案件中，检察机关认真贯彻对未成年人特殊、优先保护原则，结合具体犯罪的性质、情节、手段、后果、社会影响、认罪态度等方面，认真审查，严格把关，依法作出核准追诉的决定，体现了坚决打击严重侵害未成年人犯罪的态度和决心。

六、"法治进校园"有成效 猥亵女童保安"显形"被严惩

基本案情：2018年7月，按照最高人民检察院"法治进校园"部署要求，重庆市城口县人民检察院在某偏远乡镇学校讲授防性侵法治教育课后，该校一名男生向当地派出所报案称"看见学校保安刘某某摸了女同学，这是检察官说的猥亵行为"。公安机关随即开展调查，检察机关及时介入，提出意见，会同公安机关调取学校监控视频并实地查看，搜集相关证据，认定刘某某行为已涉嫌犯罪，2018年10月，以猥亵儿童罪对刘某某提起公诉，2018年12月，法院以刘某某犯猥亵儿童罪，判处有期徒刑2年8个月，禁止其自刑罚执行完毕之日或者假释之日起五年内从事学校保安及其相关职业。

典型意义：2016年6月开始，最高人民检察院、教育部联合部署开展"法治进校园"全国巡讲活动，以学生喜闻乐见的形式，开展法治宣讲、以案释法和课堂普法等活动，成效显著。本案即在校学生听完法治课后主动举报案件线索，既及时惩治了犯罪，又增强了同学们的自护意识，是"法治进校园"活动成效的充分展现。

七、从重惩处教师性侵害犯罪督促 健全校园安全机制

基本案情： 汪某某系某小学班主任兼语文老师，2016年9月至2017年12月，其以检查作业、辅导功课为由，在教室、教师宿舍多次对班内多名女生（均为7至8岁）实施猥亵、强奸行为。案发后，四川省成都市人民检察院及时介入，引导、配合公安机关收集完善证据，以强奸罪、猥亵儿童罪对汪某某提起公诉，并提出从重处罚和"从业禁止"的量刑建议。法院采纳检察机关建议，判处汪某某无期徒刑，并处"从业禁止"五年。同时，检察机关针对办案中发现的问题，采用公开送达的形式向成都市教育部门发出检察建议，教育部门依据相关规定吊销了汪某某的教师资格证，禁止其终身从事与教育有关的职业，并建立健全学生安全常识教育、学校安全管理责任、师德师风动态考核等机制。

典型意义： 本案是一起典型教师利用职业便利性侵害未成年人犯罪案件。检察机关在会同公安机关、人民法院严惩犯罪的同时，延伸职能，强化监督，督促教育部门落实校园安全管理职责，建立健全相应防范机制，为有失师德者敲响警钟，告诫他们恪守职业道德，教书育人。

八、依法抗诉性侵害未成年人案件 维护法律权威

基本案情： 2017年9月9日，杨某甲纠集杨某乙、杨某丙等其他5人（均另案处理）共同商量对小英（女，16岁）、小云（女，14岁）、小涵（女，12岁）实施强奸。次日凌晨，杨某甲、杨某乙等人欲强行与三被害人发生性关系。杨某丙强奸了小英，杨某甲、杨某乙因小云、小涵反抗且小涵处于生理期而未得逞。2018年9月法院作出判决，判处杨某甲一年六个月、杨某乙一年二个月。广西壮族自治区钦州市检察机关审查认为，一审判决对杨某甲、杨某乙等人系强奸多人的情节未予认

定,且未认定具有奸淫不满十四周岁幼女的从重情节,属于认定事实错误,导致量刑畸轻,向法院提起抗诉。2018年12月法院撤销一审判决,改判杨某甲有期徒刑十二年,剥夺政治权利二年;改判杨某乙有期徒刑十年,剥夺政治权利一年。

典型意义:多人性侵害多名未成年人案件主观恶性大,后果严重,影响恶劣,依法应予以从严惩处。本案中,检察机关认真履行审判监督职能,对错误判决依法提出抗诉,维护了法律权威和司法公正,取得了良好的法律效果和社会效果。

九、协作追捕追诉 组织强迫未成年人卖淫犯罪深挖幕后"保护伞"

基本案情:2016年至2017年期间,朱某某跨省组织包括6名未成年人在内的十余名女性在酒店卖淫。福建省武平县人民检察院在审查逮捕期间与公安机关协作追捕4人,在审查起诉阶段引导公安机关侦查取证,成功查实朱某某等2人强迫多名未成年人多次卖淫的犯罪事实,又追诉协助组织卖淫的同案犯1人。同时,检察机关针对本案中可能存在为卖淫团伙通风报信、提供幕后帮助的"保护伞"行为,将线索移交监察委员会,挖出相关主管部门人员陈某某。最终朱某某等6人因犯组织卖淫罪、强迫卖淫罪、协助组织卖淫罪分别被判处有期徒刑十二年至一年一个月不等的刑期,陈某某因涉嫌徇私枉法、受贿罪被依法提起公诉。

典型意义:组织、强迫未成年人卖淫,严重损害未成年人的身心健康,必须依法全面、严厉打击。检察机关加强与公安机关配合协作,充分运用引导取证、追捕、追诉等监督手段,体现出对此类犯罪依法严厉惩处的力度。同时,对于办案中发现的"保护伞"相关线索,及时移送有关部门依法办理,坚决严惩侵害未成年人犯罪背后的帮凶与黑手。

十、净化网络空间 严惩"童星招募"背后的性侵害犯罪

基本案情： 2016年5月至2017年5月，曲某某为寻求性刺激，通过QQ聊天软件，冒充某影视公司的女性工作人员，以招募童星需先行检查身体发育情况为由，先后诱骗、唆使被害女童张某某、李某某等人（年龄均在10—13岁之间），要求被害人拍摄自身隐私部位的不雅照片、视频等供其观看。上海市嘉定区人民检察院受理案件后，及时向公安机关提出意见，对涉案电脑中的电子数据进行恢复和固定，进而查明多名被害人的身份信息，最终查证曲某某通过网络猥亵各地女童11人的犯罪事实。2018年3月，检察机关以曲某某涉嫌猥亵儿童罪向法院提起公诉。法院以曲某某犯猥亵儿童罪，判处其有期徒刑十年。

典型意义： 随着互联网的普及，利用网络社交平台猥亵儿童的新型性侵害案件频发，严重侵害未成年人的人格尊严和身心健康。本案利用"童星招募"实施性侵害犯罪，一方面暴露出被害儿童涉世未深，缺乏辨识能力和自我保护意识，另一方面也凸显了未成年人使用网络社交平台带来的安全隐患，对该类犯罪行为依法予以严厉打击，有效净化了网络空间。

十一、精准适用法律 严厉打击组织未成年人有偿陪侍

基本案情： 靳某某从2016年开始，使用感情笼络、威胁、殴打等手段，管理控制梁某等8名女性未成年人在KTV有偿陪客人喝酒、唱歌，持续近两年时间。案发后，江苏省宿迁市宿豫区人民检察院提前介入，认为靳某某的行为损害了未成年人身心健康，严重危害了社会治安管理秩序，应当以组织未成年人进行违反治安管理活动罪追究刑事责任，同时向公安机关提出进一步完善收集固定证据的意见。此后，经综合全案证据，认定靳某某组织未成年人进行违反治安管理活动罪情节严重，依法提起公诉。法院采纳了检察机关的意见，判处靳某某有期徒刑

六年，并处罚金二万元。

典型意义：不良社会风气严重影响未成年人健康成长，对于不法分子组织未成年人在KTV等娱乐场所有偿陪侍行为，应予以严厉打击。本案中，检察机关会同公安机关、人民法院，精准定性，打击治理娱乐场所组织未成年人有偿陪侍现象，有效维护了社会治安秩序，保护未成年人健康成长。

十二、帮教期间发现线索 严惩引诱组织未成年人实施违法犯罪

基本案情：刘某等人招募祝某某、马某某、杜某某等多名未成年少女卖淫，后刘某以卖淫女系未成年人为由对嫖客实施敲诈勒索。北京市海淀区人民检察院在对涉案未成年少女开展跟踪帮教过程中了解到，刘某等人多次以诱骗的方式吸引外地未成年少女来京卖淫，并提供统一住宿、日常花销，以及避孕套、手机、收款二维码等实施"仙人跳"的作案工具，可能涉嫌组织卖淫罪。根据这一线索，检察机关积极向公安机关提出意见，并协助调取和固定电子数据，核实嫖客身份，成功追诉刘某等人组织卖淫罪，追加四起敲诈勒索犯罪事实。2019年3月，法院以刘某犯组织卖淫罪、敲诈勒索罪数罪并罚，判处有期徒刑8年并处罚金。

典型意义：组织未成年人卖淫并利用未成年人敲诈勒索获取不法利益的行为，严重侵害了未成年人身心健康，严重扰乱了社会秩序，应予以严厉打击。检察机关在对未成年人帮教中敏锐发现犯罪线索，积极提出收集完善证据意见，会同公安机关，成功追诉犯罪，展现了司法机关不放过、不纵容任何侵害未成年人犯罪的鲜明态度。

十三、落实强制报告制度 立案监督办理教师强制猥亵案

基本案情：2019年5月，江某某（男，某中学教师）以做实验的名义先后三次将学生小南（女，14周岁）叫到校实验室实施猥亵。事后小南父亲向当地教育部门反映了有关情况并向公安机关报案。江某某也主动到当地派出所投案。公安机关审查后认为江某某并未对小南使用强制手段，未当即立案。湖北省枣阳市教育局根据本省制定的强制报告制度工作办法，向检察机关进行了通报。检察机关向公安机关核实具体案情后，认为江某某利用其作为教师的特殊身份，在违背被害人真实意愿的情况下采用搂抱、亲吻等方式对学生实施侵害，给被害学生形成了心理上的威慑和压迫，这种行为应当构成强制猥亵罪，遂启动立案监督程序。后公安机关以江某某涉嫌强制猥亵罪立案侦查，检察机关提起公诉，同时提出从业禁止建议。法院依法判处江某某有期徒刑一年，自刑罚执行完毕之日起五年内禁止其从事教师职业。

典型意义：发生在校园的性侵害未成年人案件，学校具有第一时间获得被害人遭受性侵害信息的客观条件，检察机关依托此条件，积极落实与多部门协同建立的侵害未成年人权益案件强制报告制度，对校园内侵害未成年人线索积极进行处理，依法履行立案监督职能，追究犯罪分子的刑事责任，为未成年人提供及时有效的司法保护。

十四、准确认定犯罪事实 依法办理涉恶集团欺凌学生犯罪

基本案情：自2017年10月以来，高某招揽邱某等14人（12人系未成年人）组成恶势力犯罪集团，采用威胁、恐吓等方式，在校园及周边向未成年在校学生收取"保护费"，实施抢劫、寻衅滋事、盗窃、诈骗等犯罪20余起，被侵害学生30余人，涉案金额达4万余元。江苏省淮安市淮安区人民检察院及时介入侦查，协助公安机关全面收集固定证

据,追加认定一起进入学生宿舍收取"保护费"的寻衅滋事犯罪事实,改变定性四起诈骗犯罪事实为盗窃罪,对仅参与一起盗窃犯罪、情节较轻的未成年人吴某附条件不起诉,对其他集团成员提起公诉。法院依法采纳检察机关的定罪量刑意见,判处首要分子高某有期徒刑十二年八个月,判处其他13名成员有期徒刑五年至拘役三个月不等刑罚。

典型意义:本案是一起由成年人纠集未成年人侵害未成年学生的涉恶校园欺凌案件,侵害人数多、持续时间长、社会影响恶劣,严重危害校园安全。检察机关、公安机关准确认定犯罪事实,合力打击该类涉恶犯罪集团,依法维护了校园安全。

十五、严惩校园欺凌 筑起平安校园防火墙

基本案情:2018年3月,刘某某、陈某某等人纠结龙某某等3名未成年人,成立以帮忙打架收取保护费的"帮会",先后逼迫10余名在校学生加入帮会并交纳保护费,殴打10余名在校学生,收取费用约2000元,致使多名被害学生产生厌学情绪。案发后,四川省内江市市中区人民检察院及时介入,引导公安机关调查取证,依法追加起诉闵某某等帮派骨干成员涉嫌寻衅滋事罪。法院最终判处刘某某等人六年五个月至三年不等刑罚。针对案件中凸显的问题,检察机关向教育主管部门发出加强学生法治教育、建立校园安全防控及净化校园周边环境等检察建议,教育部门及时整改落实,建立健全了校园安全防控体系。

典型意义:在校园拉帮结派,收取保护费,欺凌同学,严重扰乱校园秩序,严重影响在校学生安全感,侵害学生身心健康。本案中,检察机关会同公安机关,追诉遗漏犯罪,体现严惩校园欺凌犯罪的决心。发出检察建议督促相关部门依法履职,为未成年人筑起了平安校园防火墙。

十六、准确认定从重情节　严惩校外培训机构猥亵儿童犯罪

基本案情： 自 2017 年夏天起至案发，张某某在无照开办的书苑教授书法。期间，在有十余名学生在场的情况下，多次以单独辅导为由，分别将四名 11 至 13 岁幼女喊到教室最后一排桌子处，以抚摸胸部、小腹、生殖器及亲吻脸部等方式对上述女童进行猥亵。案发后，江苏省南京市鼓楼区人民检察院及时介入审查，发现可能还有其他被害人，遂建议公安机关扩大侦查范围，又排查出两名学生被猥亵的事实。检察机关结合其他从重情节，以张某某涉嫌猥亵儿童罪向法院提起公诉。法院判处张某某有期徒刑八年，并禁止其刑满五年内从事教育类相关职业。

典型意义： 校外培训机构教师性侵未成年人，存在犯罪隐蔽、发现难、取证难等特点，检察机关针对校外培训机构教师猥亵儿童案及时介入，提出建议，会同公安机关第一时间固定证据，准确认定从重情节，坚决予以严厉打击，对类似行为起到了震慑和警示作用。

十七、依法打击非法经营"笑气"　保护青少年身心健康

基本案情： 2017 年至 2018 年 5 月，武某从网上违法进购"笑气"（一氧化二氮，一种具有较强的传播性、成瘾性和致害性的危险化学品），在微信朋友圈售卖，以快递方式寄送给买方，销售金额 6 万余元。已查明的购买者中，在校大学生 8 人，高中生 2 人，其中一名购买者因长期吸食"笑气"，出现腿回沟关节受损、中毒性脑病、泌尿系统感染等不良反应。天津市河东区人民检察院以非法经营罪对武某提起公诉。法院判处武某有期徒刑七个月，并处罚金 7 千元。在办理案件的同时，检察机关深入学校、社区开展普法宣传，引导青少年远离"笑气"危害。

典型意义： 麻醉药品和精神药品的滥用，对未成年人的身体和精神

造成不可逆的双重摧残，以"笑气"为代表的暂未列入麻醉药品或精神药品管制目录的精神活性物质，逐渐成为不法分子新的牟利工具。针对此类案件，在依法予以打击惩罚犯罪的同时，检察机关积极开展普法宣传，保护未成年人身心健康。

十八、依法惩治遗弃犯罪 司法救助温暖困境儿童

基本案情：2017 年 9 月，张某因家庭生活困难，幼子（9 岁，智力残疾）生活不能自理，遂将其遗弃于道路旁。2019 年 3 月，四川省巴中市通江县人民检察院以遗弃罪对张某提起公诉，法院判处其拘役四个月，缓期六个月执行。张某在缓刑考验期限内违反监督管理规定，无故殴打其子，检察机关依法履行法律监督职责，向法院建议撤销缓刑，法院依法裁定撤销张某缓刑，收监执行。同时，检察机关向相关单位发出检察建议，督促落实对未成年被害人的教育资助、社会福利等政策。协调将未成年被害人安置于儿童福利院，并依法开展司法救助。

典型意义：本案是一起监护人遗弃幼子，在缓刑考验期内仍无故殴打幼子的案件。检察机关依法履行法律监督职能，建议法院撤销缓刑。同时积极开展司法关爱救助，用司法温情呵护困境儿童。

十九、审慎审查追诉漏罪严厉打击拐卖儿童犯罪

基本案情：2018 年，广西省博白县人民检察院在审查小雨（14 岁，边缘智力）3 次被拐卖案时发现，林某、黄某在收买小雨后，均曾与小雨同居后又将其出卖，且可能明知小雨系未满十四周岁的幼女仍与其发生性关系，检察机关依法追加认定林某、黄某在拐卖过程中存在强奸行为，并对收买被拐卖儿童的卜某追加认定强奸罪，依法向法院提起公诉。法院以林某、黄某犯拐卖儿童罪，且有强奸情节加重判处有期徒刑

十年，剥夺政治权利一年，并处罚金人民币二万元；以卜某犯强奸罪、收买被拐卖的儿童罪，数罪并罚判处有期徒刑九年六个月；对其余 6 名同案犯分别判处有期徒刑四年六个月至二年不等。

典型意义：本案是一起幼女被连续拐卖并遭受性侵害的案例。被害人被拐卖三次，环节多、涉案人数多。检察机关在履行检察职能过程中注重细节审查、及时发现强奸事实后追加起诉并获得法院支持，有效维护了未成年人合法权益。

二十、强化法律监督以案促改　细化落实校园安全规章制度

基本案情：李某系某小学教师，2017 年 6 月先后在校内对 3 名 7 岁幼童实施猥亵，一审法院以猥亵儿童罪判处其有期徒刑四年六个月。河南省周口市人民检察院审查认为，李某在教室内实施猥亵，具有"在公共场所当众"实施的加重情节，法院判决未认定该情节导致量刑畸轻，遂依法抗诉。法院采纳抗诉意见，改判李某有期徒刑七年。同时，检察机关会同教育部门制定教师入职审查制度，联合开展防性侵专项督查，教育部门依据相关规定吊销李某教师资格证，将其录入从业禁止黑名单，对该校校长予以免职处分，对主管部门负责人进行诫勉谈话，对辖区校园进行督导排查并加强师德教育，营造未成年人健康成长的安全校园环境。

典型意义：检察机关"以抗促治，以案促改"，通过依法坚决抗诉，严厉打击侵害未成年人犯罪，维护法律统一正确实施的同时，会同教育部门全面落实和细化校园安全规章制度，参与推进校园安全体系建设。

答记者问

中国妇女报记者： 去年最高人民检察院向教育部发出了"一号检察建议"，刚才通报中也提到，检察机关一直在积极推动建议内容的贯彻落实，请问有哪些进展？遇到哪些问题？

史卫忠： 最高人民检察院发出"一号检察建议"一年来，检察机关与教育等部门共同努力，抓好抓实监督落实工作，推动建议各项措施逐步落地。通报已经介绍了实地开展督导、建立入职查询和强制报告制度等情况，具体还开展了以下工作：

一是积极推动部署落实。建议发出后，最高人民检察院和教育部共同研究了督促落实的十条措施。各省级检察院也按照最高人民检察院要求，将"一号检察建议"连同本地教职员工性侵害未成年学生、幼儿园儿童的情况抄报本省（区、市）主管领导和教育主管部门。其中 21 个省级检察院检察长还当面向省级政府主管领导做了汇报。

二是严惩校园性侵犯罪。一年来，全国检察机关共批准逮捕教职员工性侵害学生犯罪嫌疑人 664 人，提起公诉 520 人。各地充分落实"办案中监督、监督中办案"要求，强化对此类案件的诉讼监督。发布的 20 个典型案例中就反映了这方面的情况。

三是推动加强对校外培训机构的监管。由于监管体制不健全，校外培训机构成为当前性侵害未成年人犯罪的重灾区。上海浦东、四川广元等地检察机关推动开展对校外培训机构专项治理。四川广元市利州区对 254 家校外培训机构开展专项检查，79 家不具备办学条件的机构被责令关停。

四是持续深入推进校园法治建设。张军检察长于 2019 年 9 月 7 日以"凝聚四个保护，携手关爱明天"为主题在北京二中开讲第二次法治课，进一步带动了这项工作的深入开展。到 2019 年 5 月底，全国共有 1.73 万名检察官担任中小学法治副校长，其中检察长 3096 名。

五是建立健全长效机制。最高人民检察院对各地入职查询制度相关情况进行了全面总结。目前,我们已会同公安部等部门着手建设全国层面的性侵害未成年人违法犯罪信息库,力争尽快全面推行。

随着工作的深入推进,"一号检察建议"的落实也暴露出一些问题:一是有些学校对未成年学生保护不力。有的未严格落实教师管理规定,聘任有前科人员;有的管理层仍存在"家丑不可外扬""大事化小,小事化了"等落后观念。二是各部门的联动配合机制应当加强。比如某市潘某曾被法院判处有期徒刑六个月,同时判决从业禁止三年。然而教育部门并未吊销其教师资格证,司法与行政缺乏有效衔接。三是预防性侵害教育需进一步加强。某地一名中学生在受到任课教师的猥亵后,却因害怕案发后要转学、影响学习等原因而不敢报案,导致在一年多的时间内多次遭受侵害。四是长效机制建设还需要进一步统筹抓实。比如各地探索的强制报告制度就存在如何确保报告义务严格履行,对未履行义务的主体如何落实责任规定不够、措施不力等问题。此外,未成年人社会治理体系不健全、有关部门监管不力等问题也制约了预防性侵害未成年人工作成效。

最高人民检察院已将"一号检察建议"的监督落实确定为今后几年全国检察机关的一项重点工作。下一步,针对目前存在的问题,我们将联合有关部门,持续开展层层督导,抓好现有制度的落实,不断完善制度机制建设,将这项工作"没完没了"地抓下去,确保抓出实效。

检察日报记者:办理侵害未成年人犯罪案件时,存在哪些办案难点?如何应对?

答:侵害未成年人犯罪案件有其特殊性,在办理这类案件中确实存在一些困难和问题。主要有:

一是发现难。未成年人法治意识、自护意识不强,遇到侵害后不愿、不敢甚至不知道寻求帮助。有些家长出于维护名誉、社会关系等考虑不愿意报案,导致实践中很多案件不能及时发现。

二是取证难。未成年人被侵害案件普遍存在客观物证少、直接证据少,言词证据采集、固定、审查困难等问题。直接导致有些案件没有及时立案。

三是指控难。特别是性侵未成年人犯罪具有作案时间跨度大、隐蔽性高、物证少的特点，一些地方公、检、法机关对证据审查和法律适用标准的认识不尽一致，导致有些案件对被告人定罪和从重处罚面临困难。

四是修复难。此类犯罪行为对未成年人造成的心理伤害往往比肉体伤害更严重，短时间内难以恢复，"案结伤未愈"问题大量存在。尤其一些性侵害、校园暴力案件，修复被害人受到的伤害，使其能够走出阴影、回归正常学习生活往往需要长期的过程。这对我们在办案的同时如何做好关爱救助未成年被害人工作提出了更高要求。

对于办理侵害未成年人犯罪案件中的这些难题，我们一直在努力解决。这里介绍几项重点工作：

一是多途径拓宽案件线索发现机制。其中，12309"未成年人司法保护"专区就是检察机关受理投诉、发现线索的窗口和平台。对于侵害未成年人犯罪线索，我们坚持优先办理、及时处理。发现应当立案没有立案的，依法监督纠正。此外，多地检察机关还与妇联组织建立了侵害未成年人线索共享机制。

二是持续推进"一站式"办案机制。加强与公安机关沟通，努力实现性侵害未成年人案件提前介入、询问被害人同步录音录像工作全覆盖，共同推进集未成年被害人接受询问、身体检查、心理疏导等于一体的"一站式"取证、救助机制建设，尽可能一次性全面地收集各种证据，为案件顺利诉讼打下基础。

三是进一步加强类案指导，细化办案标准。最高人民检察院目前正在研究制定性侵害未成年人犯罪等案件办理规定，争取与有关部门联合下发。同时，建立侵害未成年人犯罪案例库，定期总结发布指导性案例、典型案（事）例，推动办案参照适用。此外，考虑到未成年人证言的审查具有极强的专业性，我们拟在总结刚才通报稿谈到的北京市朝阳区检察院探索经验的基础上，适时推行建立以儿童证言为中心的审查证据规则，进一步规范侵害未成年人案件证据标准。

四是强化对未成年被害人的保护救助。各地检察机关要严格落实最高人民检察院《关于全面加强未成年人国家司法救助工作的意见》，为未成年被害人提供身心康复、生活安置等多元综合救助。同时，积极推进最高人民检察院与团中央共同开展的未检社会支持体系建设试点工作，培育、引入心理疏导等专业社会力量参与被害未成年人保护救助工作，帮助未成年被害人早日重新融入社会。

北京日报—长安街知事记者： 在依法严厉打击侵害未成年人犯罪的同时，检察机关在预防侵害未成年犯罪方面都做了哪些工作？

史卫忠： 孩子是家庭美好生活的核心，是全社会最为宝贵的财富，但当前性侵、拐卖、伤害等侵害未成人犯罪仍然多发，重大恶性案件时有发生，预防和减少侵害未成年人犯罪发生一直是未成年人检察工作的重点。除了推动建立强制报告、入职查询等机制建设外，还要重点做好如下工作：

一是做强法治教育，提升未成年人自护意识和自护能力。一方面，有针对性地开发法治教育课程。围绕校园欺凌、性侵害、毒品、网络犯罪等热点问题，研发精品课程。根据未成年人法治需要，开展"菜单式"法治教育。另一方面，制定旨在实现"法治进校园"、检察官担任法治副校长工作制度化常态化的工作意见，充分发挥"法治进校园全国巡讲团"的作用，适时针对重点区域、重点领域开展专项巡讲活动。此外，最高人民检察院还将与中央广播电视总台继续做好未成年法治系列节目《守护明天》录制播出工作，拓展选题、提升效果，打造未成年人法治教育第一品牌。

二是做实法律监督，强化犯罪源头治理。联合公安机关，对宾馆、酒店、洗浴、KTV等场所违法接待未成年人开展专项整治，加大对"黄赌毒"场所和淫秽物品传播源的管理，建立酒店、宾馆和娱乐场所黑名单制度；对未成年受教育权保障不到位、监护责任缺失等情况，检察机关依法通过检察建议、公益诉讼等方式开展法律监督，努力做到"办理一案、治理一片"。

三是推动社会治理，净化未成年人网络空间。检察机关将会同相关单位共同协商研究，开展专项治理，推动加强对利用微信、QQ等网络社交软件实施强迫、组织卖淫等侵害未成年人犯罪活动的监管和打击，督促相关互联网企业加强对"涉黄"等敏感、违法信息及相关代号的筛选甄别，严格社交账号和实名制管理，进一步利用大数据完善对不良信息过滤、举报等功能，屏蔽违法犯罪信息流通渠道。

新京报：目前，一些地方检察院尝试就未成年人受侵害案件提起公益诉讼，请问针对未成年人的公益诉讼主要有哪些案件类型？检察机关是如何开展的？这一新领域探索应当如何完善相关机制？

答：2018年1月起，最高人民检察院在全国13个省份部署未成年人检察业务统一集中办理试点工作，也就是说把涉及到未成年人的刑事执行、民事、行政、公益诉讼检察工作统一交由未检部门办理。其中，未成年人公益诉讼检察是其中一项重要内容。目前案件类型和工作开展主要体现在四个方面：一是聚焦未成年人食品药品安全、环境保护领域，重点围绕校园餐、校园周边食品卫生、校外培训机构食品卫生、儿童疫苗、校园周边污水和尾气排放、医疗废物垃圾堆放等方面的突出问题，办理了一批侵害未成年人身心健康的公益诉讼案件。二是结合刑事案件办理，开展刑事附带民事公益诉讼。对食品药品、环境领域侵害未成年人公共利益犯罪行为提起公诉的同时，一并提起民事公益诉讼，双管齐下，加大对犯罪的打击和震慑力度。比如，浙江缙云县检察院办理陈某某在校园门口销售使用非法添加剂的"红糖馒头"案件中，对陈某某以生产、销售不符合安全标准的食品罪提起公诉，同时提起刑事附带民事公益诉讼，要求其支付公益损害惩罚性赔偿金并在媒体公开赔礼道歉。检察机关还通过举办损害赔偿金兑付仪式，以发放学生营养餐的形式对惩罚性赔偿金的使用进行了探索尝试，社会效果非常好。三是遵循立法精神，积极、稳妥进行未成年人公益诉讼"等"外探索，办理了一批严重损害未成年人权益、社会关注强烈的公益诉讼案件，得到了人民群众的认可和赞誉。举两个例子：一个是福建福清市检察院发出公益诉讼诉前检察建议，争取党委政府重视支持，推动取缔、整改16所无证幼儿园，妥善安置1500名在园幼儿。一个是北京海淀区检察院针对向未成年人销售香烟问题，发出公益诉讼诉前检察建议，推动职能部门整改，并促进在全市范围开展集中整治，助力为学生创造无烟成长环境。另外，未检部门还针对游泳场所安全隐患、童模活动欠缺规范、学生用品假冒伪劣、儿童玩具"三无"、有毒"水晶泥"等问题，积极进行公益诉讼案件探索办理，社会反响都很好。四是"公益诉讼＋其他检察监督方式"综合运用。未检部门发挥业务一体化优势，组合运用多种方式跟进监督、综合监督，推动损害未成年人公共利益问题彻底解决。如宁夏银川西夏区检察院针对校外培训机构诸多安全隐患问题，先向市场监管部门发出公益诉讼诉前检察建议，推动解决了食品安全隐患问题，之后又跟进向教育等部门发出社会治理检察建议，推动解决了多家校外培训机构无证办学、长期招生等问题。

下一步，我们将持续加大未成年人公益诉讼检察办案力度，加快推进工作规范化和专业化建设，重点做好以下几方面的工作：

一是有序推进未成年人公益诉讼检察工作深入发展。在已有试点积累的基础上，择优确定一批重点试点单位，打造未成年人公益诉讼检察"升级版"。同时持续加大试点力度，稳步扩大试点范围，目前开展试点的省份已扩大至20个，没有被列入试点的省份，可由省级院指导有意识尝试开展这项工作。加快积累可复制可推广的试点经验，加强成果转化运用，推动"试验田"向"示范田"转变。二是建立工作制度化规范化长效机制。着手研究制定业务指引和办案规范，明确工作标准，夯实工作基础，提升工作质效。加强内外部协作联动，建立信息通报、线索移交、协商沟通、衔接支持等制度，汇聚多方共识，形成工作合力。注重典型案事例的示范引领，强化对业务特点规律的把握。总结"等"外探索成功经验，提出立法建议，不断拓展未成年人公益诉讼案件范围。目前，《未成年人保护法》征求意见稿已有相关修改内容。三是加强专业素能建设。加强业务培训交流，着力提升未检干警专业素能，为今后落实好未成年人保护法等法律修改所赋予未成年人公益诉讼检察更多的任务要求提供人才保障和力量支撑。

中央广播电视总台新闻频道记者： 侵害未成年人的许多案例显

示,侵害者本身也是未成年人,却因年龄达不到法定要求而免于刑事处罚,引起较大争议。最高人民检察院方面如何看待这一现象?

史卫忠:刚才新闻通报稿已经讲到,检察机关对未成年人侵害未成年人犯罪案件始终坚持双向保护原则,对一些未成年人严重犯罪及时批捕、起诉,切实维护被害人合法权益。对于涉嫌犯罪,但未达刑事责任年龄的未成年人,也决不能"一放了之",必须依法予以惩戒和矫治。在解决低龄未成年人违法犯罪问题上,我们认为,应当坚持两个基本原则:首先,要按照推动国家治理体系和治理能力现代化要求,进一步健全完善未成年人权益保护和犯罪预防机制,尽可能消除导致未成年人违法犯罪的家庭、学校、社会、网络、政府等保护过程中问题,立足从源头上做好预防工作。其次,要建立健全罪错未成年人分级干预制度。一些未成年人年龄很小的时候出现不良行为,甚至违法犯罪,因为没有得到适当矫正干预,甚至因此在违法犯罪道路上越走越远,犯罪性质、危害后果越来越严重。因此,应当针对未成年人的罪错程度设置阶梯式的多种实体处遇措施,由相关部门根据未成年人罪错程度和性质及时进行有针对性的干预。如切实发挥专门学校的强制教育作用、强化收容教养制度对未达刑事责任年龄未成年人犯罪行为的矫正功能,等等。

关于目前议论较多的降低刑事责任年龄的问题,我们也在进行认真研究。未成年人违法犯罪,往往是由于其所处的不良家庭、学校和社会环境所致,单纯降低刑事责任年龄,能否从根本上有效解决低龄未成年人犯罪问题值得探讨。最高人民检察院会及时向立法机关提出处理意见,回应社会公众对这一问题的关注。